これで合格

賃貸管理士

賃貸不動産経営管理士

要点整理

Kenビジネススクール 田中嵩二〔著〕

JN064239

はじめに

賃貸不動産経営管理士の仕事内容と将来性

賃貸不動産経営管理士(以下、本書では「賃貸管理士」と略します。)は、主に賃貸アパートやマンションなど賃貸住宅の管理に関する知識・技能・倫理観を持った専門家です。その職務の重要性からも、今もっとも注目されている資格の一つといえます。ただ、不動産関連の資格は数多く、不動産業界にいる方でもすべてを知っている方は少ないと思います。
まずは、不動産業における位置づけと他資格との関連について確認します。

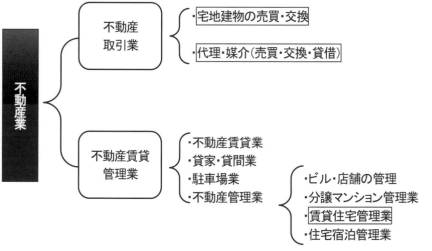

大雑把に言えば、図の不動産取引業を行うためには宅地建物取引業の免許を受ける必要があります。また、免許を受けるためには、事務所に一定数の宅地建物取引士を設置しなければならず、免許を受けた宅建業者が媒介や代理、売主として関わる場合は、宅地建物取引士に対象となる不動産について事前に説明させたり、契約書等に記名押印させたりしなければなりません。
同じく、不動産業でも、不動産賃貸管理業はもっと複雑です。自社物件を直接店舗等として貸し出す不動産賃貸業や貸家・貸間業、駐車場業は免許や登録を義務付けるような規制がありません。不動産管理業はビル・店舗の管理、分譲マンションの管理業、賃貸住宅管理業に分類されます。分譲マンション管理業はマンション管理適正化法の適用があり、登録を受けた管理業者が管理組合から委託を受けて管理を行わなければなりません。管理業者は一定数の管理業務主任者を設置し、管理組合に重要事項説明をする義務が課せられています。賃貸住宅管理業は、国土交通大臣の登録を受けることで、賃貸管理士等の資格を有

する業務管理者の設置や、賃貸人に対する重要事項説明や書面の交付が義務付けられます。

「業務管理者」として賃貸管理士が行う業務

良好な居住環境を備えた賃貸住宅の安定的な確保を図るため、サブリース業者と所有者との間の賃貸借契約の適正化のための措置を講ずるとともに、賃貸住宅管理業を営む者に係る登録制度を設け、その業務の適正な運営を確保する「賃貸住宅の管理業務等の適正化に関する法律」（以下、「賃貸住宅管理業法」と略します。）が令和2年6月12日に可決成立しました。

同法において「業務管理者」という新たな法的な役割を担う立場が定められました。具体的には、管理受託契約の内容が明確であるか、賃貸住宅の維持保全の実施方法における妥当性等、以下の業務の管理及び監督をする事務を行います。

①重要事項説明及び書面の交付

②管理受託契約書の交付

③賃貸住宅の維持保全の実施に関する事項及び賃貸住宅に係る家賃、敷金、共益費その他の金銭の管理に関する事項

④帳簿の備付け等に関する事項

⑤委託者への定期報告に関する事項

⑥秘密の保持に関する事項

⑦賃貸住宅の入居者からの苦情の処理に関する事項

⑧上記のほか、賃貸住宅の入居者の居住の安定及び賃貸住宅の賃貸に係る事業の円滑な実施を確保するため必要な事項として国土交通大臣が定める事項

賃貸管理士を取得するメリット

①ビジネスチャンスが増える

宅地建物取引士と併せて取得することで、賃貸借契約のお手伝いだけでなく、その後の賃貸管理も引き続きお世話することができるようになります。もちろん、社内でも資格手当が支給されたり、重要なポストに就いたりすることもあるでしょう。

②不動産投資の知識を身に付けられる

賃貸管理士試験の内容は、いわゆる不動産投資に関する知識そのものとなります。副業として、さらにはプロの投資家として、マンション経営をお考えの方にも役立つ資格です。

③就職・転職の強力な武器になる

不動産業界の売上高は約 48.6 兆円(2021 年度)もある巨大な業界です。また、新規参入も多く、人材も流動的なので転職しやすい業界でもあります。まだメジャーではない資格なだけに取得していることで就活でも一歩リードできます。

賃貸管理士になるには?

賃貸管理士になるためには1年に1回実施される資格試験に合格する必要があります。この試験の受験資格に要件はありません。誰でも受験できます(合格後の登録には一定の要件があります)。実際に、不動産業従事者だけでなく、自主管理の家主や不動産業界へ就職を目指す学生、より知識を深めたい社会人など毎年多くの方が受験しています。試験は、毎年 11 月に全国 35 地域で行われます。合格後に登録することで、資格の証しとなる認定証やカードが発行されます。

出題形式:50 問の四肢択一式(マークシート)
試験時間:2 時間
試験日時:11 月中旬頃　13:00〜15:00
受験要件:誰でも受験できます。
(出題範囲)
　　　1.管理受託契約に関する事項
　　　2.管理業務として行う賃貸住宅の維持保全に関する事項
　　　3.家賃、敷金、共益費その他の金銭の管理に関する事項
　　　4.賃貸住宅の賃貸借に関する事項
　　　5.法に関する事項
　　　6.上記に掲げるもののほか、管理業務その他の賃貸住宅の管理の実務に関する事項
合格ライン:8 割程度(競争試験)
合格率:30%弱
合格者の平均年齢:40 歳前後

問題中法令等に関する部分は、令和 6 年 4 月 1 日現在施行されている規定に基づいて出題されます(関係機関による関連告示、通達等を含む)。

なお、試験実施団体による賃貸管理士講習も行われています。賃貸管理業務に必要な専

門知識の習得と実務能力を高めるための講習(2 日間のスクーリング)です。この講習も受講
要件がありません。例年 7 月〜9 月の間に全国主要都市で実施されています。この講習の
修了者は本試験の出題 50 問のうち 5 問が免除されます(2 年間有効)。

合格率・受験者数・合格者数の推移

	2019 年度	2020 年度	2021 年度	2022 年度	2023 年度
平均合格率	36.8%	29.8%	29.8%	27.7%	27.9%
受 験 者 数	23,605 名	27,338 名	32,459 名	31,687 名	28,299 名
合 格 者 数	8,698 名	8,146 名	8,146 名	8,774 名	7,894 名
合 格 点	29/40	34/50	40/50	34/50	36/50

賃貸管理士試験に合格するには？

賃貸管理士試験は、令和 3 年度から賃貸住宅管理業法に基づく国家資格試験となりました。
その意味では未知の資格試験です。しかし、試験実施団体である(一社)賃貸管理士協議
会が執筆・監修するテキストがあるので、出題者が有資格者に求める知識は推測できます。
ただ、同テキストは、試験対策用のものではなく、賃貸管理士が実務で行うべき職務とその
法令・実務の知識を網羅したものなので、初学者が試験勉強する際に使用するものとして
はお勧めできません。

そこで、**試験団体のテキストをベースに試験対策用にポイントを整理した本書をフル活用
することで、メリハリをつけた学習が可能となります**。なお、短期間で合格するには次の方法
を採るとよいでしょう。

①分野別の過去問&予想問題集と併用する

出題範囲が広く学ぶべき分量が多いので、市販の過去問集や予想問題集(アプリ等も併用
するとなお効果的)で学習を進めましょう。

②関連する部分を本書で確認する

問題を解いたら、必ず本書で確認し、関連する部分も読み込みます。特に出題されている
箇所にはアンダーライン等を引いて、後で繰り返し読むようにしましょう。

③予想模擬試験を 3 回以上チャレンジする

上記の①②で全範囲を網羅したら模擬試験を受験しましょう。記憶が曖昧だった箇所、知ら
ない内容が必ずあるはずです。再度、本書で確認して、その問題をコピー等して本書に貼
り付けておきましょう。

④予備校等の授業を活用しましょう

法律は専門用語も多く、初学者には難しく感じるものです。理解に苦しんで先に進まない場
合は、悩まずに専門のスクールで授業を受けた方が良いでしょう。私は、スクールの活用は
お金で時間を買うものと考えております。合格が 1 年遅れることを考えれば、信頼のおける
講師のもとで一気に学習してしまうことをお勧めします。なお、筆者が経営する Ken ビジネ
ススクールでも同資格の講座・予想模擬試験等を実施しております。

宅建士試験と併用すると合格しやすい？

賃貸の媒介を業とする宅建業者のほとんどがその後の賃貸管理も業としています。宅建業は公益性が強く求められているので、賃貸のあっせんをしても借賃の 1 か月分を超える報酬を受け取ることが法令で禁止されています。多くの宅建業者はあっせんの後も賃貸管理を行うことでオーナー様から管理料や不動産投資コンサルタント料を受領することでビジネスを展開しています。そこで、多くの宅建業者で、賃貸管理士が会社で推奨する(費用を負担する)優良資格とされています。

同じ年度に両方の資格を取得することを考えると気が遠くなるかもしれません。ご安心ください。その認識は逆で、同年度にダブル受験する方が圧倒的に有利です。その理由は、出題範囲が多く重複することと、改正が多い法令分野なので同年度に受験した方が改正点についても重複するからです。

具体的には、「賃借人の募集・入居者募集、重要事項説明」(2 問)、「賃貸借契約・民法上の賃貸借、借地借家法上の賃貸借、連帯保証」(10 問)、「建物・設備の知識・建築法規、採光換気、建築制限と避難規定、建築工法構造、耐震診断、防火対策、昇降機等」(6 問)及びその他多くが宅建士試験の出題範囲と重なります。

本書を活用して短期合格へ

本書には頻出で重要度の高い過去問も随所に載せております。それを活用しながら、赤文字を正確に暗記しましょう。本書で学習した方のすべてが、賃貸住宅管理業界において多くのオーナー様・入居者様・投資家様の笑顔を作れるようになることを期待しております。

令和 6 年 5 月 1 日

田中　嵩二

この本の使い方

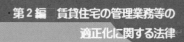

・第2編 賃貸住宅の管理業務等の適正化に関する法律

2020 年に「賃貸住宅の管理業務等の適正化に関する法律」(以下、「賃貸住宅管理業法」といいます。)が成立し、2021 年 6 月 15 日までに登録制度を含めたすべてが施行されました。
賃貸住宅管理業法は、200 戸以上管理する業者に登録を義務付け、登録業者にだけ適用される行為規制を課しています。また、サブリース事業(転貸事業)を兼ねて管理業務を行う業者に対しては、さらに広告や勧誘行為に対する行為規制を課しています。つまり、登録制度をベースにして、その上にサブリース規制が乗っかっているような 2 階建ての構造となっています。

学習時間	20 時間
出題数	19 問程度
学習指針	2022 年度の試験では本法に関連する問題が 22 問も出題されているので、超重要科目として位置付けられました。特に、標準約款からの出題が目立つので、法律に定められた制度を理解した後は、「管理受託契約」「特定賃貸借」の 2 つの違いをしっかりと理解した上で、それぞれの標準契約書を確認しておく必要があります。もちろん、アプリで過去問を解き、知識の定着を図りましょう。

> 編ごとに、その編で学ぶべき全体像や制度趣旨を記しています。独学者の方は、まずはここから読むようにしましょう。

> 学習時間の目安(初学者を想定)、本試験での予想出題数、何に注意して学習すべきかをまとめております。

> 章ごとに、「ひっかけポイント」(間違えやすい問題で、すべて誤りの内容です)と「ここに注意して学習」(学習指針)をまとめております。また、本文中で、改正箇所には **改正点** マークも付記しています。

> 章ごとに、その内容の中心となる論点について、Q&A があります。重要論点を意識しながら読み進めると理解が深まります。

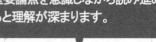

・第9章□建物の所有権移転等

重要度▶B

? 借金が返せなくなり、抵当権付きの賃貸物件が競売に。入居者はどうなるのかな？

A: 競落した人が退去を求めてきたら半年ほどは退去する必要がある場合があります。

・I□オーナーが変わったときの入居者の立場は？

1：賃借権に対抗力がある場合

民法における対抗力	不動産の賃貸借は、これを登記したときは、その後その不動産について物権を取得した者に対しても対抗できます。この登記は賃貸人と賃借人の共同申請となります。
借地借家法による対抗	借地借家法は、建物の賃貸借について、賃借人が引渡しを受けることができます。建物の引渡しがあれば、その後に建物の譲渡を受けた者は、任保の賃貸借関係が存在する賃貸主との間で存続します。
敷金返還請求権	賃貸物件の譲渡に伴って賃貸人の地位が移転した場合には、敷金に関する権利義務も承継され、賃借人は新賃貸人に対して敷金の返還を請求できます。
賃貸人の地位の承継	賃借人が対抗要件(引渡し等)を具備している旧民で賃貸物件が譲渡された場合、所有権の移転に伴い、お部等・有益等・敷金等の旧賃借人は譲渡人にはならないことになります。また、賃貸人たる地位の移転は、賃貸物件について所有権の移転の登記をしなければ、賃借人に対抗することができません。賃貸物件の譲渡人と譲受人が、賃貸人たる地位を譲渡人に留保する旨及び賃借人に賃貸する旨(いわゆる「スタートアップ契約になります」)の合意をしたときは、賃貸人たる地位は、譲渡人に移転しません。ただし、譲渡人と譲受人又はその承継人との間の賃貸借が終了したときは、譲渡人に留保されていた賃借人たる地位は、譲受人又はその承継人に移転します。

2：賃借権に対抗力がない場合

・賃借人の地位は当然には移転しません。
・賃借人は新所有者に賃借権を主張できません。
・賃借人は新所有者から明渡しを求められるおそれがあります。

・II□契約による賃借人の変更

賃借権が譲渡された場合、敷金に関する権利義務は、原則として新賃借人に承継されません(最判昭和 53 年 12 月 22 日)。

・III□抵当権付建物の賃貸借

(1)抵当権が優先されるとき
・抵当権が実行された場合の賃貸人(賃借建物の所有者(買受人))との関係は、抵当権設定登記と賃貸借の対抗力の取得の時期(引渡し等)の先後によって決まります。
・賃借権が抵当権に対抗できなければ、競売によって抵当権が実行された際に、賃借人は新所有者(買受人)から明渡しを求められることになり、これを拒否することができません。

(2)特別の買受人と賃借人との関係
・抵当権に対抗することができない賃借権が抵当権の目的である建物の使用または収益をする者であって次に掲げるものは、買受けの時から 6 か月を経過するまでは、その建物を買受人に引き渡す必要がありません。
  1 競売手続の開始前から使用又は収益をする者
  2 強制管理又は担保不動産収益執行の管理人が競売手続の開始後にした賃貸借による使用又は収益をする者
・買受人が賃借人の地位を承継するものではないので、抵当建物使用者に対する敷金返還義務は生じません。
・買受人(新所有者)が抵当建物使用者に対し相当の期間を定めてその 1 か月分以上の支払の催告をし、その相当の期間内に履行がない場合には、直ちに建物を明け渡さなければなりません。

ひっかけポイント
抵当権実行前には賃借人が設定しなければ第三者に対抗できないという手はかけらがない…！

ここに注意して学習
抵当権設定登記と賃借権の対抗力を職権人に対抗できるか否かについて正確に確認しておきましょう。

第9章 建物の所有権移転等▶1/ト

目　次

【凡 例】

賃貸住宅の管理業務等の適正化に関する法律 ： 管理業法
宅地建物取引業法 ： 宅建業法
最高裁判所判決 ： 最判
最高裁判所決定 ： 最決

賃貸住宅管理業者 ： 管理業者
賃貸不動産経営管理士 ： 賃貸管理士

第1編　賃貸住宅管理総論

ここでは、賃貸住宅管理の現状と将来像について学びます。

オーナーが個人で賃貸経営をしていた時代からはじまり、借地借家法の改正その他法令の制定及び投資家の参入により、専門業者による賃貸管理が求められるようになりました。また、消費者保護の観点から賃借人保護の要請が強まりました。サブリース方式による賃貸経営では、逆にオーナーがサブリース業者の不適切な広告や勧誘により被害を受けたことで、業務規制への法制化が喫緊の課題となりました。

そこで、令和2年に賃貸住宅管理業法が定められ、賃貸住宅管理業とサブリース業は、公益性の高い営業分野として、法律により規制を受けるものとなりました。

以上の大きな流れの中で、賃貸管理業者・サブリース業者・賃貸不動産経営管理士がどう関わるべきかを意識して学んで下さい。

学習時間	1時間
出題数	2問程度
学習指針	賃貸住宅管理業を制度として規律するに至る経緯と、その背景にあるわが国が抱える問題まで、解決に向けての方向性が記されている重要な箇所です。 特に賃借人を一般消費者と捉え保護する狙いがある点が重要です。

第1章　賃貸住宅管理の意義

重要度▶B

> 賃貸住宅管理業は、オーナーさんの利益だけを考えれば儲かるし、十分じゃないの？

A：賃借人や地域社会全体の利益も考慮する必要があります。

I　概　説～専門家へ委託するニーズがなぜ生まれた？

1　賃貸住宅の管理とは

住宅の賃貸借契約後の当事者の関係及び物件の利用関係をどのようにマネジメントしていくかの問題をいいます。

しかし、賃貸管理実務では、契約期間中や退去時に生じる問題を事後的に解決するだけでなく、予防的な対応も重要です。つまり、契約の入口段階でどのような合意形成が図られたかが重要となってきます（例えば、原状回復ガイドライン等）。

したがって、賃貸住宅の管理のあり方を考える場合、賃貸借契約及びその手続きも含めてとらえることが重要です。

2　賃貸住宅管理の意義と重要性

(1)賃貸住宅の管理をめぐる環境の変化と管理に対するニーズの変遷

①賃借人保護の要請と伝統的な賃貸不動産の管理

　不動産賃貸借をめぐっては、長年、賃貸人優位の市場のなかで法的に賃借人の保護を図る仕組みが作られていました（借地借家法など）。また、現に建物等を所有する特定の者が物件を賃貸借に供するという関係が普通でした。

　したがって、賃貸人の自主管理でもある程度は対応できたので、専門家に管理業務のすべてを委託することは少なかったようです。

②さまざまな契約形態と不動産の証券化等に伴う新たな管理の視点

　バブル崩壊等の不動産不況の到来、市場の成熟化、グローバリゼーション化などのなかで、賃貸住宅を取り巻く環境が以下のように大きく変化しました。

定期借地・借家契約制度の創設などにより**専門的な知見に基づく判断が必要**となってきた（**多様な契約形態の選択**）。
不動産ファンドの台頭・証券化等の進展により、賃貸人が**不特定多数の投資家となることを想定**する必要が生じた（実物所有者から投資家への変遷に対する対応）。
情報化社会の進展により**当事者の情報量が格段に充実**した（専門知識の必要性）。

　その結果、賃貸住宅の管理業務全般を総合的に専門家の手に委ねるニーズが大きくな

ました。

③消費者保護的観点からの管理

　　さらに現在に至ると次のような消費者保護の観点が重視されるようになりました。

> 近年、とりわけ不動産賃貸借を中心に、個人である**賃借人を消費者と位置づけて**、消費者保護の観点から不動産賃貸借関係をとらえようとする動きが活発化（消費者保護の要請）。

> 新規物件の大量供給や金融危機等に端を発した経済情勢の変動のなかで、**優良な賃借人に長く契約を継続してもらう**というニーズが大きくなっている（賃借人の立場を配慮した管理）。

(2)「誰のため」の管理か

賃貸人の賃貸住宅経営のためという従来的な視点から、入居者・利用者・周辺環境等の広く公共の福祉に貢献するためという広い視点をも含むものとなっています。

3　信頼関係確保の重要性

賃貸住宅の管理業務によって、管理業者がその社会的役割を果たすためには、管理業者は法令等のコンプライアンスを重視するとともに、賃貸人や賃借人との信頼関係を築き、これを維持することに最大限の配慮をしなければなりません。

《賃貸人・賃借人の関係においてやってはいけないこと》

契約で禁じられた行為をすること
契約に定められたなすべき行為をしないこと
直接の契約違反にはあたらないが、契約の趣旨からみて不適切な行為をしないこと

II 管理業務の概要～そもそも管理業務って何？

1 賃貸住宅管理の意味と業務内容

賃貸管理に求められるニーズは広く、それに応じて管理業者はさまざまな業務を行っており、賃貸管理の用語は多義的な意味で使われています。賃貸の媒介や賃貸住宅経営への支援をも含む場合もあります。

2 賃貸住宅経営2つの方式

賃貸住宅経営を行う場合の形式には、管理受託方式の管理とサブリース方式の2つがあります。管理業法ではその両方が制度の対象となっています。

(1)管理受託方式の賃貸住宅経営

賃貸人から委託を受けて行う賃貸住宅の管理に関する業務を担う経営です。

▶ 賃貸人を代理・媒介して賃借人の募集をするには宅建業の免許が必要です。

▶ 管理業者は賃料の収受等を賃貸人に代理して行います。

▶ 共用部分の維持保全は賃貸人からの委託によって行います。

(2)サブリース方式の賃貸住宅経営

サブリース業者が、賃貸人(原賃貸人)との間で賃貸借契約(特定賃貸借契約)を締結して住宅を借り受け、これを転借人(入居者)に転貸することによって行う賃貸住宅の経営です。

▶ 転借人の募集は、自らが賃貸人(転貸人)となるサブリース業者が行います。

▶ 賃料は、サブリース業者が転借人から受領した後に、特定賃貸借契約に基づく賃料を賃貸人に支払います。

3 通常多く行われる管理業務

管理業者が通常の業務で行う仕事の流れは以下のとおりです。

管理業務の内容	
A	**契約前業務** ▶ 募集の提案、審査への協力、引き渡し準備等
B	**契約期間中業務** ▶ 賃料等の収納と送金、室内内装・設備の点検や修理、取替えの対処、クレーム対応等
C	**契約更新・再契約業務** ▶ 期間満了時の更新手続、定期借家の場合の再契約手続
D	**契約終了時業務** ▶ 明渡し、原状回復、敷金の精算等
E	**共用部分維持保全等の業務** ▶ 建物維持管理・清掃、巡回、災害発生時の対応

4 宅地建物取引業法における媒介業務との関係

建物の貸借の代理または媒介を業として行う場合は宅地建物取引業の免許が必要です。
宅建業者でもある管理業者が入居者の募集を行うことがあります。

《不動産業の分類》

宅地建物取引業法の規制する範囲

不動産取引業
・宅地建物の売買・交換
・代理・媒介(売買・交換・貸借)

不動産業

不動産賃貸業
管理業
・不動産賃貸業
・貸家・貸間業
・駐車場業
・不動産管理業
　・ビル・店舗の管理
　・分譲マンション管理業
　・賃貸住宅管理業 ※
　・住宅宿泊管理業

※ 不動産管理業の中の「賃貸住宅管理業」(サブリース業を含む)が管理業法が適
　用される分野となります。

ひっかけポイント

ひっかけ
二重否定
読み間違え

賃貸不動産の管理は、「もっぱら賃貸人の利益を確保するために行う
べきである」という手にはのらないように!

ここに注意して学習

個人の大家から投資家へ、賃貸人中心から賃借人を含む社会貢献的
な役割への変化を意識しましょう。

第2章　管理業者の社会的責務と役割

重要度▶C

新たな経営管理手法の研究と提案は、アセットマネージャーの役割ですよね？

A：違います。管理業者の役割です。

I　管理業者の社会的責務

1　資産運営のプロとしての役割

資産運営のプロとしての役割を果たすためには、賃貸人の自主管理や一部委託管理といった伝統的な管理体制だけではなく、賃貸人の資産の適切な運用という観点から、賃貸人の不動産経営を総合的に代行する専門家としての体制を備えることが要請されます。

2　循環型社会への移行に貢献

賃貸不動産を良質な状態で長く利用するためには、その所在する環境も重要な要素となることから、管理業者は、街並み景観の維持を含むまちづくりにも貢献していく社会的責務を負っています。

3　業務に関する専門知識の研鑽と人材育成

管理業者及び従事者双方に管理業務に係るさまざまな専門知識・能力が要求されます。このような観点から、管理業者には、賃貸住宅の管理業務に係るさまざまな専門知識の研鑽に努め、専門的知識と能力を身につけた人材を育成することが求められています。

II　管理業者に求められる役割

1　依頼者の資産有効活用の促進、安全維持と最大限の収益確保

依頼者の資産有効活用の促進、安全維持と最大限の収益確保を実現するために、専門家としての管理業者の役割が求められています。

2　賃借人保持と快適な環境整備

新規入居者からの一時金収入とその際の賃料引き上げに期待する従前の考え方ではなく、**できるだけ優良な賃借人に長く借りてもらうことが大切**であり、物件のハード面とトラブル早期解決等のソフト面の充実に対する、専門家としての管理業者の管理への要請が高まって

います。

3 透明性の高い説明と報告

不動産証券化においてアセットマネージャーが説明・情報開示責任を果たすために必要な情報は、管理業者の情報を基礎とするので、管理業者としては、依頼者である賃貸人や投資家に対し、透明性の高い説明と報告をする役割を担っています。

4 経営基盤の強化、経営者と従事者の品位、資質、知識と業務遂行能力

不動産資産は、その所有者や使用者だけでなく、社会的に貴重な財産であり、管理業者には社会的信用が求められます。

5 新たな経営管理手法の研究と提案等

不動産の証券化等の本格的導入に伴って、不動産金融や不動産投資等の分野で開発された手法やノウハウが適用されるようになるなど、管理業者には、新たな経営管理手法を研究し、使いこなす高度な賃貸不動産管理が求められています。

6 能動的、体系的管理の継続（エンドレスの業務）

管理業者は、たとえば賃料収納代行業務に限らず、物件の維持管理から契約管理、収益分析等を総合的体系的に行うことが求められています。

7 善管注意義務の遂行、公共の福祉と社会貢献

管理業者は、投資家や賃貸人の意向に追随するだけの存在ではなく、賃貸人と賃借人との間、又は投資家その他の利害関係人との間に入り、専門的知識とノウハウを駆使して中立公平に利害調整を行って、不動産の適切な活用を促進する存在であることが求められます。

8 入居者（賃借人）の快適な生活空間の作出と非常事態におけるそのサポート

入居者（賃借人）のニーズを的確に把握し、時宜を得た管理サービスを提供するように努めることは、管理業者の基本的な役割です。
所有者（賃貸人）の資産状況悪化・管理業者の経営悪化等で非常事態が生じた場合でも入居者の利益を考慮して業務を行わなければなりません。

ひっかけポイント

ひっかけ
二重否定
読み間違え

新たな経営管理手法の研究と提案は「アセットマネージャーの役割である」という手にはのらないように！

ここに注意して学習

合格ポイント

投資家の参入、法律規制の厳格化等で、管理業者に求められる社会的役割が増している点を意識しましょう。

第3章　現在の社会的情勢

> またベビーブームが到来して人口が爆発的に増えて若者が多くなる将来に備えておくべき？

A：残念ながら人口減少・高齢化社会に突入しています。

Ⅰ　賃貸住宅をとりまく社会的情勢

1　賃貸住宅ストックの状況～平成30年10月1日現在の住宅の状況は？

平成30年住宅・土地統計調査　調査の概要（総務省統計局公表）によれば、総住宅数が増加し、持ち家率も上昇しています。データは以下のとおりです。

総住宅数	6,240万7,000戸	平成25年と比べ177.9万戸増、2.9%増 ▶ 令和5年速報では6,502万戸（令和5年10月1日現在）、平和30年から4.2%（261万戸）の増加
持ち家	3,280万2,000戸	持ち家率61.2%（平成25年は61.7%）
借家	1,906万5,000戸	うち民営借家は1,529万5,000戸
居住世帯のある住宅	5,361万6,000戸	総住宅数の85.9%
居住世帯のない住宅	879万1,000戸	総住宅数の14.1%
うち空き家	848万9,000戸	空き家率13.6%（平成25年の13.5%に比べ0.1%上昇） 賃貸用の住宅が432万7,000戸で全体の過半数 ▶ 令和5年速報では空き家数は900万戸と過去最多となり、平成30年から51万戸の増加、空き家率も13.8%と過去最高 ▶ 賃貸・売却用や二次的住宅（別荘など）を除く空き家が37万戸の増加

※詳細は総務省統計局HP（https://www.stat.go.jp/data/jyutaku/2018/tyougai.html）

2　賃貸住宅着工（フロー）の動向～住宅着工統計（令和6年1月31日公表）

令和5年の新設住宅着工は、持家、貸家及び分譲住宅が減少したため、全体で減少となりました。

(1)総戸数

- ▶ 令和5年の新設住宅着工戸数は 819,623 戸
- ▶ 前年比では 4.6%減となり、3 年ぶりの減少
- ▶ 新設住宅着工床面積は 64,178 千㎡、前年比 7.0%減、2 年連続の減少

(2)利用関係別戸数

①持家	▶ 令和5年の持家は 224,352 戸(前年比 11.4%減、2 年連続の減少)
②貸家	▶ 令和5年の貸家は 343,894 戸(前年比 0.3%減、3 年ぶりの減少)
③分譲住宅	▶ 令和5年の分譲住宅は 246,299 戸(前年比 3.6%減、3 年ぶりの減少)

- ・マンションは 107,879 戸(同 0.3%減、昨年の増加から再びの減少)
- ・一戸建住宅は 137,286 戸(同 6.0%減、3 年ぶりの減少)

※詳細は国土交通省 HP(https://www.mlit.go.jp/report/press/joho04_hh_001203.html)

Ⅱ 賃貸住宅に関する国の政策

1 住生活基本法、住生活基本計画(令和3年3月19 日閣議決定)

住生活基本計画(全国計画)は、「住生活基本法」に基づき、国民の住生活の安定の確保及び向上の促進に関する基本的な計画として策定されています。

計画においては、国民の住生活の安定の確保及び向上の促進に関する目標や基本的な施策などを定め、目標を達成するために必要な措置を講ずるよう努めることとされています。

※詳細は国土交通省 HP を参照して下さい。

(https://www.mlit.go.jp/jutakukentiku/house/jutakukentiku_house_tk2_000032.html)

(1)「社会環境の変化」の視点

目標1 「新たな日常」や DX の進展等に対応した新しい住まい方の実現

目標2 頻発・激甚化する災害新ステージにおける安全な住宅・住宅地の形成と被災者の住まいの確保

(2)住宅ストックからの視点

目標3 子どもを産み育てやすい住まいの実現

目標4 多様な世代が支え合い、高齢者等が健康で安心して暮らせるコミュニティの形成とまちづくり

目標5 住宅確保要配慮者が安心して暮らせるセーフティネット機能の整備

(3)「住宅ストック・産業」の視点

目標6 脱炭素社会に向けた住宅循環システムの構築と良質な住宅ストックの形成

目標7 空き家の状況に応じた適切な管理・除却・利活用の一体的推進

目標8 居住者の利便性や豊かさを向上させる住生活産業の発展

2　空き家対策

(1)空き家の現状

前記のとおり、令和5年住宅・土地統計調査によれば、全国の空き家率は13.8%であり、調査開始以来、最も高い数値を示しています。

空き家は、不動産の有効活用という問題に加え、周辺地域の防災や防犯等の観点からもさまざまな問題が生じていることを認識する必要があります。

(2)空き家対策の現状

空き家への対処の方向性は大きく**撤去**するか**有効活用**するかの2つに分けられます。

撤去	老朽化が激しくそのままでは使えない建物については、地域の防災・防犯の観点から速やかに撤去し、その上で土地として再活用することが必要となる。 　しかし**現状**は、 ▶ 建物がなくなることで住宅用地としての固定資産税の軽減措置が受けられなくなり、撤去が進まない。 ▶ 相続等に伴い権利関係が複雑化して処分したくても困難となっている。
有効活用	賃貸物件としての利用が想定される。 　しかし**現状**は、 ▶ 建物所有者に賃貸住宅経営の経験がないケースが多い。 ▶ 修繕義務の所在など契約関係について特別な取扱いが考慮される場合がある。 ▶ 現在賃貸市場に出ていない物件であり、その対応が困難である。
対策	①地方公共団体では、空き家条例を制定し、必要に応じて、一定の手続きを経て強制的な撤去を可能にするなど行政的な対応を推進している。 ②国においては、固定資産税の取扱いが検討されるほか、国土交通省は空き家再生等推進事業や民間住宅セーフティネット整備推進事業などを進めている。 ③2014(平成26)年11月19日に成立した「空家等対策の推進に関する特別措置法」においては、**賃貸住宅であっても、居住・使用がされていない状態**が続いていれば、特定空家等に認定される可能性がある。 ④上記③の法律の一部を改正する法律が、2023年(令和5)年6月14日に公布され、同年12月13日から施行されている。所有者の責務強化、空家等活用促進区域、財産管理人による所有者不在の空家の処分、支援法人制度等の拡大等が図られた。

3　賃貸住宅管理に関する個別の政策

(1)賃貸住宅の計画的な維持管理及び性能向上の推進について～計画修繕を含む投資判断の重要性～(2019(平成31)年3月　国土交通省公表)

現在、合計1,800万戸を超える民間賃貸住宅については、今後築後数十年を迎えるストック

の大幅な増加が見込まれます。居住者側のニーズの多様化も進み、賃貸住宅経営をめぐる社会経済情勢は様々に変化していくことが見込まれ、今後、多様化する居住ニーズに合わない賃貸住宅は陳腐化し、空室率の上昇や家賃水準の引き下げを強いられるおそれがあります。そのうえで、賃貸住宅のオーナーが中長期的な視点のもとで投資判断を行っていくことの重要性等が述べられています。

※ 詳細は国土交通省 HP を参照

(2)不動産業ビジョン 2030〜令和時代の『不動産最適活用』に向けて〜(2019(平成 31)年 4月 国土交通省公表)

不動産業は、我が国の豊かな国民生活、経済成長等を支える重要な基幹産業であり、人口減少、AI・IoT 等の進展など社会経済情勢の急速な変化が見込まれる次の 10 年においても、引き続き、成長産業としての発展が期待されます。そこで、不動産業に携わるすべてのプレーヤーが不動産業のあるべき将来像や目標を認識し、官民一体となり必要な取組を推進することが不可欠となります。そのための指針を国土交通省が策定しています。

※ 詳細は国土交通省 HP 参照

https://www.mlit.go.jp/report/press/totikensangyo16_hh_000190.html

①これからの不動産業ビジョン

人口減少・少子高齢化など社会経済情勢が急速に変化する状況下においては、①時代の要請や地域のニーズを踏まえた不動産を形成し、②それら不動産の活用を通じて、個人・企業・社会にとっての価値創造の最大化(=「不動産最適活用」)を図ることが重要です。これからの不動産業は、「不動産最適活用」の実現をサポートしていくことが必要です。

②これからの不動産業のあり方:民の役割(管理)

指針では、不動産業を、①開発・分譲、②流通、③管理、④賃貸、⑤不動産投資・運用の 5 つの業態に分けて、それぞれの業態の現状と民と官の役割を示しています。以下、管理についての民の役割に関する記述を引用します。

> 『ストック型社会』の実現に向けては、不動産の資産価値を維持・向上させる管理サービスが何よりも重要であることから、今後、不動産管理業者は、『不動産最適活用』を根源的に支える役割を担うことになる。社会経済情勢の変化や多様なライフスタイル・ワークスタイルに対応し、個人・企業の不動産に対するニーズが変容すると、その管理に対するニーズもさらに多様化・高度化することが見込まれるため、こうしたニーズを的確に取り込み、サービスを展開していくことが重要となる。

> 多様化する管理サービスへのニーズの例としては、戸建て住宅、共同住宅を問わず、子育て世帯、高齢者単身世帯向けに、子育て支援、買い物、日常生活の見守り、安否確認、コミュニティ形成などの幅広いサービスを展開し、居住・生活環境向上に寄与することが考えられる。その実現に向けては、従来の不動産管理に留まらない新たなサービス提供に向けたノウハウを蓄積するとともに、介護・福祉、法務などの専門家や地方公共団体等との緊密な連携が不可欠となる。

また、高度化する管理サービスへのニーズの例としては、老朽化するマンションや賃貸住宅において、建物・設備についても価値を維持・向上させるための管理技術が求められる。管理業者は専門的な知見・ノウハウを有する立場から、適時適切な計画修繕・改修の実施や建物・設備の性能向上に向け、オーナーの投資判断に対する支援を行うとともに、建物の管理情報等が適切に蓄積、活用されるよう配慮し、それらが流通段階においても購入希望者等に対して情報開示がなされるよう努めることが重要である。

これらの管理サービスを提供する上では、管理業者の担い手の確保や資質の向上が重要となる。入居者との接点が多い現場における従業員の働き方改善や、接遇意識の向上、スキルアップ等に取り組むとともに、AI、IoT、ロボット等の新技術の積極的な導入など、管理業務の効率化や付加価値の高いサービスの提供に向けた取組を強化することが重要である。

また、これらの不動産単体を中心とした管理行為に加えて、面的な管理(エリアマネジメント)を推進し、エリア全体における価値の向上に努めていくことも重要である。」

ひっかけポイント

特別措置法の特定空家等には「賃貸住宅が含まれない」という手にはのらないように!

ここに注意して学習

統計情報や国土交通省発表の最新の政策について出題されているので、国土交通省のHPを見ておくとよいでしょう。

予想問題にチャレンジ

【問 題】 賃貸不動産をとりまく社会的情勢に関する次の記述のうち、最も適切なものはどれか。

1 「不動産業ビジョン 2030〜令和時代の『不動産最適活用』に向けて〜」(国土交通省平成31 年 4 月 24 日公表)において、不動産管理業者は、建替え、コンバージョン、リニューアルなど多様な選択肢の中から不動産の「たたみ方」を含めて提案し、新たな不動産活用を促していくことが求められるとされた。

2 「賃貸住宅の計画的な維持管理及び性能向上の推進について〜計画修繕を含む投資判断の重要性〜(2019(平成31)年 3 月 国土交通省公表)」において、賃貸住宅の入居者の年齢要因が、中長期的な視点のもとで投資判断を行っていく上で重要であると述べられている。

3 平成 30 年住宅・土地統計調査 調査の概要(総務省統計局公表)によれば、空き家の数は減少傾向にあり、その率は 13.6%である。

4 2013(令和 5)年 6 月 14 日に公布された「空家等対策の推進に関する特別措置法の一部を改正する法律」においては、所有者の責務強化され、適切な管理の努力義務に加え、国・自治体の施行に協力する努力義務が課せられた。

【解 説】

正解:4

1× 問題文の記述は、「ストック型社会」における開発・分譲業の役割として求められるものです。必ずしも不動産管理業者の役割ではありません。

2× 問題文の記述にある内容は述べられていません。

3× 平成 30 年住宅・土地統計調査 調査の概要(総務省統計局公表)によれば、空き家の数は**増加傾向**にあり、その率は 13.6%です。

4○ 問題文のとおりです。

第2編　賃貸住宅の管理業務等の適正化に関する法律

2020年に「賃貸住宅の管理業務等の適正化に関する法律」(以下、「管理業法」といいます。)が成立し、2021年6月15日以降に登録制度を含めたすべてが施行されました。

管理業法は、200戸以上管理する業者に登録を義務付け、登録業者にだけ適用される行為規制を課しています。また、サブリース事業(転貸事業)を兼ねて管理業務を行う業者に対しては、さらに広告や勧誘行為に対する行為規制を課しています。つまり、登録制度をベースにして、その上にサブリース規制が乗っかっているような2階建ての構造となっています。

学習時間	20時間
出題数	20問程度
学習指針	2023年度の試験では本法に関連する問題が20問も出題されているので、超重要科目として位置付けられます。法律に定められた制度を理解した後は、「管理受託契約」「特定賃貸借」の2つの違いをしっかりと理解した上で、それぞれの標準契約書を一読しておく必要があります。もちろん、アプリで過去問を解き、知識の定着を図りましょう。

第1章　法律の制定

賃貸住宅管理業務は宅地建物取引業のように法律で免許制になっている公益性がある業務なの？

A:令和2年に成立した法律で規制されるようになりました。

I　法律の目的〜なぜ法律で規制する必要があるの？

管理業法の第1条に、この法律の目的が定められています。学習する上で重要なので、一部引用します。

「社会経済情勢の変化に伴い国民の生活の基盤としての賃貸住宅の役割の重要性が増大していることに鑑み、**賃貸住宅の入居者の居住の安定の確保及び賃貸住宅の賃貸に係る事業の公正かつ円滑な実施を図るため**、賃貸住宅管理業を営む者に係る登録制度を設けその業務の適正な運営を確保するとともに、特定賃貸借契約の適正化のための措置等を講ずることにより、良好な居住環境を備えた賃貸住宅の安定的な確保を図り、もって国民生活の安定向上及び国民経済の発展に寄与することを目的」として、2020年6月に「賃貸住宅の管理業務等の適正化に関する法律」が成立しました。

II　法律制定の背景〜法律がなく社会問題化していた？

法律が制定された背景には次のような社会状況があります。

①賃貸住宅は、賃貸住宅志向の高まりや単身世帯、外国人居住者の増加等を背景に、今後も我が国の生活の基盤としての重要性は一層増大していること。

②賃貸住宅の管理は、以前は自ら管理を実施するオーナーが中心でしたが、近年、オーナーの高齢化や相続等に伴う兼業化の進展、管理内容の高度化等により、管理業者に管理を委託等するオーナーが増加していること。

③日常的に起きる賃貸住宅を巡る課題やトラブルに関する行政への相談件数が年々増加傾向にあること。

④賃貸経営を管理業者にいわば一任できる「サブリース方式」が増加し、トラブルも多発していること。

⑤社会的弱者の居住確保、外国人の居住環境の整備、空き家対策、地震や豪雨への備え、環境問題など、住生活に関連して対応すべき多くの社会的問題が山積していること。

III 法律の概要〜全体像を把握しましょう

管理業法には「賃貸住宅管理業の登録制度と業務規制」と「特定賃貸借契約の適正化のための措置等」(サブリース業)の2つが定められています。
まずは、法律の全体像を意識しましょう。

	概要	監督処分等
総則	賃貸住宅管理業とサブリース業に共通する「賃貸住宅」についての要件と、用語の定義が定められています。	—
賃貸住宅管理業	・登録義務 ・名義貸し禁止 ・業務管理者の選任 ・契約前の書面の交付 ・契約時の書面の交付 ・管理業務の再委託の禁止 ・分別管理 ・従業者証明書の携帯等 ・帳簿の備付 ・標識の掲示 ・委託者への定期報告 ・守秘義務	国土交通大臣による ・業務改善命令 ・業務停止命令 ・登録取消・抹消 ・監督処分等の公告 ・報告徴収・立入検査 罰則
特定転貸事業(サブリース業)	・誇大広告等の禁止 ・不当な勧誘等の禁止 ・契約前の書面の交付 ・契約時の書面の交付 ・書類の閲覧 ・国土交通大臣に対する申出	国土交通大臣による ・指示 ・業務停止命令 ・処分内容の公表 ・報告徴収・立入検査 罰則
雑則	・国と地方公共団体の適用除外 ・権限の委任	—

ここに注意して学習

ここから出題されることはありませんが、制度趣旨を理解した上で学習するのは法律学習の鉄則です。

第2章　管理業者の登録制度

重要度▶A

地主さんにマンションを建築してもらい、一括して借り上げた上で、弊社で入居者を募集して転貸する場合も規制がかかるの？

A：特定転貸事業者になるので管理業法が適用されます。

Ⅰ　制度の概要〜サブリース業だけでは登録の対象外？

委託を受けて賃貸住宅管理業務（賃貸住宅の維持保全、金銭の管理）を行う事業を営もうとする者について、国土交通大臣の登録を義務付けました（ただし、管理戸数が 200 戸未満の者は任意登録）。

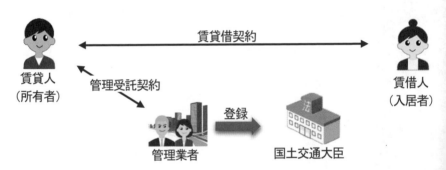

登録を受けた管理業者には、業務管理者の配置、管理受託契約締結前の重要事項の説明、財産の分別管理、委託者への定期報告等の法的な義務が課されます。
なお、サブリース業（特定転貸事業）だけを行い、賃貸住宅管理業務を行わない場合は、国土交通大臣への登録は不要です。

II 賃貸住宅・管理業務・賃貸住宅管理業等の意味

1 賃貸住宅〜規制の対象となる賃貸住宅と対象外となるものがある？

管理業法で使用する「賃貸住宅」は法律用語です。この法律で「賃貸住宅」となるものと、ならないものがあるので、以下の表で正確に理解しておきましょう。

(1)賃貸住宅とは

賃貸借契約を締結し賃借することを目的とする<u>住宅</u>をいいます。

住宅	人の居住の用に供する<u>家屋</u>または<u>家屋の部分</u>をいいます。 ▶ その利用形態として「人の居住の用に供する」ことを要件としているので、通常事業の用に供されるオフィスや倉庫等はこの要件を満たさず「住宅」に該当しません。
家屋	アパート一棟や戸建てなど一棟をいいます。
家屋の部分	マンションの一室といった家屋の一部をいいます。

▶ 賃貸人と賃借人(入居者)との間で賃貸借契約が締結されておらず、賃借人(入居者)を募集中の家屋等や募集前の家屋等であっても、それが賃貸借契約の締結が予定され、賃借することを目的とされる場合は、賃貸住宅に該当します。

▶ 家屋等が建築中である場合も、竣工後に賃借人を募集する予定であり、居住の用に供することが明らかな場合は、賃貸住宅に該当します。

▶ 一棟の家屋について、一部が事務所として事業の用に供され、一部が住宅として居住の用に供されている等のように複数の用に供されている場合、当該家屋のうち、賃貸借契約が締結され居住の用に供されている住宅については、賃貸住宅に該当します。

人の居住の用に供する家屋・その部分

住宅○

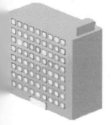

人の居住の用に供しないオフィス・倉庫等

住宅×

(2)適用除外～賃貸住宅にならないもの

人の生活の本拠として使用する目的以外の目的に供されていると認められる以下の住宅は、「賃貸住宅」になりません。

①旅館業法 3 条 1 項の規定による許可に係る施設である住宅(旅館のこと)

- ▶ ウィークリーマンションについては、旅館業法 3 条 1 項の規定による許可を受け、旅館業として宿泊料を受けて人を宿泊させている場合、賃貸住宅には該当しません。
- ▶ 一方、利用者の滞在期間が長期に及ぶなど生活の本拠として使用されることが予定されている、施設の衛生上の維持管理責任が利用者にあるなど、当該施設が旅館業法に基づく営業を行っていない場合には、賃貸住宅に該当します。

②国家戦略特別区域法 13 条 1 項の規定による認定に係る施設である住宅のうち、認定事業(同条 5 項に規定する認定事業)の用に供されているもの(外国人旅客の滞在に必要な役務を提供する旅館以外の施設のこと)

③住宅宿泊事業法 3 条 1 項の規定による届出に係る住宅のうち、住宅宿泊事業(同法 2 条 3 項に規定する住宅宿泊事業をいいます)の用に供されているもの(民泊のこと)

- ▶ これら住宅が、現に人が宿泊しているまたは現に宿泊の予約や募集が行われている状態にあること等をいい、これら事業の用に供されていない場合には、賃貸の用に供されることも想定され、その場合は賃貸住宅に該当します。

2　管理業務・賃貸住宅管理業～登録が必要となる業務とは？

賃貸住宅管理業とは、賃貸住宅の賃貸人から①委託を受けて②管理業務を行う③事業をいいます。

(1)委託

後述する「管理受託契約」を締結することをいいます。

- ▶ 賃貸人から明示的に契約等の形式により委託を受けているか否かに関わらず、本来賃貸人が行うべき賃貸住宅の維持保全を、賃貸人からの依頼により賃貸人に代わって行う実態があれば、「賃貸住宅管理業」に該当します。

(2)管理業務

管理業務は以下の 2 つの業務をいいます。ただし、「家賃、敷金、共益費その他の金銭の管理を行う業務」は、「委託に係る賃貸住宅の維持保全を行う業務」と併せて行うものに限り管理業務となります。

①委託に係る賃貸住宅の維持保全を行う業務

居室及び居室の使用と密接な関係にある住宅のその他の部分について、点検・清掃等の維持を行い、これら点検等の結果を踏まえた必要な修繕を一貫して行うことをいいます。

1. 定期清掃業者、警備業者、リフォーム工事業者等が、維持または修繕のいずれか一方のみを行う場合、入居者からの苦情対応のみを行い維持及び修繕(維持・修繕業者の

の発注等を含む)を行っていない場合は、賃貸住宅の維持保全には該当しません。

維持(点検・清掃等)を	修繕を	管理業務になるか？
行う	行う	なる
行う	行わない	ならない
行わない	行う	ならない
行わない	行わない	ならない

2.エレベーターの保守点検・修繕を行う事業者等が、賃貸住宅の部分のみについて維持から修繕までを一貫して行う場合等は、賃貸住宅の維持保全には該当しません。

	居室	その他の部分※	管理業務になるか？
維持修繕を	行う	行う	なる
	行う	行わない	ならない
	行わない	行う	ならない
	行わない	行わない	ならない

※ 玄関・通路・階段等の共用部分、居室内外の電気設備・水道設備、エレベーター等の設備等をいいます。

3.賃貸住宅の賃貸人のために**維持保全に係る契約の締結の媒介、取次ぎまたは代理を行う業務**も、維持保全業務になります。

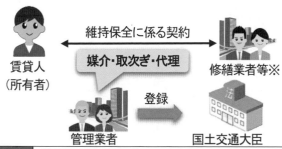

取次	賃貸管理業者が、自己の名をもって、賃貸人の計算において(経済的な効果が賃貸人に帰属するように)、法律行為(維持保全に係る契約等)をすることを引き受けることをいいます。
媒介	賃貸管理業者が、賃貸人と修繕業者等の法律行為(維持保全に係る契約等)の成立に向けて行う事実行為をいいます。
代理	賃貸人(本人)から代理権の授与を受けた賃貸管理業者(代理人)が、代理行為(維持保全に係る契約等)の意思表示を行ない、その意思表示の効果を賃貸人(本人)に帰属させる制度をいいます。

②賃貸住宅に係る家賃、敷金、共益費その他の金銭の管理を行う業務

「家賃、敷金、共益費その他の金銭」とは、賃貸人が入居者との賃貸借契約に基づいてその入居者より本来受領すべき金銭のことを指します。

1. 金銭の管理を行う業務については、賃貸住宅の賃貸人から委託を受けて、その**委託に係る賃貸住宅の維持保全**を行うことと併せて行うものに限り、賃貸住宅管理業に該当します。

維持保全を	家賃等金銭管理を	管理業務になるか？
行う	行う	なる
行う	行わない	なる
行わない	行う	ならない
行わない	行わない	ならない

2. 保証会社が、賃貸人から委託を受けて通常の月額家賃を賃借人から受領し、賃貸人や管理業者に送金するなど、**金銭管理業務のみを行っている場合は、賃貸住宅管理業に該当しません。**

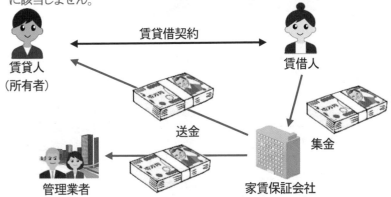

3. サブリース方式において、**サブリース業者が入居者から家賃、敷金、共益費等を受領する場合**には、これらはサブリース業者が賃貸人の立場として受領するものであることから、「**家賃、敷金、共益費その他の金銭**」には含まれません。

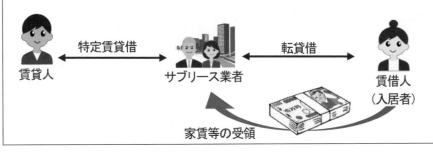

(3)事業

営利の意思を持って反復継続的に賃貸住宅管理業を行うことをいいます。営利の意思の有無については、客観的に判断されます。

▶ 他の法令によって財産の管理を委託をした者の保護が図られている、信託や任意後見契約に基づく業務の実施はこの事業に含まれません。

III 登録制～国土交通大臣への登録が必要？

1 賃貸住宅管理業の登録～一定規模以上は登録が義務に？

賃貸住宅管理業を営もうとする管理戸数 200 戸以上の者は、国土交通大臣の登録を受けなければなりません。

賃貸住宅管理業の登録
有効期間は5年間

管理業者 → 国土交通大臣

規模	管理戸数 200 戸以上:義務 ※200 戸未満は任意
申請先	国土交通大臣
有効期間	5 年間
登録簿	国土交通大臣は、管理業者登録簿を一般の閲覧に供しなければなりません。

2 登録の更新～5 年ごとに更新が必要？

管理業者は登録を更新することができます。

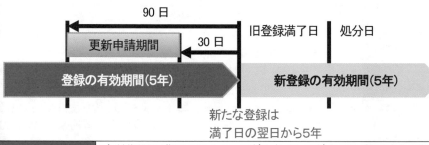

新たな登録は
満了日の翌日から5年

更新期間	有効期間の満了の日の 90 日前から 30 日前までの間に国土交通大臣に申請しなければなりません。
更新しないと？	更新を受けなければ、その期間の経過によって失効します。
申請後に満了日が過ぎたら？	更新の申請があった場合で、有効期間の満了の日までにその申請に対する処分がされないときは、従前の登録は、登録の有効期間の

	満了後もその処分がされるまでの間は、なおその効力を有します。 登録の更新がされたときは、その登録の有効期間は、従前の登録の 有効期間の満了の日の翌日から起算します。

3　申請(更新)の書類の記載事項と添付書類~貸借対照表等も提出する?

登録申請及び更新申請をするには、以下の事項を記載した申請書と添付書類を国土交通大臣に提出しなければなりません。

 管理業者

登録申請・更新申請
国土交通大臣に提出

 国土交通大臣

 登録簿

申請書 (更新含む) の記載事項	①商号、名称または氏名及び住所
	②法人である場合においては、その役員の氏名
	③未成年者である場合においては、その法定代理人の氏名及び住所 (法定代理人が法人である場合にあっては、その商号または名称及び 住所並びにその役員の氏名)
	④営業所または事務所の名称及び所在地
	<table><tr><td>営業所または 事務所とは?</td><td>管理受託契約の締結、維持保全の手配、または 家賃、敷金、共益費その他の金銭の管理の業務 (管理業務を行う場合に限る)が行われ、継続的 に賃貸住宅管理業の営業の拠点となる施設とし て実態を有するものをいいます。 ▶ 電話の取次ぎのみを行う施設、維持保全業務 　に必要な物品等の置き場などの施設は、営業 　所または事務所には該当しません。</td></tr></table>
申請書 (更新含む) の添付書類	⑤最近の事業年度における**貸借対照表及び損益計算書**(法人の場合)
	⑥賃貸住宅管理業に係る賃貸住宅の戸数その他の登録申請者の**業務 の状況及び財産の分別管理の状況**を記載した書面 ▶「業務の状況」及び「財産の分別管理の状況」については、それぞれ 　申請日時点における状況を記入します。 ▶「業務の状況」のうち、「契約金額」については、管理受託契約に係る 　金額を記載します。なお、**特定賃貸借契約に係る契約金額の記入は 　不要**です。
	⑦業務管理者の配置の状況及びその業務管理者が有資格者である旨 を記載した書面

＊　上記以外にも多数の添付書類がありますが、試験対策としては不要と思われるので省
　略しました。詳細を知りたい方は、国土交通省HP等で条文をご確認下さい。

＊　登録の更新をせずに失効した場合であっても、管理業者であった者またはその一般承

継人は、その管理業者が締結した管理受託契約に基づく業務を結了する目的の範囲内においては、なお管理業者とみなされます。

4 　登録の実施、登録簿の閲覧

国土交通大臣は、申請があると、次のページに掲示する登録拒否事由がある場合を除き、登録簿を作成して一般の閲覧に供しなければなりません。

登録簿

国土交通大臣

・申請書記載事項と登録年月日・番号⇒一般の閲覧
・その他添付書類⇒一般閲覧なし

管理業者登録簿の 登載事項	①商号、名称または氏名及び住所 ②法人である場合においては、その役員の氏名 ③未成年者である場合においては、その法定代理人の氏名及び住所(法定代理人が法人である場合にあっては、その商号または名称及び住所並びにその役員の氏名) ④営業所または事務所の名称及び所在地 ⑤登録年月日及び登録番号
通　知	国土交通大臣は、管理業者の登録をしたときは、**遅滞なく**、その旨を**申請者に通知**しなければなりません。
一般の閲覧	国土交通大臣は、管理業者登録簿を一般の閲覧に供しなければなりません。

国土交通大臣は、賃貸住宅管理業の登録を受けようとする者が次のいずれかに該当するとき、その登録を拒否しなければなりません。

また、国土交通大臣は、登録を拒否した場合、遅滞なく、その理由を示して、その旨を申請者に通知しなければなりません。

左欄	右欄（縦書き）
①心身の故障により賃貸住宅管理業を的確に遂行することができない者 ▶ 精神の機能の障害により賃貸住宅管理業を的確に遂行するに当たって必要な認知、判断及び意思疎通を適切に行うことができない者をいいます。 ②破産手続開始の決定を受けて復権を得ない者 ③一定の事由※1により登録を取り消され、その取消しの日から5年を経過しない者 ▶ 登録を取り消された者が法人である場合にあっては、その取消しの日前30日以内にその法人の役員であった者で取消しの日から5年を経過しないものを含みます。 ④ 禁錮以上の刑に処せられ、または管理業法の規定により罰金の刑に処せられ、その執行を終わり、または執行を受けることがなくなった日から起算して5年を経過しない者 ⑤暴力団員による不当な行為の防止等に関する法律2条6号に規定する暴力団員または同号に規定する暴力団員でなくなった日から5年を経過しない者 ⑥賃貸住宅管理業に関し不正または不誠実な行為をするおそれがあると認めるに足りる相当の理由がある者※2	⑦営業に関し成年者と同一の行為能力を有しない未成年者でその法定代理人が①から⑥までのいずれかに該当するもの ⑧法人であって、その役員のうちに①から⑥までのいずれかに該当する者があるもの

⑨暴力団員等がその事業活動を支配する者

⑩賃貸住宅管理業を遂行するために必要と認められる財産的基礎を有しない者
▶ 登録申請日を含む事業年度の前事業年度において、負債の合計額が資産の合計額を超えておらず、かつ、支払不能に陥っていない状態でなければなりません（原則）。※3

⑪営業所または事務所ごとに業務管理者を確実に選任すると認められない者

⑫登録申請書・添付書類のうちに重要な事項について虚偽の記載があり、もしくは重要な事実の記載が欠けているとき

※1　一定の事由とは、
1) 前記の拒否事由（③を除く）のいずれかに該当することとなったとき
2) 不正の手段により賃貸住宅管理業の登録を受けたとき
3) その営む賃貸住宅管理業に関し法令または、業務改善命令もしくは業務停止命令

に違反したとき

 4)管理業者が登録を受けてから1年以内に業務を開始せず、または引き続き1年以上業務を行っていないと認めるとき

※2 具体的には次の者をいいます。

 1)※1のいずれかに該当するとして登録の取消しの処分に係る行政手続法15条の規定による通知があった日から当該処分をする日または処分をしないことの決定をする日までの間に、**解散の届出**または**廃止の届出**をした者(相当の理由のある者を除く)でその届出の日から**5年を経過しないもの**

 2)1)期間内に合併、解散、または廃止の届出をした法人(相当の理由がある法人を除く)の役員であった者であって、1)の通知があった日前30日に当たる日からその法人の合併、解散または廃止の日までの間にその地位にあったものでその届出の日から**5年を経過しないもの**

※3 具体的には次の者をいいます。

「賃貸住宅管理業を遂行するために必要と認められる財産的基礎を有しない者」について(規則第10条関係)

「財産及び損益の状況が良好であること」とは、登録申請日を含む事業年度の前事業年度において、負債の合計額が資産の合計額を超えておらず、かつ、支払不能に陥っていない状態をいうものとする。

ただし、負債の合計額が資産の合計額を超えている場合であっても、例えば、登録申請日を含む事業年度の直前2年の各事業年度において当期純利益が生じている場合、十分な資力を有する代表者からの「代表者借入金」を控除した負債の合計額が資産の合計額を超えていない場合など、上記の「負債の合計額が資産の合計額を超えて」いないことと同等又は同等となることが相応に見込まれる場合には、「財産及び損益の状況が良好である」と認めて差し支えない。

「支払不能に陥っていないこと」とは、債務者が支払能力の欠乏のため弁済期にある全ての債務について継続的に弁済することができない客観的状態にないことをいう。なお、支払能力の欠乏とは、財産、信用、あるいは労務による収入のいずれをとっても債務を支払う能力がないことを意味する。

---

6 変更の届出~役員が引っ越しても届出は不要?

管理業者は、以下の事項に変更があった場合、その日から30日以内に、その旨を国土交通大臣に届け出なければなりません。

①商号、名称または氏名及び住所

個人の氏名が変更される場合には、戸籍謄(抄)本を添付します。

②法人である場合においては、その役員の氏名

▶ 新しく役員に就任する場合も役員の氏名の変更となり届出が必要です。

▶ 現在の取締役が監査役に就任する場合なども届出が必要です。

③未成年者である場合においては、その法定代理人の氏名及び住所

法定代理人が法人である場合にあっては、その商号または名称及び住所並びにその役員の氏名に変更があった場合に届出が必要です。

④営業所または事務所の名称及び所在地

主たる営業所または事務所における所在地の変更及び従たる営業所または事務所における新設、廃止及び所在地の変更の場合においては、「登記事項証明書」「業務管理者の配置の状況及びその業務管理者が資格要件等に該当する者である旨を記載した書面」を添付する必要があります。

7　廃業等の届出～破産すると誰が届出するの？

管理業者が次の「廃業事由」のいずれかに該当することとなった場合は、その右欄に記載した者は、**その日（①の場合にあっては、その事実を知った日）**から30日以内に、その旨を国土交通大臣に届け出なければなりません。

廃業事由	届出義務者
①死亡(個人の場合)	その相続人
②合併により消滅(法人の場合)	消滅した法人の元代表役員
③破産手続開始の決定により解散(法人の場合)	その破産管財人
④合併及び破産手続開始の決定以外の理由により解散(法人の場合)	その清算人
⑤賃貸住宅管理業を廃止(個人・法人共通)	その個人または代表役員

＊　管理業者が上記のいずれかに該当することとなったときは、賃貸住宅管理業の登録はその効力を失います。しかし、当該登録に係る管理業者であった者またはその一般承継人は、その管理業者が締結した管理受託契約に基づく業務を結了する目的の範囲内において管理業者とみなされます。

IV　業務～登録業者には守るべきルールが？

管理業者が守らなければならない業務の規制です。

1　業務処理の原則～賃貸住宅の維持保全以外の業務にも規制が？

公益性を有する管理業者は、法律でその職務の誠実義務が定められています。

内容	管理業者は、信義を旨とし、誠実にその業務を行わなければなりません。
具体的には？	①　賃貸住宅管理業の専門家として、**専門的知識をもって適切に管理業務を行う**とともに、賃貸住宅の賃貸人が安心して管理業務を委託することができる環境を整備すること

② 常に賃貸住宅のオーナーや入居者等の視点に立ち、業務に誠実に従事すること

③ 紛争等を防止、賃貸借契約の更新に係る業務、契約の管理に関する業務、入居者への対応に関する業務のうち、賃貸住宅管理業の登録が必要となる「賃貸住宅の維持保全」には含まれない賃貸住宅の管理に関する業務を含め、賃貸住宅管理業の円滑な業務の遂行を図ること

2 名義貸しの禁止

管理業者は、自己の名義をもって、他人に賃貸住宅管理業を営ませてはなりません。これに違反した場合は、監督処分や刑事罰を受けることがあります。

(1)管理業者の義務

配置義務	管理業者は、その営業所または事務所ごとに、1人以上の業務管理者を選任しなければなりません。 ▶ 賃貸住宅管理業に係る賃貸住宅の戸数、賃貸住宅管理業を遂行する従業員の数は営業所または事務所ごとに異なるため、管理業者は、入居者の居住の安定の確保等の観点から、その営業所または事務所においてその従業員が行う管理業務等の質を担保するために必要な指導、管理、及び監督をし得るだけの数の業務管理者を配置することが望まれています。
専任性	業務管理者は、他の営業所または事務所の業務管理者となることができません。 ▶ 業務管理者が宅地建物取引士も兼務する等他の業務を兼務することは違法ではありません。しかし、入居者の居住の安定の確保等の観点から管理業者の従業員が行う管理業務等について必要な指導、管理、及び監督の業務に従事できる必要があります。
欠けた場合	業務管理者が欠けた場合は、新たに業務管理者を選任するまでの間は、その営業所または事務所において管理受託契約を締結してはなりません。 ▶ 国土交通大臣は、業務管理者が欠けた場合、その登録を取り消し、または1年以内の期間を定めてその業務の全部もしくは一部の停止を命ずることができます。

(2) 業務管理者の要件と職務内容

要件	業務管理者は、前記の賃貸管理業者の登録拒否事由(P.26 参照)のうち①～⑦に当てはまらない者で、なおかつ以下の 2 つのいずれかの要件を満たす必要があります。 ①管理業務の**実務経験**を2年以上有し、登録証明事業による証明を受けている者※ 　　または ②管理業務の実務経験を 2 年以上有する**宅地建物取引士**で、管理業務の実務についての講習(指定講習)を修了した者 であることが必要です。
職務内容	その営業所または事務所における業務に関し、管理受託契約の内容の明確性、管理業務として行う賃貸住宅の維持保全の実施方法の妥当性その他の賃貸住宅の入居者の居住の安定及び賃貸住宅の賃貸に係る事業の円滑な実施を確保するため、以下の事項についての**管理及び監督に関する事務**を行います。 ①管理受託契約の締結前の書面の交付及び説明に関する事項 ②管理受託契約の締結時の書面の交付に関する事項 ③管理業務として行う賃貸住宅の維持保全の実施に関する事項及び賃貸住宅に係る家賃、敷金、共益費その他の金銭の管理に関する事項 ④帳簿の備付け等に関する事項 ⑤委託者への定期報告に関する事項 ⑥秘密の保持に関する事項 ⑦賃貸住宅の入居者からの苦情の処理に関する事項 ⑧上記のほか、賃貸住宅の入居者の居住の安定及び賃貸住宅の賃貸に係る事業の円滑な実施を確保するため必要な事項として国土交通大臣が定める事項

※ 賃貸管理士試験に合格し、実務講習を受講し修了試験に合格すると、登録証明事業による証明が受けられます。

(1)重要事項説明の方法

賃貸借契約

事前に重要事項の説明と書面の交付

賃貸人（所有者）

賃借人

管理業者

①重要事項説明に関わる人たち

説明義務者	賃貸人から委託を受けようとする賃貸住宅管理業者自らが行う必要があります。
説明担当者	業務管理者が担当する必要はありませんが、**業務管理者の管理及び監督の下に行われる**必要があります。 ▶ 業務管理者または一定の実務経験を有する者など専門的な知識及び経験を有する者によって行われることが望まれます。
説明の相手	重要事項説明の相手方は管理業務を委託しようとする賃貸住宅の賃貸人です。 ▶ 契約の相手方本人の意思により、委任状等をもって代理権を付与された者に対し、重要事項説明を行うこともできます。しかし、管理業者が管理受託契約の相手方に対して働きかけて契約の相手方にその代理人を紹介して選任させた上、当該代理人に対して重要事項説明を行ったような例外的な場合には、その趣旨に照らし、当該代理人が契約の相手方本人に対して当該説明をしたと評価することができる事情がない限り、重要事項説明をしたとは認められません。

②重要事項説明の時期

説明時期	管理受託契約前に行わなければなりません。
書面交付時期	賃貸人が契約内容を十分に理解した上で契約を締結できるよう、説明から契約締結までに1週間程度の期間をおくことが望まれます。 ▶ 説明から契約締結までの期間を短くせざるを得ない場合には、事前に管理受託契約重要事項説明書等を送付し、その送付から一定期間後に、説明を実施するなどして、管理受託契約を委託しようとする者が契約締結の判断を行うまでに十分な時間をとることが望まれます。

③重要事項説明の方式

対面方式	管理業者が、管理受託契約の内容及びその履行に関する事項であって国土交通省令で定めるものについて、書面を交付して説明する方式が原則です。 ▶ 資格者証や従業者証明書の提示は不要
IT方式	重要事項説明にテレビ会議等のITを活用するに当たっては、次に掲げるすべての事項を満たしている場合に限り、対面による説明と同様に取り扱われます。 ▶ 説明者及び重要事項の説明を受けようとする者が、図面等の書類及び説明の内容について十分に理解できる程度に映像が視認でき、かつ、**双方が発する音声を十分に聞き取ることができる**とともに、双方向でやりとりできる環境において実施していること ▶ 重要事項説明を受けようとする者が承諾した場合を除き、管理受託契約重要事項説明書及び添付書類をあらかじめ送付していること ▶ 重要事項の説明を受けようとする者が、重要事項説明書及び添付書類を確認しながら説明を受けることができる状態にあること並びに映像及び音声の状況について、管理業者が重要事項の説明を開始する前に確認していること なお、説明の相手方に事前に重要事項説明書等を読んでおくことを推奨するとともに、管理受託契約重要事項説明書等の送付から一定期間後に、ITを活用した管理受託契約重要事項説明を実施することが望ましいです。
電話方式	重要事項説明は、対面かITの活用による説明が望ましいですが、変更契約に関しては、次に掲げるすべての事項を満たしている場合に限り、電話による説明をもって対面による説明と同様に扱われます。 ▶ 事前に管理受託契約変更契約の重要事項説明書等を送付し、その送付から一定期間後に説明を実施するなどして、賃貸人が変更契約締結の判断を行うまでに十分な時間をとること ▶ 賃貸人から管理業者に対し、電話により管理受託契約変更契約の重要事項説明を行ってほしいとの依頼があること ▶ 賃貸人が、管理受託契約変更契約の重要事項説明書等を確認しながら説明を受けることができる状態にあることについて、管理業者が重要事項説明を開始する前に確認していること ▶ 賃貸人が、電話による説明をもって当該管理受託契約変更契約の重要事項説明の内容を理解したことについて、管理業者が重要事項説明を行った後に確認していること なお、賃貸人から管理業者に対し、電話により重要事項説明を行ってほしいとの依頼があった場合であっても、賃貸人から、対面かITの活用による説

	明を希望する旨の申出があったときは、当該方法により説明しなければなりません。

④重要事項説明書の交付方法

原則	紙に印刷した書面を交付する方法
例外	電磁的方法で提供する方法 ▶ 相手方がこれを確実に受け取れるように、用いる方法(電子メール、WEB でのダウンロード、CD-ROM 等)やファイルへの記録方法(使用ソフトウェアの形式やバージョン等)を示した上で、電子メール、WEB による方法、CD-ROM 等相手方が承諾したことが記録に残る方法で承諾を得ること。 ▶ 出力して書面を作成でき、改変が行われていないか確認できることが必要であること。

④重要事項説明と書面交付が不要となる場合

以下の者に対しては、重要事項説明及びその書面の交付を行う必要がありません。

- ▶ 管理業者
- ▶ 特定転貸事業者
- ▶ 宅地建物取引業者
- ▶ 特定目的会社
- ▶ 賃貸住宅に係る信託の受託者(委託者等が上記のいずれかに該当する場合に限る)
- ▶ 組合
- ▶ 独立行政法人都市再生機構
- ▶ 地方住宅供給公社

(2)重要事項説明の内容

重要事項説明書面には、管理受託契約の内容及びその履行に関する事項等を記載します具体的には以下の事項です。

①管理受託契約を締結する管理業者の商号、名称または氏名並びに登録年月日及び登録番号

- ▶ 組織運営に変更のない商号または名称等の変更等、形式的な変更と認められる場合はこれに該当せず、その場合、本条に基づく管理受託契約重要事項説明等は行わないこととして差し支えありません。

②管理業務の対象となる賃貸住宅

- ▶ 管理業務の対象となる賃貸住宅の所在地、物件の名称、構造、面積、住戸部分(部屋番号)その他の部分(廊下、階段、エントランス等)、建物設備(ガス、上水道、下水道、エレベーター等)、附属設備等(駐車場、自転車置き場等)等について記載し、説明すること

③管理業務の内容及び実施方法

▶ 管理業者が行う管理業務の内容について、回数や頻度を明示して可能な限り具体的に記載し、説明すること

▶ 管理業務と併せて、入居者からの苦情や問い合わせへの対応を行う場合は、その内容についても可能な限り具体的に記載し、説明すること

④報酬の額並びにその支払の時期及び方法

⑤④に掲げる報酬に含まれていない管理業務に関する費用であって、管理業者が通常必要とするもの

▶ 管理業者が管理業務を実施するのに伴い必要となる水道光熱費や、空室管理費等が考えられます。

⑥管理業務の一部の再委託に関する事項

▶ 管理業者は、管理業務の一部を第三者に再委託することができることを事前に説明するとともに、再委託することとなる業務の内容、再委託予定者を事前に明らかにすること

⑦責任及び免責に関する事項

▶ 管理受託契約の締結にあたり、賃貸人に賠償責任保険等への加入を求める場合や、当該保険によって保障される損害については管理業者が責任を負わないこととする場合は、その旨を記載し、説明すること

⑧委託者への報告に関する事項

▶ 管理業者が行う管理業務の実施状況等について、賃貸人へ報告する内容やその頻度について記載し、説明すること

⑨契約期間に関する事項

▶ 管理受託契約の始期、終期及び期間について説明すること

▶ 契約更新時に、契約の同一性を保ったままで契約期間のみを延長する場合は、説明が不要です。

⑩賃貸住宅の入居者に対する③に掲げる事項の周知に関する事項

▶ 管理業者が行う③に記載する管理業務の内容及び実施方法について、どのような方法（対面での説明、書類の郵送、メール送付等）で入居者に対して周知するかについて記載し、説明すること

⑪契約の更新及び解除に関する事項

▶ 賃貸人と管理業者間における契約の更新の方法について事前に説明すること

▶ 賃貸人または管理業者が、契約に定める義務に関してその本旨に従った履行をしない場合には、その相手方は、相当の期間を定めて履行を催告し、その期間内に履行がないときは、解除することができる旨を事前に説明すること

3)ケーススタディ

契約期間中に前記①〜⑪に掲げる事項に変更があった場合

管理受託契約の変更契約を締結しようとする場合には、変更のあった事項について、賃貸人に対して書面の交付等を行った上で説明すれば足ります。

管理業法の施行前に締結された管理受託契約で、施行後に賃貸人に対して重要事項説明を行っていない場合
管理受託契約変更契約を締結しようとするときに、前記①〜⑪に掲げる全ての事項について、重要事項説明を行う必要があります。
契約の同一性を保ったままで契約期間のみを延長する場合や、組織運営に変更のない商号や名称等の変更
形式的な変更と認められる場合は、重要事項説明が不要です。
管理受託契約が締結されている賃貸住宅が、契約期間中に現賃貸人から売却等されることにより、賃貸人たる地位が新たな賃貸人に移転し、従前と同一内容によって当該管理受託契約が承継される場合
管理業者は、賃貸人たる地位が移転することを認識した後、遅滞なく、新たな賃貸人に当該管理受託契約の内容が分かる書類を交付することが望ましいとされています。 なお、管理受託契約において委託者の地位承継にかかる特約が定められておらず、管理受託契約が承継されない場合、新たな賃貸人との管理委託契約は新たな契約と考えられるため、管理業者は、新たな賃貸人に重要事項説明と書面の交付を行わなければなりません。
管理受託契約と特定賃貸借契約を1つの契約として締結する場合
管理受託契約の重要事項説明書と特定賃貸借契約の重要事項説明書を1つの書面にまとめることができます。

《実際の重要事項説明書サンプル》

(第三面)

(3)管理業務の内容及び実施方法・管理業務の一部の再委託に関する事項

実施箇所等		内容・頻度等	乙	委託	委託先
日常清掃	玄関・廊下・階段	外観点検 ○回/年 清掃…	■	□	
	駐輪場・駐車場	外観点検 ○回/年 清掃…	■	□	
	計車場・自転車置場	外観点検 ○回/年 清掃…	■	□	
	ゴミ集積所	外観点検 ○回/年 清掃…	■	□	
設備点検	別個器具	外観点検 ○回/年 清掃…	■	□	
	自動火災報知器	法定点検 ○回/年	□	■	○ ○○
	消火器	法定点検 ○回/年	□	■	○ ○○
	防災設備	法定点検 ○回/年	□	■	○ ○○
修繕等	見積り・手配	修繕工事の見積り・手配	■	□	
家賃等の徴収等	家賃等の徴収	借主からの家賃等の徴収、引渡し	■	□	
	未収金の督促	未収金リストの作成 督促者に対し督促状による督促	□	■	○ ○○
	管理費等の支払代行	甲が負担する共用部分に係る管理費等の支払代行	■	□	
	敷金等の管理	預かり金（敷金）として分別管理	■	□	
	敷金等の精算事務	精算書等の作成、敷金等の返還等	■	□	
	更新料の徴収	更新料の請求及び督促	■	□	
	保管書類	月次報告書の作成及び保管	■	□	
その他	入居者管理事務	入・退去立会い・案内等対応 入居者からの建物・設備の苦情等への対応 入居者や近隣住民からの苦情対応 入居者の退去手続対応等 入居募集等（契約締結等） 空室管理（定期的な巡回、表示）	□	■	○ ○○
	特定業務		■	□	

※定期清掃の例：点検・清掃（天窓、廊下、階段、駐車場、駐車場、屋根、外壁、樋板、フェンス、郵便受、駐車場、駐輪場、ゴミ置場所、水道、水灯、自動扉等、玄関扉、受水槽、テレビ共聴設備、自動火災報知器、消火設備、防災設備、防犯設備）、植栽等（剪定り・手配等）、その他（入居者からの苦情や問い合わせへの対応等）
※内容の例：法定点検、定期巡回点検、緊急時巡回点検、修繕、修繕業者への発注、設備の管理、清掃（清掃作業の具体的内容）等

(第四面)

(4)甲が乙に支払う報酬並びにその支払の時期及び方法

	金額	支払時期	支払方法
管理報酬	家賃及び共益費（管理費）の○% （別途、消費税） 円	当月分・翌月分を 毎月 日までに	振込 / 持参

※賃借人から乙が家賃等から管理報酬を相殺し、甲に送金する場合はその旨を明確に記載すること

(5)乙が甲に引き渡す敷金及び家賃等の時期及び方法

	金額	支払時期	支払方法
家賃	円	当月分・翌月分を 毎月 日までに	振込 / 持参
敷金	家賃 ○月相当分 円		振込 / 持参

(6)報酬に含まれていない管理業務に関する費用であって、乙が通常必要とするもの

空室管理の水道光熱費

(7)財産の分別管理に関する事項

・乙は以下の方法により、この財産と賃貸人みの家賃・敷金等につき分別管理を行う。

・この保有財産に係る口座は別個の家賃等収納・保管専用口座を設け受領するとともに、施確や会計ソフト上でもオーナー別に自社財産と家賃を分別。

(8)定期報告に関する事項

・報告の対象となる期間
・管理業務の実施状況
・管理業務の対象となる賃貸住宅の稼働状況の状況
・管理業務の対象となる賃貸住宅の入居者からの苦情の発生状況及び対応状況

※調査(3)に記載する管理業務の実施状況を定期的に報告することとする。また、甲は必要があると認められるときは、乙に対して管理業務の実施状況に関して報告を求めることとする。

(第五面)

(9)責任及び免責に関する事項

・天災等による損害等、乙が責任を負わないこととする場合は、その旨を定記し、説明すること。
・甲が損害保険の加入等への加入をすることや、その保険に対応する損害については乙が責任を負わないこととする場合は、その旨を記載し、説明すること。

(10)契約期間に関する事項

契約期間	(始期) 令和 年 月 日から (終期) 令和 年 月 日まで	年 月間

(11)入居者への対応に関する事項

入居者へ周知する事項	入居者への周知方法
・上記(3)に掲げる管理業務の実施方法 ・乙の連絡先 ・乙による本契約の管理業務の終了及び新たに管理を行うこととなる者	メール又は郵送により周知します

(12)契約の更新又は解除に関する事項

a. 契約の更新について

　甲及び乙は、協議の上、本契約を更新することができ、更新の際は甲又は乙は、契約期間が満了する日までに、相手方に対し、文書でその旨を申し出るものとする。

b. 契約の解除について

　甲又は乙が契約に定める義務の履行に関してその履行義務を果たさない場合には、その相手方は相当の期間を定めて履行を催告し、その期間内に該当義務が履行されない時は、本契約を解除することができる。

　乙は、甲に対して少なくとも○ヶ月前に契約の申し入れを行うことにより、本契約を解約することができる。

c. 契約の申し入れについて

　甲または乙は、その相手方に対して、少なくとも○か月前に文書により解約の申入れを行うことにより、本契約を終了させることができる。

(第六面)

住戸明細表

(1)賃貸住宅の所在地

建物名称	
建物所在地	

(2)住戸の設備

設備	有無	備考
エアコン一基	有・無	
バルコニー（1階は除く）	有・無	
オートロック	有・無	
システムキッチン	有・無	
フローリング床	有・無	
床暖房	有・無	
追焚き機能付き風呂	有・無	
浴室乾燥機	有・無	
独立洗面台	有・無	
クローゼット又は1間収納	有・無	
人型下入れ	有・無	
電話２口以上あり	有・無	
宅配ボックス	有・無	
	有・無	
	有・無	
	有・無	

(3)住戸内設備

設備番号	面積	間取り	家賃	備考
	壁芯・内法 ㎡		円	
	壁芯・内法 ㎡		円	
	壁芯・内法 ㎡		円	
	壁芯・内法 ㎡		円	
	壁芯・内法 ㎡		円	
	壁芯・内法 ㎡		円	
	壁芯・内法 ㎡		円	
	壁芯・内法 ㎡		円	

5 管理受託契約の締結時の書面の交付～データ送信で契約することもできる？

(1) 管理受託契約の締結

管理業者は、管理受託契約を締結したときは、管理業務を委託する賃貸住宅の賃貸人(以下、「委託者」といいます。)に対し、遅滞なく、契約書を交付しなければなりません。

①賃貸借契約の締結

賃貸人
(所有者)

②遅滞なく管理受託
契約書面を交付

賃借人

管理業者

交付義務者	賃貸管理業者 ▶ 業務管理者に交付を担当させる義務はありません。
交付方法	▶ 電子書面での送信も可能。ただし、賃貸人の承諾が必要です。 ▶ 管理受託契約に係る重要事項説明書と締結時書面を一体で交付することはできません。
管理受託契約書の記載事項	①管理業務の対象となる賃貸住宅 ②管理業務の実施方法 ③契約期間に関する事項 ④報酬に関する事項(報酬の額並びに支払の時期及び方法を含む) ⑤契約の更新又は解除に関する定めがあるときは、その内容 ⑥管理受託契約を締結する管理業者の商号、名称又は氏名並びに登録年月日及び登録番号 ⑦管理業務の内容 ⑧管理業務の一部の再委託に関する定めがあるときは、その内容 ⑨責任及び免責に関する定めがあるときは、その内容 ⑩委託者への報告に関する事項 ⑪賃貸住宅の入居者に対する②及び⑦に掲げる事項の周知に関する事項

(2)ケーススタディ

契約期間中に前記①～⑪に掲げる事項に変更があった場合

少なくとも変更のあった事項について、変更した書面の交付を行う必要があります。

管理業法施行前に締結された管理受託契約で、その施行後に前記①～⑪の全ての事項について、管理受託契約締結時書面の交付を行っていない場合

管理受託契約締結時書面の交付を行わなければなりません。

契約の同一性を保ったままで契約期間のみを延長する場合や、組織運営に変更のない商号や名称等の変更
形式的な変更と認められる場合は、管理受託契約締結時書面の交付は行う必要がありません。
管理受託契約と特定賃貸借契約を1つの契約として締結する場合
管理受託契約と特定賃貸借契約を1つの契約として締結する場合、管理受託契約の締結時書面と特定賃貸借契約の締結時書面を1つの書面にまとめることができます。

(3) 賃貸住宅標準管理受託契約書

学習用に国土交通省が公表する注意事項・留意点を該当箇所に赤字で引用しております。実際の契約書には記載はありません。

全般関係

① 本契約書が想定している賃貸住宅受託管理受託契約とは、賃貸住宅の管理業務等の適正化に関する法律(令和2年法律第 60 号。以下「賃貸住宅管理業法」という。)第2条第1項に規定する「賃貸住宅」において第2条第2項に規定する管理業務を賃貸住宅管理業者が賃貸住宅の所有者から受託する場合の管理受託契約書である。

② この契約書は、賃貸住宅に共通する管理事務に関する標準的な契約内容を定めたものであり、実際の契約書作成にあたっては、個々の状況や必要性に応じて内容の加除、修正を行い活用されるべきものである。

③ 賃貸住宅管理業法第 3 条は、国土交通省令にて規定する一定規模以上の賃貸住宅管理業を営もうとする者は国土交通省の登録を受ける必要がある旨を定め、同条によって登録を受けた賃貸住宅管理業者(以下「乙」という。)に対して、賃貸住宅管理業法の遵守を義務づけている。本契約書には、乙に義務づけられる賃貸住宅管理業法による遵守事項が契約上の義務として定められている。

④ 賃貸住宅管理業法第 14 条の規定により、賃貸住宅管理業者は、管理受託契約を締結したときは、当該管理受託契約の相手方に対し、遅滞なく、同条第1項各号に掲げる事項を記載した書面を交付しなければならないこととされている(これらの事項を電磁的方法により提供することも可能)。本契約書には、これらの事項が記載されているので、本契約書を委託者に対して交付することによって、賃貸住宅管理業法第 14 条に規定する書面を交付したものとすることが考えられる。

⑤ 実際の管理受託契約においては、地域慣行、物件の構造や維持保全の態様等により、契約内容が異なりうるものである。本契約書は全国を適用範囲とする契約書の雛形として作成したものであり、その管理受託契約にて最低限定めなければならないと考えられる事項について、合理的な内容を持たせるべく作成したものである。個々の契約については、特約による契約内容の補充がされるケースもあると想定されることから、本契約書は、第26条において特約条項の欄を設けている。

⑥ なお、本契約書については、賃貸住宅管理受託契約書の普及状況等を踏まえ、今後、必要な見直しを行うものである。

以下の事項に注意して記入してください。なお、該当する事項のない欄には「－」を記入してください。

委託者 (甲)	氏名	
	住所	
	連絡先	
賃貸住宅管理業者 (乙)	商号(名称)	
	代表者	
	住所	
	連絡先	
	登録年月日	
	登録番号	
業務管理者	氏名	
	事務所住所	
	連絡先	
	証明番号又は登録番号	

頭書

(1)管理業務の対象となる賃貸住宅

建物の 名称・ 所在地等	名 称	建物の名称(○○マンション、○○荘など)を記入してください。
	所在地	住居表示を記入してください。
	構造等	造　階建　戸 鉄筋鉄骨造、軽鉄骨造、木造等の構造を記入し、建物の階数(住戸が何階にあるかではなく、建物自体が何階建てかをいう。)と建物内の住戸の数を記入してください。 ○○造……主要構造部(壁、柱、床、はり、屋根又は階段をいう。)がどのような構造かをいいます。
	面 積	敷 地 面 積　　　　m² 建 築 面 積　　　　m² 延 べ 面 積　　　　m² 敷地面積と建築面積、延べ面積を記入してください。
住戸部分		別紙「住戸明細表」に記載の通り
その他の部分		廊下、階段、エントランス 建物内の専有部分以外の部分(廊下、階段、エントランス等)を記入してください。
建物設備		ガ ス　　　　都市ガス 上 水 道　　　水道本管より直結 下 水 道　　　公共下水

		BS
	共聴アンテナ	各附属設備についてその設備がある場合には「有」、ない場合には「無」に〇をつけてください。また、特に書いておくべき事項(設備の概要など)があれば右の空欄に記入してください。 あらかじめ記載されている設備以外で書いておくことが適当なものがあれば、「共聴アンテナ」の下の余白を利用してください。
附属施設等	駐 車 場 自転車置場	有(本契約の対象に含む) 有(本契約の対象に含む) 各附属施設についてその施設がある場合には「有」に〇をつけ、更に「本契約の対象に含む」か「含まない」かに、ない場合には「無」に〇をつけてください。また、特に書いておくべき事項(施設の概要など)があれば右の空欄に記入してください。 あらかじめ記載されている附属施設以外で書いておくことが適当なものがあれば、「自転車置場」の下の余白を利用してください。

(2)契約期間

契約の始期と終期及び何年何か月の契約なのかを記入してください。

契約期間	(始期)令和 年 月 日から (終期)令和 年 月 日まで	年 月間

(3)管理業務の内容及び実施方法・第三者への再委託項目

乙が行う管理業務の内容について甲と乙が協議、合意の上、各表の空欄に可能な限り具体的に記入してください。

実施箇所等		内容・頻度等	乙	委託	委託先
点検・清掃等	点検・清掃等を実施する箇所について、「実施箇所等」に記入し、それぞれの箇所について実施する内容(定期点検、法定点検、清掃の内容等)及び回数や頻度を「内容・頻度等」に記入してください。さらに、それぞれの実施内容について、乙が行うのか、委託するのかを記入するとともに、委託する場合は委託先の情報を記入してください。		☐	☐	
			☐	☐	
			☐	☐	
			☐	☐	
			☐	☐	
			☐	☐	
			☐	☐	
			☐	☐	

	内容			
修繕等	点検・清掃等を受けて、修繕の必要が生じたときに、乙が行う内容(見積り・業者の手配等)について「実施箇所等」に記入し、具体的に実施する内容を「内容・頻度等」に記入してください。さらに、それぞれの実施内容について、乙が行うのか、委託するのかを記入するとともに、委託する場合は委託先の情報を記入してください。	☐	☐	
家賃等の徴収等	賃貸住宅の維持保全と併せて、入居者からの家賃等の徴収や敷金の管理及び精算事務を行う場合は、その内容について「実施箇所等」に記入し、具体的に実施する内容を「内容・頻度等」に記入してください。さらに、それぞれの実施内容について、乙が行うのか、委託するのかを記入するとともに、委託する場合は委託先の情報を記入してください。	☐ ☐ ☐ ☐ ☐ ☐ ☐	☐ ☐ ☐ ☐ ☐ ☐ ☐	
その他	賃貸住宅の維持保全と併せて、入・退居立会い・室内点検等や入居者からの苦情、問い合わせへの対応、入居者の退去手続き対応等、入居募集対応、空室管理(定期的な巡回、換気)などの入居者管理事務を行う場合は、その内容について、「実施箇所等」に記入し、具体的に実施する内容を「内容・頻度等」に記入してください。さらに、それぞれの実施内容について、乙が行うのか、委託するのかを記入するとともに、委託する場合は委託先の情報を記入してください。	☐	☐	

(4)管理報酬

	金　額	支　払　期　限	支　払　方　法	
管理報酬	家賃及び共益費(管理費)の〇% (別途、消費税)　　　円	当月分・翌月分を毎月　　日まで	振込又は持参	振込先金融機関名: 預金:普通・当座 口座番号: 口座名義人: 持参先:

「支払期限」-当月分・翌月分の該当する方に〇をつけてください。

「支払方法」-振込又は自動口座振替の場合は、甲の振込先金融機関名等を記入してください。「預金」欄の普通預金・当座預金の該当する方に〇をつけてください。

(5)管理業務に要する費用

管理報酬のほか、空室管理時の水道光熱費や更新手数料など乙が管理業務を実施するのに伴い必要となる費用を記入してください。

(6)家賃及び敷金等の引渡し

金　額	支　払　期　限	支　払　方　法

家賃		円	当月分・翌月分を 毎月　　日まで	振込又は持参	振込先金融機関名： 預金：普通・当座 口座番号： 口座名義人：
					持参先：
敷金	家賃　　か月相当分 　　　　　　円			振込又は持参	振込先金融機関名： 預金：普通・当座 口座番号： 口座名義人：
					持参先：

(7)家賃、敷金、共益費その他の金銭における分別管理の方法

> 入居者から受領した家賃、敷金、共益費その他の金銭について、乙の固有財産と他の甲の財産
> と分別して管理する際の方法を記入してください。
> (例)乙の保有財産に係る口座とは別個の家賃等収納・保管専用口座を設け受領するとともに、
> 　　帳簿や会計ソフト上でもオーナー毎に固有財産と家賃等を分別等

(8)甲への定期報告の内容及び頻度

> 業務内容に応じて乙が甲に対して定期的に報告しなければならない管理業務の内容及び頻度
> について記入してください。なお、報告すべき事項としては、①家賃等の収受状況等、②維持
> 保全の実施状況、③建物・設備の法定点検等の状況、④入居者等からのクレーム対応の4種程
> 度が想定され、各項目における報告すべき事項は以下となります。
> ・報告の対象となる期間
> ・管理業務の実施状況
> ・管理業務の対象となる賃貸住宅の維持保全の状況
> ・管理業務の対象となる賃貸住宅の入居者からの苦情の発生状況及び対応状況　等

(9)入居者への対応に関する事項

入居者へ周知する内容	入居者への周知方法

(10)管轄裁判所

地方(簡易)裁判所

(11)特約

住戸明細表

(1)賃貸借の目的物

建物名称	

建物所在地	

(2)住戸内の設備

設　備	有無	備　　考
エアコン一基	有・無	
バルコニー(1階は除く)	有・無	
オートロック	有・無	
システムキッチン	有・無	
フローリング床	有・無	
床暖房	有・無	
追焚き機能付風呂	有・無	
浴室乾燥機	有・無	
独立洗面所	有・無	
クローゼット又は1間収納	有・無	
大型下足入れ	有・無	
電話2回線以上	有・無	
宅配ボックス	有・無	
	有・無	
	有・無	
	有・無	

(3)住戸内訳

部屋番号	面積		間取り	家賃	備　　考
	壁芯・内法	㎡		円	
	壁芯・内法	㎡		円	
	壁芯・内法	㎡		円	
	壁芯・内法	㎡		円	
	壁芯・内法	㎡		円	
	壁芯・内法	㎡		円	
	壁芯・内法	㎡		円	
	壁芯・内法	㎡		円	
	壁芯・内法	㎡		円	

(契約の締結)

第1条 委託者(以下「甲」という。)及び賃貸住宅管理業者(以下「乙」という。)は、頭書(1)に記載する甲の委託の対象となる賃貸住宅(以下「本物件」という。)について、以下の条項により、甲が管理業務を委託することを目的とする管理受託契約(以下、「本契約」)を締結した。

(契約期間)
第2条 本契約の契約期間は、頭書(2)に定めるとおりとする。

(更新)
第3条 本契約の期間は、甲及び乙の合意に基づき、更新することができる。
2 前項の更新をしようとするときは、甲又は乙は、契約期間が満了する日までに、相手方に対し、文書でその旨を申し出るものとする。
3 前二項による契約期間の更新に当たり、甲乙間で契約の内容について別段の合意がなされなかったときは、従前の契約と同一内容の契約が成立したものとみなす。

(管理報酬の支払い)
第4条 甲は、乙に対して、管理業務に関して、頭書(4)の記載に従い、管理報酬を支払わなければならない。
2 甲は、甲の責めに帰することができない事由によって乙が管理業務を行うことができなくなったとき、又は、乙の管理業務が中途で終了したときには、既にした履行の割合に応じて、前項の報酬を支払わなければならない。

① 頭書(4)で記載する管理報酬額は家賃等の〇%を想定しているが、地方部の家賃等が低額な物件の場合、1棟あたり〇円といった定額報酬も想定されることから、当該欄の金額は実情に応じて記載すること。また、頭書(4)に記載された管理報酬以外に清掃・修繕等の報酬を別に設けている場合、報酬欄を複数設けることを妨げるものではないため、実情に応じて記載すること。

② 第2項は、報酬が支払われる委任に、事務処理の労務に対して報酬が支払われる場合(履行割合型)と、委任事務処理の結果として達成された成果に対して報酬が支払われる場合(成果完成型)の2つの類型があることを踏まえ、このうち「履行割合型」の委任について、受任者は、委任者の責めに帰することができない事由によって委任事務の履行をすることができなくなったとき、又は委任が履行の中途で終了したときに、既にした履行の割合に応じて報酬を請求することができるとしている。(潮見佳男著「民法(債権関係)改正法の概要」一般社団法人金融財政事情研究会、322頁)。

(管理業務に要する費用)
第5条 甲は、前条の報酬のほか、頭書(5)の記載に従い、乙が管理業務を実施するのに伴い必要となる費用を負担するものとする。
2 前項の費用は、乙からその明細を示した請求書を甲に提示し、その請求書を受領した日の翌月末日限り乙の指定する銀行口座に振り込む方法により支払う。但し、振込手数料は甲の負担とする。

(乙が立て替えた費用の償還)
第6条 乙が管理業務を遂行する上でやむを得ず立て替えた費用については、甲は、乙に、速やかに、償還しなければならない。
2 前項において、1件当たりの金額が甲及び乙の協議の上で別途、頭書(11)で定めた記載の金額を超えないものについては、甲の承諾を要しないものとし、超えるものについては、予め甲と協議しなければならない。

委任者である甲には、受任者である乙が立て替えた費用を償還する義務があるが、無制限に乙の費用立て替えを認めると甲の負担が重くなることから、乙が、甲に費用償還義務が発生する業務を行う際には、原則として甲の承諾を得る必要があることを明記している。しかし、少額の費用の業務までに甲の承諾を求めていては、迅速な業務の執行に支障をきたすおそれがあるため、甲乙で協議した金額内の費用立て替えであれば、甲の承諾を要しないとしている。

（家賃及び敷金等の引渡し）
第7条　乙は、本契約の成立により徴収した家賃等を、頭書(6)に記載する振込先に振り込むことにより、速やかに、甲に引き渡さなければならない。

2　乙は、入居者から徴収した当月分の家賃等を、毎月、頭書(6)に記載する振込先に、頭書(6)に記載する期日までに振り込むことにより、甲に引き渡さなければならない。

3　前項の場合において、乙は、当月分の管理報酬で家賃等から差し引くことについてあらかじめ甲の承諾を得ているものを差し引くことができる。

乙が甲に引き渡す家賃等から所定の管理報酬を差し引く場合や、甲と入居者との賃貸借契約終了後、未払家賃並びに修繕費等入居者の負担すべき金額を控除し、甲に返還する場合は、その旨を記載すること。

（反社会的勢力の排除）
第8条　甲及び乙は、それぞれ相手方に対し、次の各号の事項を確約する。
　一　自らが、暴力団、暴力団関係企業、総会屋若しくはこれらに準ずる者又はその構成員(以下総称して「反社会的勢力」という。)ではないこと。
　二　自らの役員(業務を執行する社員、取締役、執行役又はこれらに準ずる者をいう)が反社会的勢力ではないこと。
　三　反社会的勢力に自己の名義を利用させ、この契約を締結するものでないこと。
　四　自ら又は第三者を利用して、次の行為をしないこと。
　　ア　相手方に対する脅迫的な言動又は暴力を用いる行為
　　イ　偽計又は威力を用いて相手方の業務を妨害し、又は信用を毀損する行為

（管理業務の内容）
第9条　乙は、頭書(3)に記載する内容及び方法により管理業務を行わなければならない。

賃貸住宅管理業法第14条第1項第2号を遵守するため、乙が行う維持保全の管理業務の実施方法を明記しなければならない。なお、甲からの委託又は甲の代理として乙が実施する管理業務のうち、本契約書の第14条第1項第1号～第2号及び第4号～第6号について、入居者が乙からの適法な請求等に応じず紛争となる場合には、弁護士法第72条にて規定するいわゆる「非弁行為」に該当することから、乙は当該業務を実施することはできなくなる。

（財産の分別管理）
第10条　乙は、入居者から受領した家賃、敷金、共益費その他の金銭について、頭書(7)の記載に従い甲に引き渡すまで、自己の固有財産及び他の甲の財産と分別して管理しなければならない。

賃貸住宅管理業法第 16 条に定める受領する家賃等についての分別管理の義務を、本契約書において明記している。乙は、入居者から受領した家賃、敷金、共益費その他の金銭については、整然と管理する方法として国土交通省令で定める方法により、自己の固有財産と他の管理受託契約に基づく管理業務において受領する家賃、敷金、共益費その他の金銭と分別して管理する義務がある。

（緊急時の業務）

第11条 乙は、第9条のほか、災害又は事故等の事由により、緊急に行う必要がある業務で、甲の承認を受ける時間的な余裕がないものについては、甲の承認を受けないで実施することができる。この場合において、乙は、速やかに書面をもって、その業務の内容及びその実施に要した費用の額を甲に通知しなければならない。

2 前項により通知を受けた費用については、甲は、第5条に準じて支払うものとする。ただし、乙の責めによる事故等の場合はこの限りではない。

（鍵の管理・保管）

第12条 鍵の管理（保管・設置、交換及び費用負担含む）に関する事項は甲が行う。

2 乙は、入居者への鍵の引渡し時のほか、本契約に基づく入居者との解約、明け渡し業務に付随して鍵を一時的に預かることができる。

第1項では鍵の管理責任が甲に帰属することを規定し、第2項では入退去時の入居者への鍵の受け渡しは保管ではないことを明記しているため、乙が鍵の保管を行う場合には特約欄への記載が必要である。なお、甲と入居者が賃貸借契約において鍵の費用を入居者とした場合や、入居者が鍵を紛失したような場合に、当然に入居者がその費用を負担することとする。

（第三者への再委託）

第13条 乙は、頭書(3)に記載する業務の一部を、頭書(3)に従って、他の者に再委託することができる。

2 乙は、頭書(3)に記載する業務を、一括して他の者に委託してはならない。

3 乙は、第一項によって再委託した業務の処理について、甲に対して、自らなしたと同等の責任を負うものとする。

委任契約は、信頼関係を基礎とするため、受任者である乙は原則として自ら事務処理をしなければならない。しかし、第三者に再委託する旨の規定を設ければ、第三者への委託は可能ではあるが、賃貸住宅管理業法第 15 条により、乙は、委託者から委託を受けた管理業務の全部を一括して他の者に委託してはならない旨を定めている。本契約書では、点検・清掃等、修繕等、家賃等の徴収に係る事務が管理業務に該当するため、これらの業務を一括して他の者に委託することを禁じている。再委託の時期を問わず結果的に管理業務の全てについて他者に再委託することや、管理業務を複数の者に分割して全て委託することも禁止している。

（代理権の授与）

第14条 乙は、管理業務のうち次の各号に掲げる業務について、甲を代理するものとする。ただし、乙は、第四号から第六号までに掲げる業務を実施する場合には、その内容について事前に甲と協議し、承諾を求めなければならない。

　一 敷金、その他一時金、家賃、共益費（管理費）及び附属施設使用料の徴収

二　未収金の督促
三　賃貸借契約に基づいて行われる入居者から甲への通知の受領
四　賃貸借契約の更新
五　修繕の費用負担についての入居者との協議
六　賃貸借契約の終了に伴う原状回復についての入居者との協議

甲の代理として乙が実施する管理業務のうち、第14条第1項第1号～第2号及び第4号～第6号について、入居者が乙からの適法な請求等に応じず紛争となる場合には、弁護士法第72条にて規定するいわゆる「非弁行為」に該当することから、乙は当該業務を実施することはできなくなる。

(管理業務に関する報告等)
第15条　乙は、頭書(8)の記載に従い、甲と合意に基づき定めた期日に、甲と合意した頻度に基づき定期に、甲に対し、管理業務に関する報告をするものとする。
2　前項の規定による報告のほか、甲は、必要があると認めるときは、乙に対し、管理業務の実施状況に関して報告を求めることができる。
3　前二項の場合において、甲は、乙に対し、管理業務の実施状況に係る関係書類の提示を求めることができる。
4　甲又は乙は、必要があると認めるときは、管理業務の実施状況に関して相互に意見を述べ、又は協議を求めることができる。

① 第1項に定める報告の内容及び頻度については、甲と乙の信頼関係を維持できるよう、業務内容に応じて、適切に実施される必要がある(賃貸住宅管理業法第20条関係)。例えば、毎月の家賃の受領については毎月、建物・設備の維持管理状況について四半期ごとに報告することなどが考えられる。
② 第1項に定める報告の方法については、報告内容に相応しい適切な方法を乙において定めておくことが望ましい(賃貸住宅管理業法第20条関係)。

(管理業務の情報提供等)
第16条　甲は、乙が管理業務を行うために必要な情報を提供しなければならない。
2　甲は、乙から要請があった場合には、乙に対して、委任状の交付その他管理業務を委託したことを証明するために必要な措置を採らなければならない。
3　甲が、第1項に定める必要な情報を提供せず、又は、前項に定める必要な措置をとらず、そのために生じた乙の損害は、甲が負担するものとする。
4　甲は、本物件の住宅総合保険、施設所有者賠償責任保険等の損害保険の加入状況を乙に通知しなければならない。

① 賃貸住宅管理業者を変更する場合などに、従前管理を行っていた賃貸住宅管理業者との事務の引継ぎや精算に関するトラブルを防止する観点から、第1項では、乙が管理を開始するにあたって、甲には乙の適切な管理業務を行うために必要な情報を提供する義務がある旨を明記し、第3項では甲が乙に第1項に規定する必要な情報を提供しなかったときに、これらによって生じた損害を甲が負担することを定めている。これは、甲が乙に適切な情報を提供しなかった場合には乙が不要な支出をせざるを得なくなること等を考慮したものであり、管理業務終了時の取り扱いは第22条に定めてい

る。

② 第4項は、甲の損害保険の加入状況は、乙にとっても管理業務を行う上で重要であることから、本物件の住宅総合保険、施設所有者賠償責任保険等の損害保険の甲の加入状況を、甲から乙に対して通知することを義務づけた。

(住戸への立入調査)
第17条 乙は、管理業務を行うため必要があるときは、住戸に立ち入ることができる。
2 前項の場合において、乙は、あらかじめその旨を本物件の入居者に通知し、その承諾を得なければならない。ただし、防災等の緊急を要するときは、この限りではない。

入居者は賃貸借契約により、本物件を自由に使用する権利があるため、乙は入居者に無断での住居への立入りは原則としてできないため、事前に入居者へ通知し、承諾を得ることで住戸への立入りが可能となる旨を明記している。ただし、火災による延焼を防止する場合等、緊急を要するときには事前の入居者の承諾は要しない。

(善管注意義務)
第18条 乙は、善良なる管理者の注意をもって、管理業務を行わなければならない。
2 乙は、乙又はその従業員が、管理業務の実施に関し、甲又は第三者に損害を及ぼしたときは、甲又は第三者に対し、賠償の責任を負う。
3 前項にかかわらず、乙は、乙の責めに帰することができない事由によって生じた損害については、その責を負わないものとする。

賃貸住宅管理業法施行規則第35条第4号を遵守するため、責任及び免責に関して定めるときには、これを明記しなければならない。損害賠償請求に至った場合にはトラブルに発展することが予見されることから、甲と乙が事前に協議を行った上で賠償責任保険に加入する等の措置をとることが望ましい。

(個人情報保護法等の遵守)
第19条 甲及び乙は、本物件の管理業務を行うに際しては、個人情報の保護に関する法律(平成15年法律第57号)及び行政手続における特定の個人を識別するための番号の利用等に関する法律(平成25年法律第27号)を遵守し、個人情報及び個人番号について適切な対処をすることができるように、互いに協力するものとする。

平成29年5月30日に改正個人情報保護法が全面施行されたことから、同法及び関係法令の遵守を義務付ける必要がある。また、平成28年1月よりマイナンバー制度が開始されたことから、甲は、入居者が作成する「不動産の使用料等の支払調書」に甲のマイナンバーを記載するために、入居者に対して、マイナンバーを提供するものとしている。

(契約の解除)
第20条 甲又は乙がこの契約に定める義務の履行に関してその本旨に従った履行をしない場合には、その相手方は、相当の期間を定めて履行を催告し、その期間内に履行がないときは、この契約を解除することができる。
2 甲又は乙の一方について、次のいずれかに該当した場合には、その相手方は、何らの催告も要せずして、本契約を解除することができる。

一　第8条第1項各号の確約に反する事実が判明した場合
二　契約締結後に自ら又は役員が反社会的勢力に該当した場合
三　相手方に信頼関係を破壊する特段の事情があった場合

賃貸住宅管理業法第14条第1項第5号を遵守するため、契約の解除に関して定めるときには、これを明記しなければならない。

（解約の申し入れ）
第21条　甲又は乙は、その相手方に対して、少なくとも〇か月前に文書により解約の申入れを行うことにより、この契約を終了させることができる。
2　前項の規定にかかわらず、甲は、〇か月分の管理報酬相当額の金員を乙に支払うことにより、随時にこの契約を終了させることができる。

（契約終了時の処理）
第22条　本契約が終了したときは、乙は、甲に対し、本物件に関する書類及びこの契約に関して乙が保管する金員を引き渡すとともに、家賃等の滞納状況を報告しなければならない。

（入居者への対応）
第23条　乙は、本物件について本契約を締結したときは、入居者に対し、遅滞なく、頭書(9)の記載に従い、頭書(3)に記載する管理業務の内容・実施方法及び乙の連絡先を記載した書面又は電磁的方法により通知するものとする。
2　本契約が終了したときは、甲及び乙は、入居者に対し、遅滞なく、乙による本物件の管理業務が終了したことを通知しなければならない。

賃貸住宅管理業法施行規則第35条第6号を遵守するため、入居者に対する管理業務の内容の周知に関する事項を明記しなければならない。ここでは、乙が入居者に対して周知を行う管理業務の内容及び乙の連絡先について、あらかじめ周知方法（対面での説明、書類の郵送、メール送付等）を定めること。また、乙による本物件の管理業務が終了した場合には遅滞なく、入居者へ当該方法により通知しなければならないものとする。

（協議）
第24条　甲及び乙は、本契約書に定めがない事項及び本契約書の条項の解釈について疑義が生じた場合は、民法その他の法令及び慣行に従い、誠意をもって協議し、解決するものとする。

（合意管轄裁判所）
第25条　本契約に起因する紛争が生じたときは、頭書(10)に記載する地方（簡易）裁判所を管轄裁判所とする。

（特約）
第26条　本契約の特約については、頭書(11)のとおりとする。

甲が乙に対して、通常の管理業務のほか、例えば、事故や大規模災害等により不定期に実施する清掃、補修工事等の業務を依頼し、乙がこの依頼を承諾する場合には、本条の特約条項として、依頼する業務の内容とこれに対する対価の額及びその支払方法を明記することが望ましい。

6 管理業務の再委託の禁止～一部の業務の委託ならできる？

管理業者は、委託者から委託を受けた管理業務の全部を他の者に対し、再委託してはなりません。

一部の再委託	管理受託契約に管理業務の一部の再委託に関する定めがあるときは、一部の再委託を行うことができます。しかし、以下の場合は違法となります。 ①自らで再委託先の指導監督を行わず、全てについて他者に再委託する。 ②管理業務を複数の者に分割して再委託して自ら管理業務を一切行わない。 ③契約によらずに管理業務を自らの名義で他者に行わせる(名義貸しに該当する可能性があります。)
再委託先	再委託先は管理業者である必要がありません。
再委託における責任	賃貸住宅の賃貸人と管理受託契約を締結した**管理業者が再委託先の業務の実施について責任を負います。** ▶ 登録拒否要件に該当しない事業者に再委託することが望ましい。 ▶ 再委託期間中は、管理業者が責任をもって再委託先の指導監督を行わなければなりません。

* 賃貸住宅の賃貸人のためにその維持保全に係る契約の締結の媒介、取次ぎまたは代理を行う業務を行う場合も「賃貸住宅の維持保全を行う業務」に該当するため、管理業者が直接的にその業務を実施していない場合であっても、「管理業務の再委託の禁止」の規定に抵触しません。

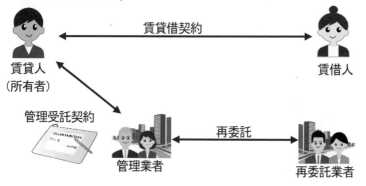

7 分別管理〜預かった家賃等と会社の財産は分けて管理する？

管理受託契約に基づく法定の管理業務において受領する家賃、敷金、共益費その他の金銭(家賃等といいます。)を、自己の固有財産及び他の管理受託契約に基づく管理業務において受領する家賃、敷金、共益費その他の金銭と分別して管理しなければなりません。

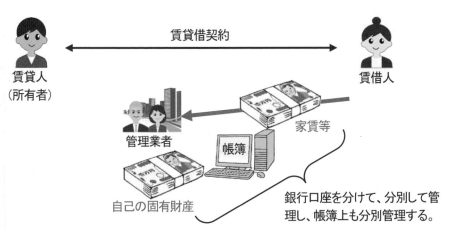

▶ 家賃等を管理するための口座と、自己の固有財産を管理するための口座とを、明確に区分し、かつ、その金銭がいずれの管理受託契約に基づく管理業務に係るものであるかが自己の帳簿(その作成に代えて電磁的記録の作成がされている場合における当該電磁的記録を含む。)により直ちに判別できる状態で管理する必要があります。

▶ 少なくとも家賃等を管理する口座を、同一口座として管理業者の固有財産を管理する口座と分別すれば足ります。

◆ 管理受託契約ごとに金銭の出入を区別した帳簿を作成する等により勘定上も分別管理する必要があります。

8　証明書の携帯等～従業者には証明書を常に持たせる？

管理業者は従業者証明書を携帯させる義務が、従業者はそれを関係者に提示する義務が、それぞれあります。

管理業者の義務	業務に従事する使用人その他の従業者に、その従業者であることを証する証明書を**携帯させなければ**、その者をその**業務に従事させてはなりません**。 ▶ 管理業者と直接の雇用関係にある者であっても、内部管理事務に限って従事する者は、従業者証明書の携帯の義務はありません。 ▶ 単に一時的に業務に従事するものに携帯させる証明書の有効期間については、他の者と異なり、業務に従事する期間に限って発行します。
従業者の義務	委託者その他の関係者から**請求**があったときは、その証明書を**提示しなければなりません**。
従業者証明書の記載事項	①従業者氏名 ②業務に従事する営業所または事務所の名称及び所在地 ③証明書有効期間 《勤務先である管理業者の》 ④登録番号 ⑤商号、名称または氏名 ⑥主たる営業所または事務所の所在地 ⑦代表者氏名

従　業　者　証　明　書

従業者氏名	田中 謙次（1971年1月1日）
業務に従事する 営業所又は 事務所の名称 及び所在地	新宿営業所 新宿区新宿2-5-12

この者は、賃貸住宅管理業者の従業者であることを証明します。
証明書有効期間　令和3年6月15日から
　　　　　　　　令和4年6月14日まで

（令和3年6月撮影）

登　録　番　号　　国土交通大臣　（1）第00001号

㈱Ken賃貸管理

主たる営業所又は事務所の所在地　　東京都新宿区新宿1-1-1
代　表　者　氏　名　　　　　　　　田中　太郎

9　帳簿の備付け等～5年間は帳簿を保管する？

管理業者は、営業所または事務所ごとに、業務に関する帳簿を備え付け、委託者ごとに管理受託契約について以下の事項を記載し、各事業年度の末日をもって閉鎖し、閉鎖後5年間保存しなければなりません。

①管理受託契約を締結した管理業者の商号、名称または氏名

商号とは「株式会社〇〇」等、商人が営業上、自己を表示するための名称をいいます。

②管理受託契約を締結した年月日

契約日を記載します。

③契約の対象となる賃貸住宅

管理受託契約の対象となる賃貸住宅の所在地及び物件の名称、部屋番号、委託の対象となる部分及び附属設備などを指します。

④受託した賃貸住宅管理業務の内容

「管理業務」については、法定の管理業務に限らず、賃貸人と管理業者が締結する管理受託契約において規定する委託業務の内容も含めて記載することが望ましいとされています。

⑤報酬の額

管理業者に対する報酬だけでなく、管理業務に要する費用等（管理業者が業務を実施するのに伴い必要となる水道光熱費、業務の実施のために要した賃貸住宅に設置・配置する備品その他賃貸住宅を事業の用に供するために必要な物品等の購入に要した費用）、管理業者が費用を支払い、その費用を賃貸人から支払いを受ける場合は、その費用も含みます。

⑥管理受託契約における特約その他参考となる事項

賃貸人と管理業者が締結する管理受託契約において、国土交通省が定める標準管理受託契約書に定めのない事項など、参考となる事項については、管理業者の判断により記載します。

＊　上記①～⑥に掲げる事項が、必要に応じ管理業者の営業所または事務所のプリンターから印刷でき、明確に紙面に表示されるのであれば、データで作成することができます。

10　標識の掲示～標識を掲示することでもぐり業者を見分ける？

管理業者は、営業所または事務所ごとに、公衆の見やすい場所に、以下を記載した標識を掲げなければなりません。

①登録番号（旧制度の番号は不可）
②登録年月日
③登録の有効期間
④商号、名称または氏名
⑤主たる営業所または事務所の所在地

賃貸住宅管理業者登録票	
登　録　番　号	国土交通大臣（1）第000001号
登　録　年　月　日	令和3年6月16日
登録の有効期間	令和3年6月16日から　令和8年6月15日まで
商号、名称又は氏名	株式会社ken賃貸管理
主たる営業所又は事務所の所在地	東京都新宿区新宿2-5-12 電話番号（03）6685-8532

管理業者は、管理物件の状況を、定期的に委託者に報告しなければなりません。
なお、賃貸住宅管理業法施行前に締結された管理受託契約については、施行後に当該管理受託契約が更新された場合、更新された後においては、賃貸人に対して報告を行わなければなりません（賃貸住宅管理業法12条、ガイドライン）。

報告事項※	①報告の対象となる期間 ②管理業務の実施状況（家賃等の金銭の収受状況、維持保全の実施状況等） ▶ 法定の管理業務に限らず、賃貸人と管理業者が締結する管理受託契約における委託業務の全てについて報告することが望ましいとされています。 ③入居者からの苦情の発生状況及び対応状況 ▶ 苦情の発生した日時、苦情を申し出た者の属性、苦情内容、苦情への対応状況等について、把握可能な限り記録し、報告する必要があります。単純な問い合わせについて、記録及び報告の義務はありませんが、苦情を伴う問合せについては、記録し、対処状況も含めて報告する必要があります。
頻　度	管理受託契約を締結した日から1年を超えない期間ごとに、及び管理受託契約の期間の満了後遅滞なく、その期間における前記①～③の事項を報告します。 ▶ 報告する事項によっては、それ以上の頻度で報告を行うことが望ましいとされています。
報告方法	報告の方法については書面によらず、メール等の電磁的方法によることも可能となります。 ▶ 賃貸人とのトラブルを未然に防止する観点から、その提供を行う管理業者において、管理業務報告書のデータを適切に保存するよう努めなければなりません。 ▶ 説明方法に規制はありませんが、賃貸人と説明方法について協議の上、双方向でやりとりできる環境を整え、賃貸人が管理業務報告書の内容を理解したことを確認しなければなりません。

※　上記の事項以外の事項についても、賃貸人の求めに応じて報告することが望ましいとされています。

賃貸借契約

賃貸人
（所有者）

賃借人

定期報告をメール致します。ご確認下さい。

管理業者

隣の人が夜中に騒いでいて眠れないわ。

12 秘密を守る義務

管理業者は、正当な理由がある場合でなければ、その業務上取り扱ったことについて知り得た秘密を他に漏らしてはなりません。**賃貸住宅管理業を営まなくなった後も漏らしてはなりません。**

▶ 管理業者の代理人、使用人その他の従業者も同様の義務を負います。

▶ 従業者とは、管理業者の指揮命令に服しその業務に従事する者をいい、再委託契約に基づき管理業務の一部の再委託を受ける者等管理業者と直接の雇用関係にない者であっても含まれます。

今日店舗に来た芸能人。あそこに住むのか。SNS で公開しちゃおうかな〜。

ひっかけポイント

賃貸管理業務を再委託する場合「契約書に明記すればその全部を委託できる」という手にはのらないように！

ここに注意して学習

新法なのでヤマをはらずに全体の理解を重視して下さい。ただし、重要事項説明と書面交付は性質上とても重要です。

V　監督～登録業者は国土交通大臣の監督を受ける？

1　監督処分

管理業法等に違反すると、国土交通大臣による監督処分があります。

	業務改善命令	業務停止命令	登録取消命令
権限者	国土交通大臣		
要　件	賃貸住宅管理業の適正な運営を確保するため必要があると認めるとき	①登録拒否事由のいずれかに該当することとなったとき ②不正の手段により賃貸住宅管理業の登録を受けたとき ③その営む賃貸住宅管理業に関し法令又は業務改善命令もしくはこの項の規定による命令に違反したとき。	
	監督処分は、原則として、**監督処分をしようとする日からさかのぼって5年の間に管理業者がした違反行為に対し**することができます。		
対象者	管理業者		
措置内容	業務の方法の変更その他業務の運営の改善に必要な措置をとるべきことを命ずることができます。	1年以内の期間を定めてその業務の全部若しくは一部の停止を命ずることができます。※1	登録を取り消すことができます。※2
公　告	なし	国土交通大臣は、官報により、監督処分した旨を公告しなければなりません。	

※1　業務停止処分をしようとする場合、その違反行為が一の事務所のみにおいて行われたものであり、違反行為があった時点において、その管理業者の役員（業務を執行する社員、取締役、執行役またはこれらに準ずる者をいい、相談役、顧問、その他いかなる名称を有する者であるかを問わず、法人に対し業務を執行する社員、取締役、執行役またはこれらに準ずる者と同等以上の支配力を有するものと認められる者を含む。）が、その違反行為の存在を知らず、かつ、知らなかったことについてその責めに帰すべき理由がないことが明らかであるときは、その違反行為により関係者に重大な損害が発生しまたは発生するおそれが大であるとき、違反行為による社会的影響が大であるときその他地域を限定して業務停止処分をすることが不適切と認められる事情があるときを除き、次の業務のみの停止を命ずることができます。

① 違反行為を行った事務所の業務

② 事務所の所在地を管轄する地方整備局、北海道開発局または沖縄総合事務局の管轄する区域における当該賃貸住宅管理業者の業務

※2 国土交通大臣は、登録を取り消したときは、その登録を抹消しなければなりません。

2　報告徴収・立入検査

国土交通大臣は、賃貸住宅管理業の適正な運営を確保するため必要があると認める場合に、報告徴収や立入検査を行うことができます。

権限内容	①管理業者の業務に関し報告を求めること ②国土交通省の職員に、管理業者の営業所、事務所その他の施設に立ち入り、その業務の状況もしくは設備、帳簿書類その他の物件を検査させ、もしくは関係者に質問させること
対象者	管理業者
証明書携帯	立入検査をする職員は、その身分を示す証明書を携帯し、関係者に提示しなければなりません。
注意点	立入検査の権限は、犯罪捜査のために認められたものと解してはなりません。

3　登録取消し等に伴う業務の結了

賃貸住宅管理業者が登録の更新をしなかったときやその効力を失ったとき、または登録が取り消されたときは、登録に係る賃貸住宅管理業者であった者またはその一般承継人は、その賃貸住宅管理業者が締結した管理受託契約に基づく業務を結了する目的の範囲内においては、なお賃貸住宅管理業者とみなされます。

第3章　特定賃貸借契約の適正化のための措置等

オーナーが不動産投資家なので、きっと詳しいので、重要事項の説明を省略しても大丈夫？

A：省略できません。管理物件ごとに違いがあるので説明します。

I　制度の概要〜サブリース業者にも規制が？

　特定賃貸借契約
（マスターリース契約）
　転貸借契約
（サブリース契約）

原賃貸人
（オーナー）
特定転貸事業者
（サブリース事業者）
賃借人
（入居者）

法制化に至る背景事情	▶ 少子高齢化や単身世帯の増加、外国人居住者の増加等の社会経済情勢の変化に伴い、国民の生活基盤としての賃貸住宅の役割の重要性が増しています。 ▶ 賃貸住宅の賃貸人については、相続等に伴って事業を開始するなど、事業経験の浅い者が増加するとともに、管理受託やサブリースにより事業を実施する者が増加しています。 ▶ サブリース業者が、建設業者や不動産販売業者等と連携して勧誘を行う際や、当該サブリース業者とのマスターリース契約の締結を促す広告を行う際に、オーナーとなろうとする者にサブリース方式での賃貸経営に係る潜在的なリスクを十分説明せず、マスターリース契約が適切に締結されないという事態が多発していました。
目的	賃貸住宅の入居者の居住の安定の確保及び賃貸住宅の賃貸に係る事業の公正かつ円滑な実施を図るため、特定賃貸借契約の適正化のための措置等を講ずることにより、良好な居住環境を備えた賃貸住宅の安定的な確保を図り、もって国民生活の安定向上及び国民経済の発展に寄与すること。
制度の概要	①誇大広告等の禁止(法28条) ②不当な勧誘等の禁止(法29条) ③契約締結前における契約内容の説明及び書面交付(法30条) ④契約締結時における書面交付(法31条) ⑤書類の閲覧(法32条)

II 特定賃貸借契約・特定転貸事業者の意味

この法分野では、実務で使用する用語とは異なり、英語ではなくすべて日本語が使用されています。試験対策上も、正式な日本語による法律用語で覚えましょう。

1 特定賃貸借契約～マスターリース契約と同じ意味?

実務でマスターリース契約と呼ばれる契約が特定賃貸借契約です。

(1)特定賃貸借契約の意味

定義	賃貸住宅の賃貸借契約であって、賃借人がその賃貸住宅を第三者に転貸する事業を営むことを目的として締結されるものをいいます。
事業を営む	事業を営むとは、営利の意思を持って反復継続的に転貸することをいいます。営利の意思の有無については、客観的に判断します。したがって、個人が賃借した賃貸住宅について、事情により、一時的に第三者に転貸するような場合は、特定賃貸借契約に該当しません。
再転貸事業	賃貸住宅の原賃貸人との間で特定賃貸借契約を締結した特定転貸事業者からその賃貸住宅を借り上げ、第三者への再転貸を行う場合、その特定転貸事業者と再転貸を行う事業者との間の賃貸借契約についても、特定賃貸借契約に該当します。

(2)特定賃貸借契約から除外される場合

賃借人が人的関係、資本関係その他の関係において賃貸人と密接な関係を有する者として国土交通省令で定める以下の者であるものは、特定賃貸借契約には該当しません。

①賃貸人が個人である場合における次に掲げる者

イ　賃貸人の親族
- ▶ 親族とは、民法第725条に定める6親等内の血族、配偶者及び3親等内の姻族をいいます。

ロ　当該賃貸人またはその親族が役員である法人
- ▶ 役員とは、次に掲げる者をいいます。
  - 1.株式会社においては、取締役、執行役、会計参与(会計参与が法人であるときは、その職務を行うべき社員)及び監査役
  - 2.合名会社、合資会社及び合同会社においては、定款をもって業務を執行する社員がいる場合には当該社員。その他の場合には全ての社員
  - 3.財団法人及び社団法人においては、理事及び監事
  - 4.特殊法人等においては、総裁、理事長、副総裁、副理事長、専務理事、理事、監事等法令により役員として定められている者

②賃貸人が会社である場合における次に掲げる会社等(関係会社)

イ　当該賃貸人の親会社

ロ　当該賃貸人の子会社

ハ　当該賃貸人の関連会社

ニ　当該賃貸人が他の会社等の関連会社である場合における当該他の会社等

ホ　当該賃貸人の親会社の子会社(当該賃貸人を除く)

③賃貸人が登録投資法人である場合における当該登録投資法人の資産運用会社の関係会社※

④賃貸人が特定目的会社である場合における当該特定目的会社の委託を受けて特定資産の管理及び処分に係る業務を行う者の関係会社※

⑤賃貸人が組合である場合における当該組合の業務執行者または当該業務執行者の関係会社※

⑥賃貸人が特例事業者である場合における当該特例事業者の委託を受けて当該特例事業者が当事者である不動産特定共同事業契約に基づき営まれる不動産取引に係る業務を行う不動産特定共同事業者の関係会社または当該業務を行う小規模不動産特定共同事業者の関係会社※

⑦賃貸人が賃貸住宅に係る信託の受託者である場合における次に掲げる者※

イ 当該信託の委託者または受益者(委託者等)の関係会社

ロ 委託者等が登録投資法人である場合における当該登録投資法人の資産運用会社の
　関係会社

ハ 委託者等が特定目的会社である場合における当該特定目的会社の委託を受けて特
　定資産の管理及び処分に係る業務を行う者の関係会社

※ ③〜⑦の「関係会社」は、賃貸人が次に掲げる場合には、それぞれ次に掲げる者の関
　係会社をいうものとし、賃貸人の関係会社を指すものではないことに留意しなければな
　りません。

賃貸人	関連会社
登録投資法人	当該登録投資法人の資産運用会社
特定目的会社	当該特定目的会社から特定資産の管理及び処分に係る業務の委託を受けた者
その構成員の間で不動産特定共同事業法第2条第3項第1号の不動産特定共同事業契約が締結されている民法上の組合	当該組合の業務執行者
特例事業者	当該特例事業者から委託を受けて不動産取引に係る業務を行う不動産特定共同事業者又は小規模不動産特定共同事業者
賃貸住宅に係る信託受託者	当該信託の委託者又は受益者(委託者等)、委託者等が登録投資法人である場合における当該登録投資法人の資産運用会社、委託者等が特定目的会社である場合における当該特定目的会社の委託を受けて特定資産の管理及び処分に係る業務の委託を受けた者 ▶ 登録投資法人が賃貸人である場合には、当該登録投資法人の資産運用会社の関係会社を賃借人とする賃貸借契約は、特定賃貸借契約に該当しません。 ▶ 登録投資法人が信託受益権を保有し、当該信託受益権の受託者である信託銀行が賃貸人である場合には、当該登録法人の資産運用会社の関係会社を賃借人とする賃貸借契約は、特定賃貸借契約に該当しません。

2 特定転貸事業者～サブリース業者と同じ意味？

サブリース業を営む業者をいいます。

定義	特定賃貸借契約に基づき賃借した賃貸住宅を第三者に転貸する事業を営む者をいいます。 ▶ 営利の意思の有無については、客観的に判断されます。
登録	賃貸住宅の維持保全を行う業務を行っていない特定転貸事業者は、管理業者に該当しないため、登録対象外となります。 ▶ 特定転貸事業者が、賃貸人から委託を受けて 200 戸以上の賃貸住宅の維持保全業務を行う場合は登録が必要です。
規模	管理業法は、特定転貸事業者や勧誘者による勧誘や特定賃貸借契約の締結といった行為に着目して、その適正化に必要な措置をすべての者に義務付けているので、営利の意思を持って反復継続的に賃貸住宅の転貸を行う場合はその規模(200 戸未満であっても)によらず規制が課されます。
サービス付高齢者住宅	サービス付き高齢者向け住宅については、住宅の所有者から運営事業者が住宅を借り受け入居者へ賃貸する形態により運営されます。このような形態は、営利目的で賃貸住宅を賃借し、第三者へ転貸する事業を営むものなので、特定転貸事業者に該当します。

III 勧誘者～規制を受けるのはサブリース業者だけじゃない？

サブリース業者に対する規制については、「勧誘者」も含まれております。

趣旨	サブリース業者以外の勧誘を行う者の一部が、建設業者や不動産業者としての自己の利益につなげるため、オーナーとなろうとする者に対して、サブリース業者と締結するマスターリース契約に関する内容やリスクを誤認させ、その結果、契約締結後にトラブルに発展する事態が生じていました。 そこで、サブリース業者がマスターリース契約の締結についての勧誘を行わせる者を「勧誘者」と位置づけ、**勧誘者に対しても、誇大広告等の禁止及び不当な勧誘等の禁止**を義務づけました。
定義	特定転貸事業者が特定賃貸借契約の締結についての**勧誘を行わせる者**をいい、**特定の特定転貸事業者と特定の関係性を有する者**であって、その特定転貸事業者の特定賃貸借契約の締結に向けた勧誘を行う者をいいます。 ▶ 「特定の特定転貸事業者と特定の関係性を有する者」とは、特定転貸事業者から委託を受けて勧誘を行う者が該当するほか、明示的に勧誘を委託されてはいないが、特定転貸事業者から勧誘を行うよう依頼をされている者や、勧誘を任されている者は該当し、依頼の形式は問わず、資本関係も問いません。 ▶ 「勧誘」とは、特定賃貸借契約の相手方となろうとする者の特定賃貸借契約を締結する意思の形成に影響を与える程度の勧め方をいい、個別事案ごとに客観的に判断されます。 なお、契約の内容や条件等に触れずに単に事業者を紹介する行為は勧誘に含まれません。
勧誘者	通常、勧誘者に該当する者として以下が想定されます。※ ▶ 建設会社、不動産業者、金融機関等の法人やファイナンシャルプランナー、コンサルタント等の個人が特定転貸事業者から勧誘の委託を受けて、当該事業者との契約の内容や条件等を前提とした資産運用の企画提案を行ったり、当該契約を締結することを勧めたりする場合 ▶ 建設業者や不動産業者が、自社の親会社、子会社、関連会社の特定転貸事業者の特定賃貸借契約の内容や条件等を説明したり、当該特定賃貸借契約を結ぶことを勧めたりする場合

※ 賃貸住宅のオーナーが、新たに賃貸住宅のオーナーとなろうとする者に対し、自己の物件について特定賃貸借契約を結んでいる特定の事業者から、勧誘の対価として紹介料等の金銭を受け取り、当該事業者と特定賃貸借契約を結ぶことを勧めたり、当該契約の内容や条件等を説明したりする場合などは、勧誘者に該当するため、個人であっても不当な勧誘等を行った場合、行政処分や罰則の対象になります。
また、勧誘行為を再委託された者も勧誘者に該当します。

IV 業務（行為規制）～広告や重説の規制が？

1 誇大広告等の禁止～嘘や大げさな広告は犯罪に？

特定転貸事業者または勧誘者は、特定転貸事業に係る特定賃貸借契約の条件について広告をするときは、誇大広告等になるような表示をしてはなりません。

何について	①特定賃貸借契約に基づき特定転貸事業者が支払うべき家賃の額、支払期日及び支払方法等の賃貸の条件並びにその変更に関する事項 ▶ 特定転貸事業者が賃貸人に支払うべき家賃の額、支払期日及びその支払い方法、当該額の見直しがある場合はその見直しの時期、借地借家法 32 条に基づく家賃の減額請求権及び利回りをいいます。 ②特定転貸事業者が行う賃貸住宅の維持保全の内容、頻度、実施期間、費用の分担に関する事項等 ▶ 「費用の分担に関する事項」とは、維持保全の費用を負担する者及び当該費用に関する特定転貸事業者と賃貸人の負担割合をいいます。 ③特定賃貸借契約の解除に関する事項 ▶ 契約期間、契約の更新時期及び借地借家法 28 条に基づく更新拒絶等の要件をいいます。
誇大広告等	著しく事実に相違する表示をし、または実際のものよりも著しく優良であり、もしくは有利であると人を誤認させるような表示をすること ▶ 「事実に相違する」とは、広告に記載されている内容が実際の特定賃貸借契約の内容と異なることをいいます。 ▶ 「著しく」とは、個々の広告の表示に即して判断されるべきものですが、特定賃貸借契約の相手方となろうとする者が、広告に記載されていることと事実との相違を知っていれば通常、その特定賃貸借契約に誘引されないと判断される程度のことをいい、単に事実と当該表示との相違することの度合いが大きいことのみで判断されません。 ▶ 「著しく事実に相違する表示」であるか否かの判断に当たっては、広告に記載された一つ一つの文言等のみからではなく、表示内容全体から特定賃貸借契約の相手方となろうとする者が受ける印象・認識により総合的に判断しなければなりません。
媒体 （表示方法）	広告の媒体は、新聞、雑誌、テレビ、インターネット等種類を問いません。

具体的には以下の誇大広告等になるような表示をしてはなりません。

①特定賃貸借契約に基づき特定転貸事業者が支払うべき家賃の額、支払期日及び支払方法等の賃貸の条件並びにその変更に関する事項

特定転貸事業者が賃貸人に支払うべき家賃の額、支払期日及びその支払い方法、当該額の見直しがある場合はその見直しの時期、借地借家法 32 条に基づく家賃の減額請求権及び利回りをいいます。

国土交通省「賃貸住宅の管理業務等の適正化に関する法律の解釈・運用の考え方」(抜粋)

広告において「家賃保証」「空室保証」など、空室の状況にかかわらず一定期間、一定の家賃を支払うことを約束する旨等の表示を行う場合は、「家賃保証」等の文言に隣接する箇所に、定期的な家賃の見直しがある場合にはその旨及び借地借家法第 32 条の規定により減額されることがあることを表示すること。表示に当たっては、文字の大きさのバランス、色、背景等から、オーナー等が一体として認識できるよう表示されているかに留意する。

マスターリース契約に係る賃貸経営により、確実に利益を得られるかのように誤解させて、投資意欲を不当に刺激するような表示をしていないこと。特に、実際にはマスターリース契約において利回りを保証するわけではないにもかかわらず、「利回り○％」とのみ記載し、利回りの保証がされると誤解させるような表示をしていないこと。

【具体例】

① サブリース業者がオーナーに支払う家賃の額、支払期日及び支払方法等の賃貸の条件並びにその変更に関する事項

・「契約期間内に定期的な家賃の見直しや借地借家法に基づきサブリース業者からの減額請求が可能であるにもかかわらず、その旨を表示せず、「○年家賃保証！」「支払い家賃は契約期間内確実に保証！一切収入が下がりません！」といった表示をして、当該期間家賃収入が保証されているかのように誤解されるような表示をしている

・「○年家賃保証」という記載に隣接する箇所に、定期的な見直しがあること等のリスク情報について表示せず、離れた箇所に表示している

・実際は記載された期間より短い期間毎に家賃の見直しがあり、収支シミュレーション通りの収入を得られるわけではないにも関わらず、その旨や収支シミュレーションの前提となる仮定(稼働率、家賃変動等)を表示せず、○年間の賃貸経営の収支シミュレーションを表示している

・実際は記載の期間より短い期間で家賃の改定があるにもかかわらず、オーナーの声として○年間家賃収入が保証されるような経験談を表示している

・広告に記載された利回りが実際の利回りを大きく上回っている

・利回りを表示する際に、表面利回りか実質利回りかが明確にされていなかったり、表面利回りの場合に、その旨及び諸経費を考慮する必要がある旨を表示していない

・根拠を示さず、「ローン返済期間は実質負担 0」といった表示をしている

・根拠のない算出基準で算出した家賃をもとに、「周辺相場よりも当社は高く借り上げま

す」と表示している

- ・「一般的な賃貸経営は2年毎の更新や空室リスクがあるが、サブリースなら不動産会社が家賃保証するので安定した家賃収入を得られます。」といった、サブリース契約のメリットのみを表示している

②特定転貸事業者が行う賃貸住宅の維持保全の内容、頻度、実施期間等

特定転貸事業者が行う賃貸住宅の維持保全の内容、頻度、実施期間等をいいます。

国土交通省「賃貸住宅の管理業務等の適正化に関する法律の解釈・運用の考え方」(抜粋)

【留意事項】

実際には実施しない維持保全の内容の表示をしていないこと。

実施しない場合があるにもかかわらず、当然にそれらの内容が実施されると誤解させるような表示をしていないこと。

【具体例】

② 賃貸住宅の維持保全の実施方法

- ・実際にはサブリース業者が実施しない維持保全の業務を実施するかのような表示をしている
- ・実際は休日や深夜は受付業務のみ、又は全く対応されないにもかかわらず、「弊社では入居者専用フリーダイヤルコールセンターを設け、入居者様に万が一のトラブルも24時間対応しスピーディーに解決します」といった表示をしている

③費用の分担に関する事項

「費用の分担に関する事項」とは、維持保全の費用を負担する者及び当該費用に関する特定転貸事業者と賃貸人の負担割合をいいます。

国土交通省「賃貸住宅の管理業務等の適正化に関する法律の解釈・運用の考え方」(抜粋)

【留意事項】

オーナーが支払うべき維持保全の費用について、実際のものよりも著しく低額であるかのように誤解させるような表示をしていないこと。

【具体例】

③ 賃貸住宅の維持保全の費用の分担に関する事項

- ・実際には毎月オーナーから一定の費用を徴収して原状回復費用に当てているにも関わらず、「原状回復費負担なし」といった表示をしている
- ・実際には、大規模修繕など一部の修繕費はオーナーが負担するにも関わらず、「修繕費負担なし」といった表示をしている
- ・修繕費の大半がオーナー負担にもかかわらず、「オーナーによる維持保全は費用負担を含め一切不要！」といった表示をし、オーナー負担の表示がない
- ・維持保全の費用について、一定の上限額を超えるとオーナー負担になるにもかかわらず、「維持保全費用ゼロ」といった表示をしている
- ・維持保全の費用について、実際には、他社でより低い利率の例があるにもかかわらず

「月々の家賃総額のわずか〇%という業界随一のお得なシステムです」といった表示をしている

・実際には客観的な根拠がないにもかかわらず、「維持保全の費用は他社の半分程度で済みます」といった表示をしている

・月額費用がかかるにもかかわらず、「当社で建築、サブリース契約を結ばれた場合、全ての住戸に家具家電を設置！入居者の負担が減るので空室リスクを減らせます！」と表示し、月額費用の表示がない

④特定賃貸借契約の解除に関する事項

契約期間、契約の更新時期及び借地借家法 28 条に基づく更新拒絶等の要件をいいます。

国土交通省「賃貸住宅の管理業務等の適正化に関する法律の解釈・運用の考え方」（抜粋）

【留意事項】

契約期間中であっても業者から解約することが可能であるにも関わらず、契約期間中に解約されることはないと誤解させるような表示をしていないこと。特に、広告において、「〇年間借り上げ保証」など、表示された期間に解約しないことを約束する旨の表示を行う場合は、当該期間中であっても、業者から解約をする可能性があることや、オーナーからの中途解約条項がある場合であっても、オーナーから解約する場合には、借地借家法第 28 条に基づき、正当な事由があると認められる場合でなければすることができないことを表示すること。

また、オーナーが更新を拒絶する場合には、借地借家法第 28 条が適用され、オーナーからは正当事由がなければ解約できないにもかかわらず、オーナーから自由に更新を拒絶できると誤解させるような表示をしていないこと。

【具体例】

④ マスターリース契約の解除に関する事項

・契約期間中であっても業者から解約することが可能であるにも関わらずその旨を記載せずに、「30 年一括借り上げ」「契約期間中、借り上げ続けます」「建物がある限り借り続けます」といった表示をしている

・実際には借地借家法が適用され、オーナーからは正当事由がなければ解約できないにもかかわらず、「いつでも自由に解約できます」と表示している

・実際には、契約を解除する場合は、月額家賃の数か月を支払う必要があるにもかかわらずその旨を記載せずに、「いつでも借り上げ契約は解除できます」と表示している

2　不当な勧誘等の禁止～不当な勧誘は犯罪に？

特定転貸事業者または勧誘者は、特定賃貸借契約の締結の勧誘をするに際し、またはその解除を妨げるため、特定賃貸借契約の相手方または相手方となろうとする者に対し、わざと事実を告げなかったり、不実のことを告げたりすると、犯罪となります。

将来の家賃減額リスクがあること、契約期間中であってもサブリース業者から契約解除の可能性があることや借地借家法の規定によりオーナーからの解約には正当事由が必要であることは隠しておこう・・・。

目　的	特定賃貸借契約の締結の勧誘をするに際し、またはその解除を妨げるため ▶　当該者の判断に影響を及ぼすこととなる重要なものについて事実の不告知・不実告知があれば足り、実際に契約が締結されたか否か、または契約解除を妨げられたか否かは問いません。
何について	特定賃貸借契約に関する以下の事項であって特定賃貸借契約の相手方または相手方となろうとする者の判断に影響を及ぼすこととなる重要なもの（相手方等の不利益に直結するもの） ▶　特定転貸事業者が特定賃貸借契約の相手方に支払う家賃の額等の賃貸の条件やその変更に関する事項 ▶　特定転貸事業者が行う賃貸住宅の維持保全の内容及び実施方法、契約期間に発生する維持保全、長期修繕等の費用負担に関する事項 ▶　契約の更新または解除に関する事項　等
不当な勧誘	故意に事実を告げず、または不実のことを告げる行為 ▶　特定転貸事業者であれば当然に知っていると思われる事項を告げないような場合については、故意の存在が推認されることになり得ます。

前記のほか、特定賃貸借契約に関する行為であって、特定賃貸借契約の相手方または相手方となろうとする者の保護に欠けるものとして国土交通省令に定める以下のものも禁止されています。

①特定賃貸借契約を締結もしくは更新させ、または特定賃貸借契約の申込みの撤回もしくは解除を妨げるため、特定賃貸借契約の相手方または相手方となろうとする者を威迫する行為

▶ 「威迫する行為」とは、脅迫とは異なり、相手方等に恐怖心を生じさせるまでは要しないが、相手方等に不安の念を抱かせる行為をいいます。

②特定賃貸借契約の締結又は更新について相手方等に迷惑を覚えさせるような時間に電話または訪問により勧誘する行為

▶ 「迷惑を覚えさせるような時間」とは、相手方等の職業や生活習慣等に応じ、個別に判断します。一般的には、相手方等に承諾を得ている場合を除き、特段の理由が無く、午後9時から午前8時までの時間帯に電話勧誘又は訪問勧誘を行うことが該当します。

③特定賃貸借契約の締結又は更新について深夜または長時間の勧誘その他の私生活または業務の平穏を害するような方法により相手方等を困惑させる行為

▶ 「その者を困惑させる行為」とは、個別事案ごとに判断されるものですが、深夜勧誘や長時間勧誘のほか、例えば、相手方等が勤務時間中であることを知りながら執ような勧誘を行って相手方等を困惑させることや面会を強要して相手方等を困惑させる行為などが該当します。

④特定賃貸借契約の締結または更新をしない旨の意思（当該契約の締結または更新の勧誘を受けることを希望しない旨の意思を含む）を表示した相手方等に対して執ように勧誘する行為

▶ 「契約の締結又は更新をしない旨の意思」は、口頭であるか、書面であるかを問わず、契約の締結又は更新の意思がないことを明示的に示すものが該当します。

▶ 同一のサブリース業者の他の担当者による勧誘も同様に禁止されます。

▶ 「執ように勧誘する行為」とは、電話勧誘又は訪問勧誘などの勧誘方法、自宅または会社などの勧誘場所の如何にかかわらず、相手方等が特定賃貸借契約の締結または更新をしない旨を意思表示した以降、または勧誘行為そのものを拒否する旨の意思表示をした以降、再度勧誘することをいい、一度でも再勧誘を行えば違反となります。

特定転貸事業者は、特定賃貸借契約を締結しようとするときは、特定賃貸借契約の相手方となろうとする者(特定転貸事業者である者その他の特定賃貸借契約に係る専門的知識及び経験を有すると認められる者として国土交通省令で定めるものを除く)に対し、その特定賃貸借契約を締結するまでに、特定賃貸借契約の内容及びその履行に関する事項等について、書面を交付して説明しなければなりません。

②特定賃貸借契約　③転貸借契約

原賃貸人　　特定転貸事業者　　賃借人

①事前に重要事項の説明と書面の交付

説明担当者	特定転貸事業者自らが行う必要があります。 ▶ 一定の実務経験を有する者や賃貸管理士など、専門的な知識及び経験を有する者によって行われることが望ましいとされています。
説明時期	特定賃貸借契約を締結するまでに
説明方法	書面を交付して説明しなければなりません。 ▶ 電子書面での送信も可能。ただし、原賃貸人となる相手方の承諾が必要です。 ▶ IT での重要事項説明も可能(図面等の書類及び説明の内容について十分に理解できる程度に映像を視認でき、かつ、双方が発する音声を十分に聞き取ることができる状態及び双方向でのやりとりができる環境が必須) ▶ 電話やメールによる重要事項説明はできません。 ▶ 資格者証や従業者証明書の提示は不要です。
電話の説明	新規契約の重要事項説明については、電話やメールによる手段のみでの重要事項説明は認められません。ただし、特定賃貸借契約変更契約(契約更新含む。以下同じ)の重要事項説明については、次に掲げるすべての事項を満たしている場合に限り、電話による説明をもって対面による説明と同様に取扱うものとします。 ① 事前に特定賃貸借契約変更契約の重要事項説明書等を送付し、その送付から一定期間後に説明を実施するなどして、賃貸人が変更契約締結の判断を行うまでに十分な時間をとるこ

	と
	② 賃貸人から特定転貸事業者に対し、電話により特定賃貸借契約変更契約の重要事項説明を行ってほしいとの依頼があること
	③ 賃貸人が、特定賃貸借契約変更契約の重要事項説明書等を確認しながら説明を受けることができる状態にあることについて、特定転貸事業者が重要事項説明を開始する前に確認していること
	④ 賃貸人が、電話による説明をもって当該特定賃貸借契約変更契約の重要事項説明の内容を理解したことについて、特定転貸事業者が重要事項説明を行った後に確認していること
	なお、賃貸人から特定転貸事業者に対し、電話により特定賃貸借契約変更契約の重要事項説明を行ってほしいとの依頼があった場合であっても、賃貸人から、対面又は IT の活用による説明を希望する旨の申出があったときは、当該方法により説明する必要があります。
重要事項説明書面の記載事項	①特定賃貸借契約を締結する特定転貸事業者の商号、名称又は氏名及び住所 ②特定賃貸借契約の対象となる賃貸住宅 ③特定賃貸借契約の相手方に支払う家賃の額、支払期日及び支払方法等の賃貸の条件並びにその変更に関する事項※ ④特定転貸事業者が行う賃貸住宅の維持保全の実施方法 ⑤特定転貸事業者が行う賃貸住宅の維持保全に要する費用の分担に関する事項 ⑥特定賃貸借契約の相手方に対する維持保全の実施状況の報告に関する事項 ⑦損害賠償額の予定又は違約金に関する事項 ⑧責任及び免責に関する事項 ⑨契約期間に関する事項 ⑩転借人の資格その他の転貸の条件に関する事項 ⑪転借人に対する④の内容の周知に関する事項 ⑫特定賃貸借契約の更新及び解除に関する事項 ⑬特定賃貸借契約が終了した場合における特定転貸事業者の権利義務の承継に関する事項 ⑭借地借家法その他特定賃貸借契約に係る法令に関する事項の概要
適用除外	重要事項説明及びその書面の交付を行う必要がない相手方 ①特定転貸事業者 ②管理業者

	③宅地建物取引業者
	④特定目的会社
	⑤組合
	⑥賃貸住宅に係る信託の受託者
	⑦独立行政法人都市再生機構
	⑧地方住宅供給公社

※ 特定賃貸借契約が締結されている家屋等が、契約期間中現賃貸人から売却等されることにより、賃貸人たる地位が新たな賃貸人に移転し、従前と同一内容によって当該特定賃貸借契約が承継される場合、特定転貸事業者は、賃貸人たる地位が移転することを認識した後、遅滞なく、新たな賃貸人に当該特定賃貸借契約の内容が分かる書類を交付することが望ましいとされています。

《実際の重要事項説明書サンプル》

特定賃貸借契約 重要事項説明書＜記載例＞
（第一面）

（注）普通借家契約の場合の記載例

○○○○ 様 （御中）　　　　　　　　令和○年○月○日

第二面に記載する賃貸住宅の貸主兼賃貸人（借主）の内容等について、賃貸住宅の管理業務等の適正化に関する法律第30条の規定に基づき、次のとおり説明します。

この書面には、特定賃貸借契約を締結する上でのリスクや留意点が記載されています。あらかじめよくお読みいただき、ご不明な点はご確認ください。

(1)当社からお客様にお支払いする家賃は減額される場合があります。
・本契約では、お客様にお支払いする家賃を定期的に見直すこととしており、見直しにより、家賃が減額となる場合があります。
・本契約は、借地借家法第32条第1項（借賃増減請求権）が適用されるため、定期的な見直しの日以外の日であっても、当社からお客様に支払う家賃が、変更前の家賃額算定の要素とした事情等を総合的に考慮した上で、
①土地又は建物に対する租税その他の負担の増により不相当となったとき
②土地又は建物の価格の低下その他の経済事情の変動により不相当となったとき
③近傍同種の建物の賃貸に比較して不相当となったとき
は、当社がお客様にかかわらず、当社は家賃を相当な家賃に減額することを請求することができます。
・ただし、空室の増加や当社の経営状況の悪化等が生じたとしても、上記①～③のいずれかの要件を充足しない限り、同条に基づく減額請求はできません。
・また、借地借家法に基づく、当社からの減額請求について、お客様は必ずその請求を受け入れなければならないわけでなく、当社との間で、変更前家賃決定の要素とした事情を総合的に考慮した上で、協議により相当家賃が決定されることとなります。

(2)契約期間中においても解約となる場合があります。また、お客様から更新を拒絶される場合は、正当な事由が必要となります。
・本契約では、契約期間中においても、当社から解約の申し入れをすることにより、解約をすることができます。
・本契約には、借地借家法第28条（更新拒絶等の要件）が適用されるため、お客様から更新の拒絶をする場合には、
①お客様及び当社（転借人（入居者）を含む）が建物の使用を必要とする事情
②建物の賃貸借に関する従前の経過
③建物の利用状況及び建物の現況並びにお客様が建物の明渡しの条件として又は建物の明渡しと引換えに当社（転借人（入居者）を含む）に対して財産上の給付をする旨の申出をした場合におけるその申出
を考慮して、正当の事由があると認められる場合でなければすることができません。

（第二面）

(1)特定賃貸借契約を締結する特定転貸事業者の商号等

貸主（乙）	商号（名称）	○ 株式会社
	代表者	代表取締役 ○○○○
	性名	○ ○○
	連絡先	電話番号○○－○○○○－○○○○
	登録年月日	令和○年○月○日
	登録番号	賃貸住宅管理業者登録番号（　）第　　号

説明をする者	氏名	○ ○○
	事務所所在地	○○○市○○－○－○
	連絡先	電話番号○○－○○○○－○○○○
	資格	賃貸不動産経営管理士　登録番号（　　　）

契約管理者	氏名	○ ○○
	事務所所在地	○○○市○○－○－○
	連絡先	電話番号○○－○○○○－○○○○
	証明書又は番号	(1) 0123456
	登録番号	

※1 特定賃貸借契約を締結する場合の契約として締結する場合、法第13条の規定に基づく書面と法第30条の規定に基づく書面を1つにまとめること、及び、法第14条の規定に基づく書面と法第31条の規定に基づく書面を1つにまとめることが可能なお、締結保証業務等を行わず特定賃貸借契約のみの契約する事業者は、「登録番号」「登録番号」「契約管理者名」を記載すること。

※2「証明番号又は登録番号」欄について、法施行規則第14条第1項第2号の規定に基づくについては登録を受けた者が6ヶ月以内に、地区内で登録年月日及び登録番号の「登録番号」（※3）を記入すること、同条第2項に規定するものについては定期建物取引士の「登録番号」を記入し、地区内に登録を受けた場所に交付年月日を記入すること。

※3 令和2年度末までの研修等を賃貸不動産経営管理士に合格し賃貸不動産経営管理士の交付を受けた者が移行講習を修了した場合、所定の左欄及び移行講習等に交付済みの移行講習修了証番号を記載すること。

（第三面）

(2)特定賃貸借契約の対象となる賃貸住宅

名称		○○ハウス
所在地		○○○市○○－○－○
建物の名称・所在地等	構造等	軽量鉄骨造 2階建 6戸
	面積	敷地面積 ○○○.○㎡
		建築面積 ○○.○㎡
		延べ面積 ○○○.○㎡
戸（部分）		別紙（「住戸明細書」に）記載の通り
その他の部分		廊下、階段、エントランス
設備等	ガス	都市ガス
	上水道	水道本管より直結
	下水道	公共下水
	共聴アンテナ	BS
附帯施設等	駐車場	有（本契約の対象に含む）
	自転車置場	有（本契約の対象に含む）

（第四面）

(3)契約期間に関する事項

| 契約期間 | （始期）令和○年○月○日から | ○年○ヶ月間 | 普通借家契約 |
| | （終期）令和○年○月○日まで | | 定期借家契約 |

・本契約では、契約期間中においても、当社から解約の申し入れをすることにより、解約をすることができます。
・本契約は、借地借家法第28条（更新拒絶等の要件）が適用されるため、お客様が更新を拒絶する場合には、
①お客様及び当社（転借人（入居者）を含む）が建物の使用を必要とする事情
②建物の賃貸借に関する従前の経過
③建物の利用状況及び建物の現況並びにお客様が建物の明渡しの条件として又は建物の明渡しと引換えに当社（転借人（入居者）を含む）に対して財産上の給付をする旨の申出をした場合におけるその申出
を考慮して、正当の事由があると認められる場合でなければすることができません。
・契約期間中においても、家賃は変更になることがあります。

| 更新日 | 令和○年○月○日 |

(4)乙が甲に支払う家賃その他賃貸の条件に関する事項

	金額	支払期限	支払方法
家賃	○○○,○○○円	当月分／翌月分 毎月○○日まで	振込／持参
	家賃の設定根拠	近傍同種の家賃相場（別紙）を踏まえて設定	
	初回の家賃支払日	本契約の始期から○年を経過した日の属する日の翌月1日	
	2度目（以降の）家賃改定日	初回の家賃改定日より毎年度	

・上記の家賃改定日における見直しにより、家賃が減額となる場合があります。
・本契約は、借地借家法第32条第1項（借賃増減請求権）が適用されるため、上記の家賃改定日以外の日であっても、当社からお客様に支払う家賃が、上記記載の家賃額決定の要素とした事情等を総合的に考慮した上で、
①土地又は建物に対する租税その他の負担の増により不相当となったとき
②土地又は建物の価格の上昇又は低下その他の経済事情の変動により不相当となったとき
③近傍同種の建物の賃貸に比較して不相当となったとき
は、当社がお客様にかかわらず、当社は家賃を相当な家賃に減額することを請求することができます。
・ただし、空室の増加や当社の経営状況の悪化等が生じたとしても、上記①～③のいずれかの要件を充足しない限り、同条に基づく減額請求はできません。

・また、借地借家法に基づく、当社からの減額請求について、お客様は必ずその請求を受け入れなければならないわけではなく、当社との間で、変更後の家賃決定までの変更とした事情を総合的に考慮した上で、協議により相当家賃額が決定することとなります。

	金額	支払期間	支払方法
敷金	家賃 〇ヶ月分（〇ヶ）〇〇〇,〇〇〇円	〇月〇日まで	振込 ／ 持参

・引渡しに係る値上げ家賃の支払い免責期間

引渡日から　〇ヶ月

・退出募集に係る早上げ家賃の支払免責期間

退出募集支払免責期間　〇ヶ月

(5)乙が行う賃貸住宅の維持保全の実施方法

実施箇所等		内容・頻度等	乙	委託	委託先
共用部・屋外等	玄関・廊下・階段	外観点検　〇回/年　清掃・・・	■	□	
	駐輪場・駐車場	外観点検　〇回/年　清掃・・・	■	□	
	駐車場・自転車置場	外観点検　〇回/年　清掃・・・	■	□	
	ゴミ集積所	外観点検　〇回/年　清掃・・・	■	□	
	照明器具	外観点検　〇回/年	■	□	
設備等	自動火災報知器	法定点検　〇回/年	□	■	〇〇〇〇
	消火設備	法定点検　〇回/年	□	■	〇〇〇〇
	防災設備	外観点検　〇回/年	□	■	〇〇〇〇
	見積り・手配	修繕工事の見積り・手配	■	□	
その他	苦情対応	入居者からの諸物・設備の苦情対応の具体的な内容、または近隣住民からの苦情対応の具体的な内容等を記載	□	■	〇〇〇〇

※実施箇所等の例：点検・清掃（玄関、廊下、階段、駐輪場、駐車場、屋根、外壁、塀、フェンス、掲示板、駐車場、自転車置場、ゴミ集積所、水道、外灯、雨樋掃除、受水槽、配水管、テレビ放送設備、自動火災報知機、消火設備、防災設備、修繕等（見積り・手配等）、その他（入居者からの苦情や問い合わせへの対応等）

※内容の例：決定点検、定期巡回点検、修繕、修繕業者への発注、設備の管理、清掃（清掃作業の具体的内容）等

(6)乙が行う賃貸住宅の維持保全の費用負担に関する事項

実施箇所等		費用負担者 甲 乙		内容
共用部・屋外等	玄関・廊下・階段	□	□	外観点検　〇回/年　清掃・・・
	駐輪場・駐車場	□	□	外観点検　〇回/年　清掃・・・
	駐車場・自転車置場	□	□	外観点検　〇回/年　清掃・・・
	ゴミ集積所	□	□	外観点検　〇回/年　清掃・・・
	照明器具	□	□	外観点検　〇回/年
	自動火災報知器	□	□	決定点検　〇回/年
	消火設備	□	□	決定点検　〇回/年
	防災設備	□	□	外観点検　〇回/年
建物本体	見積り・手配	□	□	修繕工事の見積り・手配
		□	□	基礎の浮き・クラック
		□	□	屋根・外壁の汚れ、亀裂、破損、錆、防水
		□	□	階段・廊下の破損、損傷等
		□	□	土間・ベランダの破損、腐食
		□	□	その他
建物設備		□	□	駐車場・駐輪場の車止・白線等の破損
		□	□	外構・フェンスの破損、損傷等
		□	□	自動ドア、オートロックの故障、故障
		□	□	排水桝・配水管の高圧洗浄等
		□	□	その他
住戸・専有 共用部分		□	□	畳・襖・障子の張替え
		□	□	床・壁のクリーニング
		□	□	CF・フローリング・畳床の張替え
		□	□	給湯器等の設備の修理、交換
		□	□	
その他		□	□	入居者・設備からの苦情・相談対応
		□	□	建物施設に付属するリモコン等の小物、消耗品交換
		□	□	敷地内工作物の修繕・取替え
		□	□	共用部分の会共料金
		□	□	自治会費

・乙の責めに帰すべき事由（転借人の責めに帰すべき事由を含む。）によって必要となった修繕については、上記の費用負担者の記載のかかわらず、甲はその費用を負担しない。

(7)維持保全の実施状況の報告に関する事項

（二）に記載する乙が行う賃貸住宅の維持保全の実施状況を定期的に報告することとします。また、甲は必要があると認められるときは、乙に対して維持保全の実施状況に関して報告を求めることができることとします。

(8)抽害賠償額の予定又は違約金に関する事項

引渡日までの間の解約を行う場合は、〇日前に申し入れることとし、違約金は〇円とします。

(9)責任及び免責に関する事項

・天災等による損害等、乙が責任を負わないこととする場合は、その旨を記載し、説明すること。

・甲が維持費用保険等への加入することや、その保険に対応する損害については乙が責任を負わないこととする場合は、その旨を記載し、説明すること。

(10)転借人の権利その他の転貸の条件に関する事項

転貸の条件		条件の内容
賃貸借契約について定めるべき事項	有 無	・乙は、転貸借契約を締結するに際し、当該転貸契約が転貸借契約であることを転借人に明示するとともに、転借人が反社会の勢力でないこと、転借人に対し、（11）のとおり乙が維持保全の内容を周知すること、本契約が終了した場合、甲は、転貸借契約における乙の転貸人の地位を承継することを契約条件とすること。
契約期間	有 無	
契約期間	有 無	
家賃	有 無	
共益費	有 無	
敷金	有 無	
転借人	有 無	
その他	有 無	

(11)乙が行う賃貸住宅の維持保全の内容の転借人に対する周知に関する事項

転借人へ周知する内容	転借人への周知方法
・上記(5)乙が行う維持保全の実施方法 ・乙の連絡先	メール又は郵送により周知します

(12)契約の更新又は解除に関する事項

a. 契約の更新又は更新拒絶について

甲及び乙は、協議の上、本契約を更新することができます。

また、借地借家法第28条（更新拒絶等の要件）が適用されるため、甲から更新を拒む場合には、

①甲及び乙（転借人（入居者）を含む）が建物の使用を必要とする事情

②建物の賃貸借に関する従前の経過

③建物の利用状況及び建物の現況並びに甲が建物の明渡しと引換えに乙（転借人（入居者）を含む）に対して財産上の給付をする旨の申出をした場合におけるその申出

を考慮して、正当の事由があると認められる場合でなければすることができません。

b. 契約の解約について

乙は、甲に対して少なくとも〇ヶ月前に解約の申し入れを行うことにより、本契約を解約することができます。

c. 契約の解除について

甲は、乙が家賃を支払義務を3ヶ月以上滞ったとき、転貸の条件に従い転貸する義務に違反した場合、及び維持保全の費用負担義務に違反した場合が甲が相当の期間を定めて当該義務の履行を催告したにもかかわらず、その期間内に当該義務が履行されないときは、本契約を解除することができます。

※その他、家賃改定の協議で合意できなければ契約が終了する条項や、一定期間経過後との修繕に応じない場合には契約を更新しないこととする場合は、その旨を記載すること。

(13)乙の権利義務の承継に関する事項

本契約が終了した場合、甲は、転貸借契約における乙の転貸人の地位を承継することとします。転貸人の地位を承継した場合、正当な事由なく入居者の契約更新を拒むことはできません。また、その場合、甲は乙の敷金返還債務を承継することになります。

(第九頁)

(14)借地借家法その他特定賃貸借契約に係る法令に関する事項の概要

(15)借地借家法第32条第1項（借賃増減請求権）について

- 本契約には、借地借家法第32条第1項（借賃増減請求権）が適用されるため、上記の家賃改定日以外の日であっても、乙から甲に支払う家賃が、変更前の家賃額決定の要素とした事情等を総合的に考慮した上で、
  - ①土地又は建物に対する租税その他の負担の増減により不相当となったとき
  - ②土地又は建物の価格の上昇又は低下その他の経済事情の変動により不相当となったとき
  - ③近傍同種の建物の借賃に比較して不相当となったとき
  は、本契約の条件にかかわらず乙は家賃を相当な家賃に減額することを請求することができます。
- ただし、空室の増加や当社の経営状況の悪化等が生じたとしても、上記①〜③のいずれかの要件を充足しない限りは、同条に基づく減額請求はできません。
- また、借地借家法に基づく、乙からの減額請求について、甲は必ずその請求を受け入れなければならないわけでなく、乙との間で、変更前の家賃決定の要素とした事情を総合的に考慮した上で、協議により相当家賃額が決定されることとなります。

b. 借地借家法第28条（更新拒絶等の要件）について

- 本契約には、借地借家法第28条（更新拒絶等の要件）が適用されるため、甲から更新を拒絶する場合には、
  - ①甲及び乙（転借人（入居者）を含む）が建物の使用を必要とする事情
  - ②建物の賃貸借に関する従前の経過
  - ③建物の利用状況及び建物の現況並びに甲が建物の明渡しの条件として又は建物の明渡しと引換えに乙（転借人（入居者）を含む）に対して財産上の給付をする旨の申出をした場合におけるその申出
  を考慮して、正当の事由があると認められる場合でなければすることができません。

4 契約締結時の書面の交付～契約後は書面の交付が必要？

(1) 特定賃貸借契約の締結

特定転貸事業者は、特定賃貸借契約を締結したときは、その特定賃貸借契約の相手方に対し、**遅滞なく**、以下の事項を記載した書面を交付しなければなりません。

交付時期	特定賃貸借契約の締結後遅滞なく
交付方法	▶ **電子書面での送信も可能**。ただし、特定賃貸借契約の相手方の**承諾が必要**です。 ▶ 特定賃貸借契約に係る**重要事項説明書と締結時書面を一体で交付することはできません**。
特定賃貸借契約書の記載事項	①特定賃貸借契約の対象となる賃貸住宅 ②特定賃貸借契約の相手方に支払う家賃その他賃貸の条件に関する事項 ③特定転貸事業者が行う賃貸住宅の維持保全の実施方法 ④契約期間に関する事項 ⑤転借人の資格その他の転貸の条件に関する事項 ⑥契約の更新又は解除に関する**定めがあるとき**は、その内容 ⑦特定賃貸借契約を締結する特定転貸事業者の商号、名称又は氏名及び住所 ⑧特定転貸事業者が行う賃貸住宅の維持保全に要する費用の分担に関する事項 ⑨特定賃貸借契約の相手方に対する維持保全の実施状況の報告に関する事項 ⑩損害賠償額の予定又は違約金に関する**定めがあるとき**は、その内容 ⑪責任及び免責に関する**定めがあるとき**は、その内容 ⑫転借人に対する「特定転貸事業者が行う賃貸住宅の維持保全の実施方法」の周知に関する事項 ⑬特定賃貸借契約が終了した場合における特定転貸事業者の権利義務の承継に関する事項

＊ 特定転貸事業者が特定賃貸借契約を**従前と異なる内容**で更新する場合、**改めて書面を交付する必要があります**。「従前と異なる内容」とは、契約内容のうち、少なくとも上記①～⑬の内容が従前と異なる場合をいいます。なお、契約の同一性を保ったままで契約期間のみを延長することや、組織運営に変更のない商号又は名称等の変更等、形式的な変更と認められる場合はこれに該当しません。

(2) 特定賃貸借標準契約書

特定賃貸借標準契約書(以下「本契約書」という。)コメントは、本契約書の性格、内容を明らかにする等により、本契約書が実際に利用される場合の指針として作成したものである。

全般関係

① 本契約書が想定している特定賃貸借契約とは、賃貸住宅の管理業務等の適正化に関する法律(令和2年法律第60号。以下「賃貸住宅管理業法」という。)第2条第4項に規定する「特定賃貸借契約」をいう。

② 本契約書は転貸借を目的とした契約であるため、その旨を契約書に明記している。なお、本契約書は居住のみを目的とした民間賃貸住宅1棟全体(建築中の建物を含む。)を目的物とした普通借家契約である。

③ 賃貸住宅管理業法第31条の規定により、特定転貸事業者は、特定賃貸借契約を締結したときは、当該特定賃貸借契約の相手方に対し、遅滞なく、同条第1項各号に掲げる事項を記載した書面を交付しなければならないこととされている(これらの事項を電磁的方法により提供することも可能)。本契約書には、これらの事項が記載されているので、本契約書を賃貸人に対して交付することによって、賃貸住宅管理業法第31条に規定する書面を交付したものとすることが考えられる。

④ 実際の特定賃貸借契約においては、地域慣行、物件の構造や維持保全の態様等により、契約内容が異なりうるものである。本契約書は全国を適用範囲とする契約書の雛形として作成したものであり、その特定賃貸借契約にて最低限定めなければならないと考えられる事項について、合理的な内容を持たせるべく作成したものである。個々の契約については、特約による契約内容の補充がされるケースもあると想定されることから、本契約書は、第24条において特約条項の欄を設けている。

⑤ 建物所有者(家主)は、同種の行為を反復継続的に行っていない場合には、消費者契約法における消費者に該当する場合がある。このため、本契約は、消費者契約法第2条第3項に規定する消費者契約に該当する可能性があり、その場合には同法の適用を受けることとなる。

　なお、実際に締結された契約に関連して法的な争訟が生じた場合、最終的には、個別具体の事例に即して、司法の場において判断がなされるものであることに留意する必要がある。

⑥ なお、本契約書については、特定賃貸借契約の普及状況等を踏まえ、今後、必要な見直しを行うものである。

貸主 (甲)	氏名	
	住所	
	連絡先	
借主 (乙)	商号(名称)	
	代表者	
	住所	
	連絡先	
	登録年月日	
	登録番号	
業務管理者	氏名	
	事務所住所	
	連絡先	
	証明番号又は登録番号	

頭書

本頭書の記載により、本契約書の基本的内容を明確化しています。なお、本契約書は居住のみを目的
とした新築(建築中を含む)の民間賃貸住宅1棟全体を対象にしています。
以下の事項に注意して記入してください。なお、該当する事項のない欄には「－」を記入してください。

(1) 賃貸借の目的物

建物の名称・所在地等	名称		
	所在地		
	種類		
	構造等	造　　　階建　　　戸	
	面積	敷地面積	㎡
		建築面積	㎡
		延べ面積	㎡
住戸部分		別紙「住戸明細表」に記載の通り	
その他の部分		廊下、階段、エントランス	
建物設備		ガス	有(都市ガス・プロパンガス)・無
		上水道	水道本管より直結・受水槽・井戸水
		下水道	公共下水・浄化槽
		エレベーター	有・無
		共聴アンテナ	有(BS・CS・CATV)・無
		管理人室	有・無
			有・無
			有・無
附属施設等		駐車場	有(本契約の対象に含む・含まない)・無
		自転車置場	有(本契約の対象に含む・含まない)・無
		物置	有(本契約の対象に含む・含まない)・無
			有(本契約の対象に含む・含まない)・無
			有(本契約の対象に含む・含まない)・無

①「名称」　　　−建物の名称(○○マンション、○○荘など)を記入してください。

②「所在地」　　−住居表示を記入してください。

③「種類」　　　−建物の種類(共同住宅、長屋、一戸建など)を記入してください。

④「構造等」　　−鉄筋鉄骨造、軽鉄骨造、木造等の構造を記入し、建物の階数(住戸が何階にあ
るかではなく、建物自体が何階建てかをいう。)と建物内の住戸の数を記入してく
ださい。

〔用語の説明〕

○○造……主要構造部(壁、柱、床、はり、屋根又は階段をいう。)がどのような構造かをいいます。

⑤「面積」　　　−敷地面積と建築面積、延べ面積を記入してください。

⑥「住戸部分」　−「住戸明細表関係」参照。

⑦「その他の部分」−建物内の専有部分以外の部分(廊下、階段、エントランス等)を記入して
ください。

⑧「建物設備」　−各附属設備についてその設備がある場合には「有」、ない場合には「無」
に○をつけてください。また、特に書いておくべき事項(設備の概要な

ど)があれば右の空欄に記入してください。

　　　　あらかじめ記載されている設備以外で書いておくことが適当なものが
あれば、「管理人室」の下の余白を利用してください。

⑨「附属施設等」　－各附属施設についてその施設がある場合には「有」に○をつけ、更に
「本契約の対象に含む」か「含まない」かに、ない場合には「無」に○をつ
けてください。また、特に書いておくべき事項(施設の概要など)があれ
ば右の空欄に記入してください。

　　　　あらかじめ記載されている附属施設以外で書いておくことが適当なも
のがあれば、「物置」の下の余白を利用してください。

(2) 契約期間

始期	年　　月　　日から	
終期	年　　月　　日まで	年　　月間

契約の始期と終期及び何年何か月の契約なのかを記入してください。

(3) 引渡日

年　　月　　日

貸主が借主に本物件を引き渡す日を記入してください。

(4) 家賃等

	金　額	支　払　期　限		支　払　方　法
家賃	円	当月分・翌月分を 毎月　　日まで	振込又は持参	振込先金融機関名: 預金:普通・当座 口座番号: 口座名義人: 持参先:
	初回の家賃改定日	本契約の始期から　　年を経過した日の属する日の翌月1日		
	2回目以降の 家賃改定日	初回の家賃改定日経過後　　年毎		

・ 上記の家賃改定日における見直しにより、本契約第5条第3項に基づき家賃が減額又は増額の改定
となる場合がある。

・ 本契約には、借地借家法第32条第1項(借賃増減請求権)が適用されるため、上記の家賃改定日以
外の日であっても、乙から甲に支払う家賃が、上記記載の家賃額決定の要素とした事情等を総合的
に考慮した上で、

　　①土地又は建物に対する租税その他の負担の増減により不相当となったとき

　　②土地又は建物の価格の上昇又は低下その他の経済事情の変動により不相当となったとき

　　③近傍同種の建物の借賃に比較して不相当となったとき

は、本契約の条件にかかわらず、乙は家賃を相当な家賃に減額することを請求することができる。

- ただし、空室の増加や乙の経営状況の悪化等が生じたとしても、上記①～③のいずれかの要件を充足しない限りは、同条に基づく減額請求はできない。
- また、借地借家法に基づく、乙からの減額請求について、甲は必ずその請求を受け入れなければならないわけでなく、乙との間で、変更前の家賃決定の要素とした事情を総合的に考慮した上で、協議(協議が整わないときは調停・裁判手続)により相当家賃額が決定される。

金　額		支 払 期 限	支 払 方 法	
敷金	家賃　　か月相当分 　　　　　　　円	当月分・翌月分を 毎月　　　日まで	振込又は持参	振込先金融機関名： 預金：普通・当座 口座番号： 口座名義人： 持参先：

頭書(4)家賃等の支払期限、支払方法の欄に、家賃の支払期限、支払方法の該当箇所について、選択するものを明記し、必要箇所を記載すること。

頭書(4)に記載する初回及び2回目以降の家賃改定日については、契約の当事者が合意したものであり、その遵守が求められるが、当該合意事項によっても、借地借家法第32条第1項(借賃増減請求権)の適用は排除されないため、初回の家賃改定日以前も含めて、家賃改定日以外であっても、借主からの家賃の減額請求権は行使できることに留意すること。

そのため、頭書(4)には、重要事項説明で説明した家賃の減額の可能性や借地借家法第32条の規定の適用等について、改めて記載しておくことが望ましい。

また、本契約書では、敷金が預け入れられるものとされている(第7条第1項)。頭書(4)家賃等の支払期限、支払方法の欄には、本契約書を作成する時点において、既に敷金が授受されている場合には、その旨を明記し、また、まだ敷金が授受されていない場合には、敷金の支払期限、支払方法の該当箇所について、選択するものを明記し、必要箇所を記載すること。

①「支払期限」　　－当月分・翌月分の該当する方に〇をつけてください。
②「支払方法」　　－振込又は自動口座振替の場合は、貸主側の振込先金融機関名等を記入してください。「預金」欄の普通預金・当座預金の該当する方に〇をつけてください。

5) 家賃支払義務発生日

支払い免責期間	引渡日から　　　　か月
家賃支払義務発生日	年　　　月　　　日

「家賃支払義務発生日」－家賃の支払い義務を発生させる日を記入してください。

「支払い免責期間」－引渡日から転借人(入居者)を募集するまでにある程度の期間が必要であるため、借主から貸主に支払う家賃の支払いの免責期間を設定する場合には、その必要な期間を「引渡日から〇か月」と記入してください。

なお、入居者退去後の募集に一定の時間がかかるといった理由から、同様に

家賃の支払いの免責期間を設定する場合には、その免責の対象となる家賃や期間を欄を設けて記入してください。

(6) 乙が行う維持保全の実施方法

	実施箇所等	内容・頻度等	乙	委託	委託先
点検・清掃等			☐	☐	
			☐	☐	
			☐	☐	
			☐	☐	
			☐	☐	
修繕等			☐	☐	
			☐	☐	
			☐	☐	
その他			☐	☐	
			☐	☐	
			☐	☐	

借主(乙)が行う維持保全の内容について、貸主と借主が協議、合意の上、各表の空欄に可能な限り具体的に記入してください。

①「点検・清掃等」 　－点検・清掃等を実施する箇所について、「実施箇所等」に記入し、それぞれの箇所について実施する内容(定期点検、法定点検、清掃の内容等)及び回数や頻度を「内容・頻度等」に記入してください。さらに、それぞれの実施内容について、借主が行うのか、委託するのかを記入するとともに、委託する場合は委託先の情報を記入してください。

②「 修 繕 等 」 　－点検・清掃等を受けて、修繕の必要が生じたときに、借主が行う内容(見積り・業者の手配等)について「実施箇所等」に記入し、具体的に実施する内容を「内容・頻度等」に記入してください。さらに、それぞれの実施内容について、借主が行うのか、委託するのかを記入するとともに、委託する場合は委託先の情報を記入してください。

③「 そ の 他 」 　－賃貸住宅の維持保全と併せて、入居者からの苦情や問い合わせへの対応を行う場合は、その内容について、「実施箇所等」に記入し、具体的に実施する内容を「内容・頻度等」に記入してください。さらに、それぞれの実施内容について、借主が行うのか、委託するのかを記入するとともに、委託する場合は委託先の情報を記入してください。

(7) 賃貸住宅の維持保全の費用分担

実施箇所等	費用負担者		内容
	甲	乙	

点検・清掃等		☐	☐	
		☐	☐	
		☐	☐	
		☐	☐	
		☐	☐	
		☐	☐	
修繕等		☐	☐	
		☐	☐	
		☐	☐	
		☐	☐	
		☐	☐	
		☐	☐	
その他		☐	☐	
		☐	☐	
		☐	☐	

・ 本契約第11条第2項に基づき、乙の責めに帰すべき事由（転借人の責めに帰すべき事由を含む。）
によって必要となった修繕については、上記の費用負担者の記載にかかわらず、甲はその費用を負
担しない。

借主が行う維持保全の具体的な内容や対象となる設備毎に、貸主と借主のどちらが、点検・清掃・修繕
等に要する費用を負担するかについて、貸主と借主が協議、合意の上、各表の空欄に可能な限り具体
的に記入してください。

(8) 転貸の条件

条件項目	条件の有無	条件の内容
転貸借契約において定めるべき事項	有	乙は、転借人（入居者）との間で転貸借契約を締結するに際し、当該契約が転貸借契約であることを転借人に開示するとともに、本契約第9条第2項、第12条及び第21条に規定する内容を契約条項とすること。
契約態様	有・無	普通賃貸借契約に限る・定期賃貸借契約に限る
契約期間	有・無	
家　賃	有・無	
共 益 費	有・無	
敷　金	有・無	
転 借 人	有・無	
民泊（住宅に人を宿泊させるサービス）の可否	可・否	☐ 住宅宿泊事業法に基づく住宅宿泊事業 ☐ 国家戦略特区法に基づく外国人滞在施設経営事業

その他	有	

①「転貸借契約において定めるべき事項」－転貸借契約であることを転借人に開示するとともに、本契約第9条第2項(転貸の条件)、第12条(維持保全の内容等の転借人に対する周知)及び第21条(権利義務の承継)に規定する内容を契約条項とすることとします。

②「契約態様」－普通賃貸借契約に限る、又は定期賃貸借契約に限る場合は「有」に○をつけ、そのどちらかを選択します。条件を付さない場合は「無」に○をつけます。

③「契約期間」－契約期間を○年～○年に限定する場合は「有」に○をつけ、その期間の幅を「条件の内容」に記入します(○年以内等の記入でも構いません)。借主に一任する場合は「無」に○をつけます。

④「家 賃」－家賃を○円～○円に限定する場合は「有」に○をつけ、その家賃額の幅を「条件の内容」に記入します(○円以上等の記入でも構いません)。借主に一任する場合は「無」に○をつけます。

⑤「共益費」－共益費を○円～○円に限定する場合は「有」に○をつけ、その共益費の幅を「条件の内容」に記入します(○円以内等の記入でも構いません)。借主に一任する場合は「無」に○をつけます。

⑥「敷 金」－敷金を○か月～○か月に限定する場合は「有」に○をつけ、その月数の幅を「条件の内容」に記入します(○か月以内等の記入でも構いません)。借主に一任する場合は「無」に○をつけます。

⑦「転借人」－「学生限定」等、どのような転借人に転貸するかを定めておく場合は「有」に○をつけ、その内容を「条件の内容」に記入します。借主に一任する場合は「無」に○をつけます。

⑧「民泊の可否」－民泊(住宅に人を宿泊させるサービス)を許可する場合は「可」に○をつけ、住宅宿泊事業法に基づく住宅宿泊業であるか、国家戦略特区法に基づく外国人滞在施設経営事業であるか選択し□にチェックをつけます。

⑨「その他」－貸主が必要に応じてその他の条件を付けることが可能です。その場合は、「その他」の欄を利用してください。

(9)転貸に関する敷金の分別管理の方法

転借人から交付された敷金について分別管理する際の方法を記入してください。
(例)乙の保有財産に係る口座とは別個の口座を設ける。

(10)合意管轄裁判所

地方(簡易)裁判所

(11)特約

住戸明細表

住戸明細表は契約書に添付します。以下の事項に注意して記入してください。なお、該当する事項のない欄には「－」を記入してください。

(1)賃貸借の目的物

建物名称	
建物所在地	

この欄には、本契約書の頭書(1)と同じ内容を記入してください。建物を特定するために必要です。

① 「 名 称 」 －建物の名称(○○マンション、○○荘など)を記入してください。

②「所在地」 －住居表示を記入してください。

(2)住戸内の設備

設 備	有無	備 考
エアコン一基	有・無	
バルコニー(1階は除く)	有・無	
オートロック	有・無	
システムキッチン	有・無	
フローリング床	有・無	
床暖房	有・無	
追焚き機能付風呂	有・無	
浴室乾燥機	有・無	
独立洗面所	有・無	
クローゼット又は1間収納	有・無	
大型下足入れ	有・無	
電話2回線以上	有・無	
宅配ボックス	有・無	
	有・無	
	有・無	
	有・無	

表内の設備がある場合は「有」に○をつけ、ない場合は「無」に○をつけてください。補足等は備考欄に書いてください。選択肢を設けていない設備で書いておくことが適当なものがあれば、「宅配ボックス」の下の余白を利用してください。

(3)住戸内訳

部屋番号	面積		間取り	家賃	備 考
	壁芯・内法	㎡		円	

	壁芯・内法	m²		円	
	壁芯・内法	m²		円	
	壁芯・内法	m²		円	
	壁芯・内法	m²		円	
	壁芯・内法	m²		円	
	壁芯・内法	m²		円	
	壁芯・内法	m²		円	

この欄は、建物内の住戸の内訳を記入してください。

① 「部屋番号」

② 「面積」 －壁芯か内法かのどちらかに○をつけ（又はどちらかを消し）、その右に面積を記入してください。

③ 「間取り」 －ワンルーム、○K、○DK、○LDKと記載してください。

〔用語の説明〕

　イ K 　　　…台所

　ロ DK 　　…1つの部屋が食事室と台所を兼ねているもの

　ハ LDK 　…1つの部屋が居間と食事室と台所を兼ねているもの

④ 「家賃」 －各部屋の当初の転借人募集家賃を記入してください。

⑤ 「備考」 －(2)「住戸内の設備」の補足等を記入してください。

(契約の締結)

第1条 貸主(以下「甲」という。)及び借主(以下「乙」という。)は、頭書(1)に記載する賃貸借の目的物(以下「本物件」という。)について、以下の条項により、乙が転貸することを目的とする賃貸借契約(以下「本契約」という。)を締結した。

(契約期間)

第2条 契約期間は、頭書(2)に記載するとおりとする。

　2 甲及び乙は、協議の上、本契約を更新することができる。

　3 甲又は乙は、本契約の更新を希望しない場合には、契約期間の満了の1年前からか月前までの間に相手方に対して更新をしない旨の通知(以下「更新拒絶通知」という。)をするものとする。ただし、甲による更新拒絶通知は、借地借家法(平成3年法律第90号)第28条に規定する正当の事由がなければすることができない。

(引渡し)

第3条 甲は、頭書(3)に記載する引渡日(以下「引渡日」という。)までに、乙に対し、本物件を引き渡さなければならない。

　2 甲は、乙が本物件の適切な維持保全を行うために必要な情報を提供しなければならない。

3　甲が、引渡日に本物件を引き渡さず、又は、前項に定める情報を提供せず、そのために生じた乙の損害は、甲が負担するものとする。

①本契約書は新築（建築中を含む。）の住宅を対象に含むため、契約の始期と物件の引渡日が異なる場合がある（契約の始期よりも物件の引渡日が後になる）。このため第2条の契約期間とは別に、引渡日の規定を設けている。

②特定転貸事業者を変更する場合などに、従前の特定転貸事業者との事務の引継ぎや清算に関するトラブルを防止する観点から、第2項では、借主が維持保全を開始するにあたって、貸主には借主の適切な維持保全を行うために必要な情報を提供する義務がある旨を明記した。

③第3項は、物件の引渡日が第1項の「引渡日」よりも遅れたとき、又は、貸主が借主に第2項に規定する必要な情報を提供しなかったときに、これらによって生じた損害を貸主が負担すること定めている。借主は通常、本条項の「引渡日」を始期とする転貸借契約を転借人と締結することから、引渡しが遅延した場合は転借人に対して、予定どおり入居できないことによる損害の補填責任が生じることがあり、また、貸主が借主に適切な情報を提供しなかった場合には借主が不要な支出をせざるを得なくなること等を考慮したためである。

（使用目的）
第4条　乙は、専ら住宅として使用することを目的として本物件を転貸するものとする。甲は、乙が本物件を借り受け、これを専ら住宅として使用することを目的として第三者に転貸することを承諾する。

2　乙が住宅宿泊事業法に基づく住宅宿泊事業又は国家戦略特区法に基づく外国人滞在施設経営事業を目的として転貸することができるか否かについては、頭書(8)記載のとおりとする。

住宅宿泊事業法に基づく住宅宿泊事業や国家戦略特区法に基づく外国人滞在施設経営事業についての可否は、頭書(8)で明記すること。

（家賃）
第5条　乙は、頭書(4)の記載に従い、家賃を甲に支払わなければならない。

2　1か月に満たない期間の家賃は、1か月を30日として日割計算した額とする。

3　甲及び乙は、頭書(4)に記載する家賃改定日において、頭書(4)記載の家賃額決定の要素とした事情等を総合的に考慮した上で、次の各号の一に該当する場合には、協議の上、家賃を改定することができる。

一　土地又は建物に対する租税その他の負担の増減により家賃が不相当となった場合

二　土地又は建物の価格の上昇又は低下その他の経済事情の変動により家賃が不相当となった場合

三　近傍同種の建物の家賃に比較して家賃が不相当となった場合

① 賃貸住宅管理業法第 31 条第1項第2号を遵守するため、貸主に支払う家賃その他賃貸の条件に関する事項を明記しなければならない。

② 第3項は、賃貸借当事者間の信義に基づき、租税その他の負担の増減や経済事情の変動が生じた場合にも、できる限り当事者双方の意向を反映した結論に達することを目的とする規定であり、本契約の存続中に家賃を改定するにあたっては、下記③の最高裁判決も踏まえて、変更前の家賃決定の要素とした事情を総合的に考慮した上で、貸主と借主との協議により改定額を定めることとなる。

③ 貸主と借主の協議の結果、家賃改定額について合意に至らない場合は、最終的には訴訟による解決が必要となる。

　借地借家法に基づく家賃減額請求権の行使が認められた平成 15 年 10 月 23 日の最高裁判決においては、「家賃減額請求の当否や相当家賃額を判断するに当たっては、賃貸借契約の当事者が家賃額決定の要素とした事情を総合考慮すべきであり、特に本件契約においては、上記の家賃保証特約の存在や保証家賃額が決定された事情をも考慮すべきである。」とされ、その後の差戻審において、「被控訴人が本件の事業を行うに当たって考慮した予想収支、それに基づく建築資金の返済計画をできるだけ損なわないよう配慮して相当家賃額を決定しなければならないというべきである。」と判断された。

④ 家賃について、空室時等に異なる家賃とする場合は、本契約書にその旨を定めること。

⑤ なお、家賃の他、借主が貸主に共益費を支払う場合は、頭書(4)に共益費の額、支払い期限、支払い方法等を定めるとともに、本条とは別に共益費に関する規定を設けること。

(家賃支払義務発生日)
第6条 乙は、頭書(5)に記載する支払い免責期間においては家賃支払い義務を負わないものとする。

　　2 乙は、頭書(5)に記載する家賃支払義務発生日から家賃を甲に支払わなければならない。

① 本条は、借主から貸主への家賃支払義務の発生する日を明確にするためのものである。

② 本条第1項では、引渡日から転借人(入居者)を募集するまでの一定期間、借主から貸主に支払う家賃の支払い免責期間を設定している。その他、入居者退去後の募集に一定の時間がかかるといった理由から、同様に家賃の支払いの免責期間を設定する場合には、その免責の対象となる家賃や期間を定めること。

(敷金)
第7条 乙は、本契約から生じる債務の担保として頭書(4)に記載する敷金を甲に交付するものとする。

　　2 甲は、乙が本契約から生じる債務を履行しないときは、敷金をその債務の弁済に充てることができる。この場合において、乙は、本物件を返還するまでの間、敷金をもって当該債務の弁済に充てることを請求することができない。

　　3 甲は、本契約が終了し、本物件の返還があったときは、遅滞なく、敷金の全額を乙

に返還しなければならない。ただし、本物件の返還時に、家賃の滞納その他の本契約から生じる乙の債務の不履行が存在する場合には、甲は、当該債務の額を敷金から差し引いた額を返還するものとする。

  4　前項ただし書の場合には、甲は、敷金から差し引く債務の内訳を乙に明示しなければならない。

① 本条項は、敷金について借主の「債務の担保」と性格づけた上で、その取扱いを定めている。平成29年民法改正で、敷金について「いかなる名目によるかを問わず、家賃債務その他の賃貸借に基づいて生ずる賃借人の賃貸人に対する金銭の給付を目的とする債務を担保する目的で、賃借人が賃貸人に交付する金銭をいう。」という定義が規定された（民法第622条の2第1項）。

② 本契約が終了するときは原則として貸主が借主の転貸人の地位を承継するため（第21条第1項）、転借人に対する敷金返還義務も引き継ぐこととの均衡上、借主も貸主に対し敷金を交付することとした。

（反社会的勢力の排除）

第8条　甲及び乙は、それぞれ相手方に対し、次の各号の事項を確約する。

    一　自らが暴力団、暴力団関係企業、総会屋若しくはこれらに準ずる者又はその構成員（以下総称して「反社会的勢力」という。）ではないこと。

    二　自らの役員（業務を執行する社員、取締役、執行役又はこれらに準ずる者をいう。以下同じ。）が反社会的勢力ではないこと。

    三　反社会的勢力に自己の名義を利用させ、この契約を締結するものでないこと。

    四　自ら又は第三者を利用して、次の行為をしないこと。

     イ　相手方に対する脅迫的な言動又は暴力を用いる行為

     ロ　偽計又は威力を用いて相手方の業務を妨害し、又は信用を毀損する行為

  2　乙は、甲の承諾の有無にかかわらず、本物件の全部又は一部につき、反社会的勢力に賃借権を譲渡してはならない。

（転貸の条件等）

第9条　甲は、頭書(8)に記載する転貸の条件に従い乙が本物件を転貸することを承諾する。ただし、乙は、反社会的勢力に本物件を転貸してはならない。

  2　乙は、前項に定める条件のほか、次の各号に定める内容を転貸条件としなければならない。

    一　乙及び転借人は、それぞれ相手方に対し、次のイからニまでに定める事項を確約すること。

    イ　自らが反社会的勢力でないこと。

    ロ　自らの役員が反社会的勢力ではないこと。

    ハ　反社会的勢力に自己の名義を利用させ、この契約を締結するものでないこと。

    ニ　自ら又は第三者を利用して、次の行為をしないこと。

     (1)　相手方に対する脅迫的な言動又は暴力を用いる行為

(2) 偽計又は威力を用いて相手方の業務を妨害し、又は信用を毀損する行為
　二　転借人は、乙の承諾の有無にかかわらず、本物件の全部又は一部につき、反
　　社会的勢力に転借権を譲渡し、又は再転貸してはならないとすること。
　三　転借人は、本物件の使用にあたり、次のイからハまでに掲げる行為を行っては
　　ならないとすること。
　　イ　本物件を反社会的勢力の事務所その他の活動の拠点に供すること。
　　ロ　本物件又は本物件の周辺において、著しく粗野若しくは乱暴な言動を行い、
　　　又は威勢を示すことにより、付近の住民又は通行人に不安を覚えさせること。
　　ハ　本物件に反社会的勢力を居住させ、又は反復継続して反社会的勢力を出入り
　　　させること。
　四　乙又は転借人の一方について、次のいずれかに該当した場合には、その相手
　　方は、何らの催告も要せずして、転貸借契約を解除することができるとすること。
　　イ　第一号の確約に反する事実が判明した場合
　　ロ　契約締結後に自ら又は役員が反社会的勢力に該当した場合
　五　乙は、転借人が第二号に規定する義務に違反した場合又は第三号イからハま
　　でに掲げる行為を行った場合には、何らの催告も要せずして、転貸借契約を解除
　　することができるとすること。

本契約第9条第1項及び第2項に規定する「転貸の条件」の遵守義務について、第13条第1項で貸主と合意した頻度に基づき当該条件の遵守状況の報告を借主に義務付けています。

　3　乙は、転貸借契約から生じる転借人の債務の担保として転借人から交付された敷金
　　について、頭書(9)に記載するとおり、整然と管理する方法により、自己の固有財産及
　　び他の賃貸人の財産と分別して管理しなければならない。

① 本条は、転貸借契約を締結するときにその契約条件をどのような内容にするか等について、貸主
　と借主であらかじめ合意しておくための規定である。本契約書は本契約の終了時、第21条の規定
　に基づき貸主が借主の転貸人の地位を引き継ぐこととし、転借人の居住を保護することとしたため、
　転貸の条件をあらかじめ合意しておくこととしたものである。また、第1項ただし書及び第2項にお
　いて、転貸の重要な条件として、反社会的勢力に転貸してはならないことを明確にし、転貸借契約
　においても反社会的勢力の排除に係る内容を契約条項とすることとした。
② 民泊をめぐるトラブルを防止するためには、民泊事業としての使用を目的とした転貸を許容するか
　どうかについて、あらかじめ十分な協議を行い、その結果を踏まえて、頭書(8)転貸の条件、「民泊
　(住宅に人を宿泊させるサービス)の可否」の欄において、民泊の可否について明確化しておくも
　のとする。 また、民泊事業としての使用を目的とした転貸を許容する場合には、住宅宿泊事業法
　に基づく事業か、国家戦略特区法に基づく外国人滞在施設経営事業かの別を併せて明記するも
　のとする。
③ 第3項において、「自己の固有財産」とは特定転貸事業者が転貸人として入居者(転借人)から受領

する家賃等をいい、「他の賃貸人の財産」とは、当該特定転貸事業者が賃主に支払う家賃等である。入居者(転借人)から受領する敷金は、本契約が終了した場合に、貸主が敷金返還債務を承継するため、入居者(転借人)から受領する敷金の額については、明確にこれらと区分して管理することとしている。

(乙が行う維持保全の実施方法)

第10条 乙は、頭書(6)に記載する維持保全を行わなければならない。

2 乙は、頭書(6)に記載する業務の一部を、頭書(6)に従って、他の者に再委託することができる。

3 乙は、頭書(6)に記載する業務を、一括して他の者に委託してはならない。

4 乙は、第一項によって再委託した業務の処理について、甲に対して、自らなしたと同等の責任を負うものとする。

5 甲は、乙が管理業務を行うために必要な情報を提供しなければならない。

6 甲が、第5項に定める必要な情報を提供せず、又は、前項に定める必要な措置をとらず、そのために生じた乙の損害は、甲が負担するものとする。

① 賃貸住宅管理業法第 31 条第1項第3号を遵守するため、特定転貸事業者が行う維持保全の実施方法を明記しなければならない。

② 特定転貸事業者は、第三者に再委託する旨の規定を設ければ、第三者への委託は可能ではあるが、賃貸住宅管理業法第 15 条により、登録業者は、委託者から委託を受けた管理業務の全部を一括して他の者に委託してはならない旨を定めている。本契約書では、点検・清掃等、修繕等、家賃等の徴収に係る事務が管理業務に該当するため、これらの業務を一括して他の者に委託することを禁じている。再委託の時期を問わず結果的に管理業務の全てについて他者に再委託することや、管理業務を複数の者に分割して全て委託することも禁止している。

③ 特定転貸事業者を変更する場合などに、従前管理を行っていた特定転貸事業者との事務の引継ぎや精算に関するトラブルを防止する観点から、第5項では、乙が管理を開始するにあたって、甲には乙の適切な管理業務を行うために必要な情報を提供する義務がある旨を明記し、第6項では、甲が乙に第5項に規定する必要な情報を提供しなかったときに、これらによって生じた損害を甲が負担することを定めている。これは、甲が乙に適切な情報を提供しなかった場合には乙が不要な支出をせざるを得なくなること等を考慮したものである。なお、乙が維持保全を一切行わない場合は、本条及び頭書(6)は不要である。

(維持保全に要する費用の分担)

第 11 条 本物件の点検・清掃等に係る費用は、頭書(7)に記載するとおり、甲又は乙が負担するものとする。

2 甲は、乙が本物件を使用するために必要な修繕を行わなければならない。ただし、頭書(6)で乙が実施するとされている修繕と、乙の責めに帰すべき事由(転借人の責めに帰すべき事由を含む。)によって必要となった修繕はその限りではない。

3 甲が、本物件につき乙が使用するために必要な修繕を行った場合、その修繕に要する費用は、次に掲げる費用を除き、甲が負担する。

　　一 頭書(7)に掲げる修繕等で乙が費用を負担するとしているもの

　　二 乙の責めに帰すべき事由(転借人の責めに帰すべき事由を含む。)によって必要となった修繕

4 前項の規定に基づき甲が修繕を行う場合は、甲は、あらかじめ乙を通じて、その旨を転借人に通知しなければならない。この場合において、甲は、転借人が拒否する正当な理由がある場合をのぞき、当該修繕を行うことができるものとする。

5 乙は、修繕が必要な箇所を発見した場合には、その旨を速やかに甲に通知し、修繕の必要性を協議するものとする。その通知が遅れて甲に損害が生じたときは、乙はこれを賠償する。

6 前項の規定による通知が行われた場合において、修繕の必要が認められ、甲が修繕しなければならないにもかかわらず、甲が正当な理由無く修繕を実施しないときは、乙は自ら修繕することができる。この場合の修繕に要する費用の負担は、第3項に準ずるものとする。

7 乙は、第 10 条のほか、災害又は事故等の事由により、緊急に行う必要がある業務で、甲の承認を受ける時間的な余裕がないものについては、甲の承認を受けないで実施することができる。この場合において、乙は、速やかに書面をもって、その業務の内容及びその実施に要した費用の額を甲に通知しなければならない。

8 前項により通知を受けた費用については、甲は、第3項に準じて支払うものとする。ただし、乙の責めによる事故等の場合はこの限りではない。

9 乙が頭書(6)に定められている修繕を行うに際しては、その内容及び方法についてあらかじめ甲と協議して行うものとし、その費用は、頭書(7)に記載するとおり、甲又は乙が負担するものとする。

① 賃貸住宅管理業法施行規則第9条第2号を遵守するため、特定転貸事業者が行う維持保全に要する費用の分担に関する事項を明記しなければならない。

② 第2項は、賃貸人が修繕義務を負う民法606条第1項の原則を定めるとともに、頭書(6)で特定転貸事業者が修繕するとされる事項や特定転貸事業者の責めに帰すべき事由(転借人の責めに帰すべき事由を含む。)によって必要となった修繕については、賃貸人が義務を負わないこととしているまた、甲と乙の費用負担については、第3項、第6項及び第7項に定めている。

③ 第4項は、民法 606 条第2項の規定を定めている。

④ 第6項は、民法 606 条の2の賃借人による修繕を認める旨を定めており、第5項で、その前提となる通知を義務づけることとしている。

⑤ なお、乙が維持保全を一切行わない場合は、第2項から第8項までの規定(頭書(6)に係る部分を除く)を定めることとなる。

(維持保全の内容等の転借人に対する周知)

第 12 条　乙は、頭書(1)の賃貸住宅について自らを転貸人とする転貸借契約を締結したと
　　　　きは、転借人に対し、遅滞なく、頭書(6)に記載する維持保全の内容及び乙の連
　　　　絡先を記載した書面又は電磁的方法により通知するものとする。

賃貸住宅管理業法施行規則第9条第6号を遵守するため、転借人に対する維持保全の内容の周知に
関する事項を明記しなければならない。ここでは、特定転貸事業者が転借人に対して周知を行う維持
保全の内容、周知方法(対面での説明、書類の郵送、メール送付等)を定めること。

（維持保全の実施状況の報告）
第 13 条　乙は、甲と合意に基づき定めた期日に、甲と合意した頻度に基づき定期に、甲に
　　　　対し、維持保全の実施状況の報告をするものとする。この場合の報告の対象には、
　　　　頭書(8)に記載する転貸の条件の遵守状況を含むものとする。
　　2　前項の規定による報告のほか、甲は、必要があると認めるときは、乙に対し、維持
　　　保全の実施状況に関して報告を求めることができる。
　　　3　前二項の場合において、甲は、乙に対し、維持保全の実施状況に係る関係書類
　　　の提示を求めることができる。
　　　4　甲又は乙は、必要があると認めるときは、維持保全の実施状況に関して相互に意
　　　見を述べ、又は協議を求めることができる。

① 賃貸住宅管理業法施行規則第9条第3号を遵守するため、貸主に対する維持保全の実施状況の
　報告に関する事項を明記しなければならない。
② 第1項に定める報告の頻度については、貸主と借主の信頼関係を維持できるよう、業務内容に応じ
　て、適切に実施することが望ましく、報告の方法については、報告内容に相応しい適切な方法を各
　特定転貸事業者において定めておくことが望ましい。

（善管注意義務）
第 14 条　乙は、善良な管理者の注意をもって本物件を使用し、維持保全する。
　　　2　乙は、乙又はその従業員が、維持保全の実施に関し、甲又は第三者に損害を及ぼ
　　　したときは、甲又は第三者に対し、賠償の責任を負う。
　　　3　前項にかかわらず、乙は、乙の責めに帰することができない事由によって生じた損
　　　害については、その責を負わないものとする。

賃貸住宅管理業法施行規則第9条第5号を遵守するため、責任及び免責に関して定めるときには、こ
れを明記しなければならない。損害賠償請求に至った場合にはトラブルに発展することが予見される
ことから、甲と乙が事前に協議を行った上で賠償責任保険に加入する等の措置をとることが望ましい。

（個人情報保護法等の遵守）
第 15 条　甲及び乙は、本物件の維持保全を行うに際しては、個人情報の保護に関する法

律(平成 15 年法律第 57 号)及び行政手続における特定の個人を識別するための番号の利用等に関する法律(平成 25 年法律第 27 号)を遵守し、個人情報及び個人番号について適切な対処をすることができるように、互いに協力するものとする。

平成29年5月30日に改正個人情報保護法が全面施行されたことから、同法及び関係法令の遵守を義務付ける必要がある。また、平成 28 年1月よりマイナンバー制度が開始されたことから、貸主は、借主が作成する「不動産の使用料等の支払調書」に貸主のマイナンバーを記載するために、借主に対して、マイナンバーを提供するものとしている。

(禁止又は制限される行為)

第 16 条 乙は、事前の甲の書面又は電磁的方法による承諾を得ることなく、本物件の全部又は一部につき賃借権を譲渡してはならない。

2 乙は、事前の甲の書面又は電磁的方法による承諾を得ることなく、本物件の増築、改築、移転、改造又は本物件の敷地内における工作物の設置をしてはならない

賃借権の譲渡は、貸主の書面又は電磁的方法による承諾を条件とすることとしている。なお、賃借権の譲渡が行われた時は、貸主は旧借主(賃借権の譲渡人)に対し敷金返還義務が生じる(民法第 622 条の2第1項)。

(通知義務等)

第 17 条 甲は、当該物件の登記内容の変更等、本契約の履行に影響を及ぼすものとして別表第1に掲げる事由が生じた場合には、乙に対して、遅滞なく通知しなければならない。

2 甲は、本物件の住宅総合保険、施設所有者賠償責任保険等の損害保険の加入状況を乙に通知しなければならない。

3 乙は、本契約の履行に影響を及ぼすものとして別表第2に掲げる事由が生じた場合には、甲に対して、遅滞なく通知しなければならない。

別表第1(第 17 条関係:甲が乙に、遅滞なく通知しなければならない事由)

記入例:本物件の売却
記入例:本契約に優先する抵当権の実行(差し押さえ・仮差し押さえ)

別表第1については、貸主が借主に通知しなければならない事項を、貸主と借主が協議、合意の上、記入してください。

別表第2(第 17 条関係:乙が甲に、遅滞なく通知しなければならない事由)

記入例:本契約に優先する抵当権の実行(差し押さえ・仮差し押さえ)
記入例:本契約に優先する抵当権の実行(差し押さえ・仮差し押さえ)

別表第2については、借主が貸主に通知しなければならない事項を、貸主と借主が協議、合意の上、記入してください。

① 当該物件について登記内容の変更など当該物件に関する重要な事項に変更のあるときは、貸主から借主に通知する義務を定めたものである。通知を義務づける事項については別表第1に記載しておくこととしている。

② 登記内容の変更等の事実は、当該物件の所有者である貸主は当然に認識しているはずであるが、借主には、貸主に報告してもらう以外にこれらを知る方法がないことがある。本契約に優先する抵当権が実行され、競売手続きが終了すると本契約は消滅し、新所有者との間で新たな賃貸借契約を締結しない限り転借人の賃借権を消滅させることから、この規定を設けている。なお、この規定は、貸主の通知義務の不履行により転借人に損害が発生した場合の借主(転貸人)の義務を軽減するものではない。

③ 第2項は、損害保険の加入状況は維持保全を行う上で重要であることから、貸主に対して、本物件の住宅総合保険、施設所有者賠償責任保険等の損害保険に係る貸主の加入状況を、貸主から借主に対して通知することを義務づけた。

④ 本契約の履行に影響を及ぼす事由が生じたときは、借主から貸主に通知する義務を定めたものである。通知を義務づける事項については別表第2に記載しておくこととしている。

(契約の解除)

第18条 甲は、乙が次に掲げる場合において、甲が相当の期間を定めて当該義務の履行を催告したにもかかわらず、その期間内に当該義務が履行されないときは、本契約を解除することができる。

　一　第5条第1項に規定する家賃支払義務を3か月分以上怠った場合
　二　第9条第2項に規定する義務に違反した場合
　三　第11条に規定する乙の費用負担義務に違反した場合

2　甲は、乙が次に掲げる義務に違反した場合において、甲が相当の期間を定めて当該義務の履行を催告したにもかかわらず、その期間内に当該義務が履行されずに当該義務違反により本契約を継続することが困難であると認められるに至ったときは、本契約を解除することができる。

　一　第4条に規定する本物件の使用目的遵守義務
　二　第16条各項に規定する義務
　三　その他本契約書に規定する乙の義務

3　甲又は乙の一方について、次のいずれかに該当した場合には、その相手方は、何らの催告も要せずして、本契約を解除することができる。

　一　第8条第1項各号の確約に反する事実が判明した場合
　二　契約締結後に自ら又は役員が反社会的勢力に該当した場合
　三　相手方に信頼関係を破壊する特段の事情があった場合

4 甲は、乙が第8条第2項に規定する義務又は第9条第1項ただし書に規定する義務に違反した場合には、何らの催告も要せずして、本契約を解除することができる。

賃貸住宅管理業法第 31 条第1項第6号を遵守するため、契約の解除に関して定めるときには、これを明記しなければならない。

(契約の終了)
第19条 本契約は、本物件の全部が滅失その他の事由により使用できなくなった場合には、これによって終了する。

(本物件の返還)
第20条 乙は、本契約が終了する日までに(第 18 条の規定に基づき本契約が解除された場合にあっては、直ちに)、頭書(1)に記載する住戸部分のうちの空室及びその他の部分について、転貸借に関する通常の使用に伴い生じた当該部分の損耗及び当該部分の経年変化を除き、乙の責めに帰すべき事由(転借人の責めに帰すべき事由を含む。)によって必要となった修繕を行い、返還日を事前に甲に通知した上で、甲に本物件を返還しなければならない。
　　　2 乙は、前項の返還をするときには、甲又は甲の指定する者に対して、本物件の適切な維持保全を行うために必要な情報を提供しなければならない。

特定転貸事業者を変更する場合などに、従前の特定転貸事業者との事務の引継ぎや清算に関するトラブルを防止する観点から、第2項では、借主が維持保全を終了し本物件を返還するにあたって、借主には、貸主又は別の特定転貸事業者が適切な維持保全を行うために必要な情報を提供する義務がある旨を明記した。

なお、契約が終了した場合において、急迫の事情があるときは、借主又はその相続人若しくは法定代理人は、貸主又はその相続人若しくは法定代理人が委任事務を処理することができるに至るまで、必要な処分をしなければならない(民法第 654 条)。

(権利義務の承継)
第21条 本契約が終了した場合(第 19 条の規定に基づき本契約が終了した場合を除く。)には、甲は、転貸借契約における乙の転貸人の地位を当然に承継する。
　　　2 前項の規定は、転借人について第9条第2項第一号の確約に反する事実が判明した場合又は転借人が同項第二号に規定する義務に違反した場合若しくは同項第三号イからハまでに掲げる行為を行った場合の当該転借人に係る転貸借契約については、適用しない。
　　　3 第1項の規定に基づき甲が転貸借契約における乙の転貸人の地位を承継する場合、乙は、転借人から交付されている敷金、賃貸借契約書、その他地位の承継

際し必要な書類を甲に引き渡さなければならない。

① 賃貸住宅管理業法施行規則第9条第7号を遵守するため、特定賃貸借契約が終了した場合における特定転貸事業者の権利義務の承継に関する事項を明記しなければならない。

　貸主と借主の間の特定賃貸借契約が終了すると、借主は転借人に転貸する権利を失い、結果として借主と転借人の間の転貸借契約も終了することがある。この場合、転借人は自らのあずかり知らないところで発生した事柄の影響で物件を明渡さなければならない事態に陥ってしまい、サブリース事業に対する信頼を失うことにもなりかねない。そこで本条第1項により、本契約が終了した場合、貸主が借主の転貸人の地位を承継することとし、転借人の居住の安定を図ることとしている。特定賃貸借契約の終了原因としては、期間満了、解約申入れ、借主(転貸人)の債務不履行による解除、合意解除などが考えられるところ、地位の承継は、本物件の全部滅失による契約終了の場合を除き、特定賃貸借契約の終了原因が何かを問わない。

② 転借人が反社会的勢力である場合や、反社会的勢力に本物件を再転貸するなど反社会的勢力の排除に反する行為を行っている場合には、当該転借人に係る借主の転貸人の地位は承継しないこととしている。

③ 第1項のような地位承継の条項があれば原則として賃貸借契約は存続し、転借人の居住の安定が確保されることになると考えられる。もっとも、特定賃貸借契約に優先する抵当権の実行がされた場合など、必ずしも本条によってすべての賃貸借契約が継続されることにはならないことに注意を要する。

(協議)
第 22 条　甲及び乙は、本契約書に定めがない事項及び本契約書の条項の解釈について疑義が生じた場合は、民法その他の法令及び慣行に従い、誠意をもって協議し、解決するものとする。

(合意管轄裁判所)
第 23 条　本契約に起因する紛争が生じたときは、頭書(10)に記載する地方(簡易)裁判所を管轄裁判所とする。

(特約条項)
第24条　本契約の特約については、頭書(11)のとおりとする。

欄に特約として定める事項を記入してください。
要な特約条項として、次の事項を挙げることができます。
主に、借主の社員の社宅としての使用を認める場合
記載例)
24条の規定にかかわらず、甲は本物件について、乙の自己使用を認める。

① 貸主が借主に対して、通常の維持保全のほか、例えば、事故や大規模災害等により不定期に実施する清掃、補修工事等の業務を依頼し、借主がこの依頼を承諾する場合には、本条の特約条項として、依頼する業務の内容とこれに対する対価の額及びその支払方法を明記することが望ましい。

② 借主から貸主に対して、解約の申入れをすることにより、契約期間中に契約を解約することができることとする場合には、借主からの解約は一般的に貸主に与える影響が大きいことから、契約締結後、貸主及び借主の実情に応じて定めた期間が経過するまでは、解約をすることができないこととすることが望ましい。

また、期間内の解約に関する事項については、特定転貸事業者は、契約が成立するまでの間に、十分な説明を行うことが重要であり、特に、建設と併せて行うサブリース事業の場合には、建物所有者(家主)は長期にわたる事業計画を踏まえて契約の意思決定に至ることが想定されるため、そもそも借主が契約期間中に解約することができないように、解約権を留保しないことも含め、十分に協議することが望ましい。

なお、民法は、期間が定められた建物賃貸借契約について期間内に解約することができる旨を定めた場合には、解約申入れの後3か月を経過した時点で賃貸借契約が終了する旨を規定しているところ(民法第617条、第618条)、解約申入れ期間を6か月等とすることにより、借主からの解約申入れを受けた貸主が、本契約が終了する日までに新しい借主(賃借人兼転貸人)を探す場合には、相当程度の期間が必要になることに配慮することが望ましい。

また、賃貸住宅管理業法第28条では、誇大広告等が禁止されており、特約条項として、期間内解約の条項を設けながら、当該期間を超える長期間の一括借り上げを保証するかのような広告を行うことは、本条で禁止される表示にあたる可能性がある。

③ 貸主から借主に対して、解約の申入れをすることにより、契約期間中に契約を解約することができることとする場合には、借地借家法第28条の正当事由が少なくとも必要である旨記載する必要がある。

④ 賃貸住宅管理業法施行規則第9条第4号を遵守するため、損害賠償額の予定又は違約金に関する定めがあるときは、これを明記すること。

5　書類の備え置き、閲覧

特定転貸事業者は、その業務及び財産の状況を記載した書類(**業務状況調書**、貸借対照表及び損益計算書またはこれらに代わる書面)を、特定賃貸借契約に関する業務を行う営業所または事務所に備え置き、特定賃貸借契約の相手方または相手方となろうとする者の求めに応じ、閲覧させなければなりません。

方　法	前記書類は印刷可能なデータ保存でもよく、その際の閲覧は PC の画面等に表示する方法でもよいことになっています。
作成時期 保管期間	前記書類等は事業年度経過後 3 か月以内に**作成**し、3 年間**保存**する。
業務状況調書 の記載事項	①特定賃貸借契約の件数 　▶ 事業年度における事業年度末日時点で契約状態にある件数 ②契約額 　▶ 事業年度期間中に契約の相手方に支払われる額 ③契約の相手方の数 　▶ 事業年度における事業年度末日時点で契約状態にある数 ④契約棟数 　▶ 事業年度における事業年度末日時点で契約状態にある数 ⑤契約戸数 　▶ 事業年度における事業年度末日時点で契約状態にある数

V　監督(指示・業務停止命令等)

管理業法等に違反すると、国土交通大臣による監督処分があります。

指示・業務の停止等

国土交通大臣は、特定転貸事業者または勧誘者の違反行為に対して、指示や業務停止命令を出せます。

	指　示	業務停止命令
特定転貸事業者の 違反行為	①誇大広告等の禁止 ②不当な勧誘等の禁止 ③特定賃貸借契約の締結前の説明および書面の交付 ④特定賃貸借契約の締結時の書面の交付 ⑤書類の閲覧	
		⑥特定転貸事業者が指示に従わないとき
勧誘者の違反行為	①誇大広告等の禁止 ②不当な勧誘等の禁止	

要 件	特定賃貸借契約の適正化を図るため必要があると認めるとき	
措置の内容	当該違反の是正のための措置その他の必要な措置をとるべきことを指示することができます。	(特定転貸事業者の場合) 1 年以内の期間を限り、特定賃貸借契約の締結について勧誘を行いもしくは勧誘者に勧誘を行わせることを停止し、またはその行う特定賃貸借契約に関する業務の全部もしくは一部を停止すべきことを命ずることができます。 (勧誘者の場合) 1 年以内の期間を限り、特定賃貸借契約の締結について勧誘を行うことを停止すべきことを命ずることができます。
公 表	国土交通大臣は、指示・業務停止命令をしたときは、その旨を公表しなければなりません。	

2　国土交通大臣に対する申出～誰でも国土交通大臣に違法業者を告発できる？

「誇大広告等の禁止」、「不当な勧誘等の禁止」、「契約締結前の重要事項説明義務」等において、特定転貸事業者の違反行為を行政が逐一把握することは困難なので、関係者等が国土交通省に意見を申し出ることを奨励し、違反行為に対して厳しく対処するための制度です。

申出者	誰でも可能
要 件	特定賃貸借契約の適正化を図るため必要があると認めるとき
申出先	国土交通大臣
申出内容	次の事項を記載した申出書(原則はメール)を提出します。 ①申出人の氏名または名称及び住所 ②申出の趣旨 ▶ 取引の公正やオーナー等の利益が害されるおそれがあると認められる事実等について、具体的に記載することが望ましいです。 ③その他参考となる事項 ▶ 個別のケースにより異なりますが、例えば、被害状況の詳細、広告に用いられた広告媒体、同様の被害を受けた者の証言等を記載することが考えられます。
措 置	国土交通大臣は、申出があったときは、必要な調査を行い、その申出の内容が事実であると認めるときは、管理業法に基づく措置その他適当な措置をとらなければなりません。

3 報告徴収及び立入検査

国土交通大臣は、特定賃貸借契約の適正化を図るため必要があると認めるときは、その権限を行使して、報告徴収や立入検査ができます。

権限内容	①管理業者の業務に関し報告を求めること ②国土交通省の職員に、管理業者の営業所、事務所その他の施設に立ち入り、その業務の状況もしくは設備、帳簿書類その他の物件を検査させ、もしくは関係者に質問させること
対象者	管理業者または勧誘者
証明書携帯	立入検査をする職員は、その身分を示す証明書を携帯し、関係者に提示しなければなりません。
注意点	立入検査の権限は、犯罪捜査のために認められたものと解してはなりません。

ひっかけポイント

「サブリース業者は登録義務がないので監督処分に処せられることはない」という手にはのらないように！

ここに注意して学習

国土交通大臣への申出制度を端緒として、調査が入り、指示や業務停止という監督処分を行う流れを押さえましょう。

第4章　罰則等

> 無登録で営業しても登録取消しなどの監督処分程度で、刑務所に入ることはないよね？

A:1年以下の懲役または100万円以下の罰金に処せられます。

Ⅰ　刑事罰～監督処分とは別の司法による制裁が？

刑罰	犯罪行為
1年以下の懲役または100万円以下の罰金（併科も可）	①無登録営業 ②不正の手段により賃貸住宅管理業の登録を受けたとき ③名義貸しの禁止の規定に違反して、他人に賃貸住宅管理業を営ませたとき
6月以下の懲役または50万円以下の罰金（併科も可）	①登録の取消しまたは業務停止の命令に違反したとき ②不当な勧誘の禁止の規定（法29条1号）に違反して、故意に事実を告げず、または不実のことを告げたとき ③特定賃貸借契約に関する業務の停止命令に違反したとき
50万円以下の罰金	①「特定賃貸借契約の締結前の書面の交付」もしくは「特定賃貸借契約の締結時の書面の交付」の規定に違反して、書面を交付せず、もしくはこれらの規定に規定する事項を記載しない書面もしくは虚偽の記載のある書面を交付したとき ②①について電磁的方法により提供する場合において、当該特定賃貸借契約の相手方となろうとする者の承諾を得ずに提供もしくは虚偽の事項の提供をしたとき
30万円以下の罰金	①変更の届出をせず、または虚偽の届出をしたとき ②事務所等に業務管理者を選任しなかったとき ③②の要件が欠けたにもかかわらず管理受託契約を締結したとき ④「管理受託契約の締結時の書面の交付」の規定に違反して、書面を交付せず、もしくは法定の事項を記載しない書面もしくは虚偽の記載のある書面を交付したとき ⑤電磁的方法により提供する場合において、管理業務を委託しようとする賃貸住宅の賃貸人の承諾を得ずに提供もしくは虚偽の事項の提供をしたとき ⑥従業者証明書を携帯させずに業務に従事させたとき ⑦関係者からの請求に対し従業者が証明書を提示しないとき ⑧標識の掲示義務の規定に違反したとき ⑨帳簿の備付け等の規定に違反して、帳簿を備え付けず、帳簿に

記載せず、もしくは帳簿に虚偽の記載をし、または帳簿を保存しなかったとき

⑩守秘義務規定に違反して秘密を漏らしたとき

⑪業務改善命令の規定による命令に違反したとき

⑫国土交通大臣による報告徴収及び立入検査の規定による報告をせず、もしくは虚偽の報告をし、またはその検査を拒み、妨げ、もしくは忌避し、もしくは質問に対して答弁せず、もしくは虚偽の答弁をしたとき(管理業者・特定転貸事業者・勧誘者)

⑬誇大広告等の禁止の規定に違反して、著しく事実に相違する表示をし、または実際のものよりも著しく優良であり、もしくは有利であると人を誤認させるような表示をしたとき

⑭特定転貸事業者が書類を備え置かず、もしくは特定賃貸借契約の相手方もしくは相手方となろうとする者の求めに応じて閲覧させず、または虚偽の記載のある書類を備え置き、もしくは特定賃貸借契約の相手方もしくは相手方となろうとする者に閲覧させたとき

⑮国土交通大臣による指示に違反したとき

* 法人の代表者または法人もしくは人の代理人、使用人その他の従業者が、その法人または人の業務に関し、上記の犯罪行為(守秘義務規定違反は除く)をしたときは、行為者を罰するほか、その法人または人に対して罰金刑が科せられます。

Ⅱ 行政罰

20万円以下の過料	廃業等の届出の規定による届出をせず、または虚偽の届出をしたとき

ひっかけポイント

ひっかけ
二重否定
読み間違え

賃貸住宅管理業法においては「罰則が科せられる場合はない」という手にはのらないように!

ここに注意して学習

合格 ポイント

刑事罰が科せられる違反行為と、監督処分だけで済む違反行為とを分けて覚えましょう。

予想問題にチャレンジ

【問 題】 賃貸住宅の管理業務等の適正化に関する法律(以下、当該予想問題においては「賃貸住宅管理業法」という。)に関する次の記述のうち、正しい記述はどれか。

1 賃貸住宅管理業法は、賃貸住宅の所有者の賃料収益の確保及び賃貸住宅の賃貸に係る事業の公正かつ円滑な実施を図るため、成立した法律である。

2 マンションのように通常居住の用に供される一棟の家屋の一室について賃貸借契約を締結する場合は、事務所としてのみ賃借されているときであっても、その一室は、賃貸住宅管理業法における賃貸住宅に該当する。

3 いわゆるウィークリーマンションは、旅館業法第3条第1項の規定による許可を受け、旅館業として宿泊料を受けて人を宿泊させている場合であっても、賃貸住宅管理業法における賃貸住宅に該当する。

4 賃貸住宅の賃貸人から委託を受けていない場合であっても、賃貸住宅管理業法における賃貸住宅管理業に該当する場合がある。

【解 説】

正解:4

1× 賃貸住宅管理業法は、社会経済情勢の変化に伴い国民の生活の基盤としての賃貸住宅の役割の重要性が増大していることに鑑み、賃貸住宅の入居者の居住の安定の確保及び賃貸住宅の賃貸に係る事業の公正かつ円滑な実施を図るため、賃貸住宅管理業を営む者に係る登録制度を設け、その業務の適正な運営を確保するとともに、特定賃貸借契約の適正化のための措置等を講ずることにより、良好な居住環境を備えた賃貸住宅の安定的な確保を図り、もって国民生活の安定向上及び国民経済の発展に寄与することを目的として、2020年6月に成立しました(賃貸住宅管理業法1条)。

2× 賃貸住宅管理業法において「賃貸住宅」とは、賃貸の用に供する住宅(人の居住の用に供する家屋または家屋の部分)をいいます(賃貸住宅管理業法2条1項本文)。マンションのように通常居住の用に供される一棟の家屋の一室について賃貸借契約を締結し、事務所としてのみ賃借されている場合、その一室は賃貸住宅に該当しません。

3× ウィークリーマンションについては、旅館業法3条1項の規定による許可を受け、旅館業として宿泊料を受けて人を宿泊させている場合、賃貸住宅には該当しません。

4○ 賃貸住宅管理業とは、賃貸住宅の賃貸人から委託を受けて、当該委託に係る賃貸住宅の維持保全を行う業務や、それに併せて行う当該賃貸住宅に係る家賃、敷金、共益費その他の金銭の管理業務をいいます(賃貸住宅管理業法2条2項)。「委託を受けて」とは、賃貸人から明示的に契約等の形式により委託を受けているか否かに関わらず、本来賃貸人が行うべき賃貸住宅の維持保全を、賃貸人からの依頼により賃貸人に代わって行う実態があれば、「賃貸住宅管理業」に該当することとなります。したがって、委託を受けていない場合でも賃貸住宅管理業に該当する場合はあります。

【問 題】賃貸住宅管理業法第4条に基づく国土交通大臣への更新申請書(添付書類を含む。)に関する次の記述のうち、正しいものはどれか。

1 当該更新申請は、毎事業年度終了後3月以内に行う必要がある。

2 当該更新申請書には、事務所及び営業所に配置する業務管理者の状況及び当該業務管理者が賃貸不動産経営管理士等の有資格者である旨を記載しなければなない。

3 当該更新申請書には、事務所及び営業所に勤務する従事従業者数を記載する必要があるが、他の業務を兼務している従業者数を除いた数を記載する。

4 当該更新申請書には、受領した家賃、敷金、共益費その他の金銭の分別管理の状況を記載する必要があるが、1年以上管理実績が全くなく賃貸住宅管理業の登録を取り消されていた場合は、記載する必要はない。

【解 説】

正解:2

1× 賃貸住宅管理業の登録の有効期間は5年間です(賃貸住宅管理業法3条2項)。毎事業年度終了後3月以内に更新申請するものではありません。

2○ 更新申請の添付書類には、「業務管理者の配置の状況及び当該業務管理者が第14条各号に掲げる要件のいずれかに該当する者である旨を記載した書面」を記載しなければなりません(賃貸住宅管理業法4条2項、同法施行規則7条1項1号リ)。第14条各号に掲げる要件の中には、賃貸不動産経営管理士や宅地建物取引士等の有資格者である旨があります。

3× 更新申請書には、業務等の状況に関する書面を添付する必要があります(賃貸住宅管理業法4条2項、別記様式第4号)。その中で従事従業者の数を記載する箇所があります。この従事従業者数は、他の業務を兼務している従業者数も含みます。

4× 管理受託契約に基づく管理業務において受領する家賃、敷金、共益費その他の金銭(以下「家賃等」という。)を管理する口座と管理業者の固有財産を管理する口座を別とした上で、管理受託契約毎に金銭の出入を区別した帳簿を作成する等により勘定上も分別管理する必要があり、原則として、実際に実施している分別管理の状況等を記入するものでありますが、申請日時点で管理実績が全くない場合に限り、将来的に管理を受託した際にどのように分別管理等を行う予定であるかを記入する必要があります。

【問 題】 賃貸住宅管理業法における契約前の書面の交付と重要事項説明に関する次の記述のうち、誤っているものはどれか。

1 賃貸住宅管理業法第30条に基づき特定転貸事業者が行う重要事項説明は業務管理者に行わせる必要がないが、同法第13条に基づき賃貸住宅管理業者が行う重要事項説明は業務管理者に行わせる必要がある。

2 重要事項説明については、賃貸人が契約内容を十分に理解した上で契約を締結できるよう、説明から契約締結までに1週間程度の期間をおくことが適切である。

3 管理受託契約の締結後、契約期間中に、管理業務の内容及び実施方法に変更があった場合、改めて、重要事項説明する必要がある。

4 相手方からの承諾がある場合であっても、音声だけの電話又は文面だけのメールによる手段を用いて、重要事項説明を行うことはできない。

【解 説】

正解:1

1× 管理業者が重要事項説明する場合も、特定転貸事業者が重要事項説明する場合も、同様に、業務管理者にさせる義務はありません（賃貸住宅管理業法13条、30条）。

2○ 管理受託契約重要事項説明については、賃貸人が契約内容を十分に理解した上で契約を締結できるよう、説明から契約締結までに1週間程度の期間をおくことが望ましいとされています。なお、説明から契約締結までの期間を短くせざるを得ない場合には、事前に管理受託契約重要事項説明書等を送付し、その送付から一定期間後に、説明を実施するなどして、管理受託契約を委託しようとする者が契約締結の判断を行うまでに十分な時間をとることが望ましいです。

3○ 契約期間途中に、賃貸住宅管理業法施行規則31条各号に掲げる事項に変更があった場合には、少なくとも変更のあった事項について、当初契約の締結前の重要事項説明と同様の方法により、賃貸人に対して書面の交付等を行った上で説明する必要があります。管理業務の内容及び実施方法は、同規則31条各号の記載事項です。

4○ 図面等の書類及び説明の内容について十分に理解できる程度に映像を視認でき、かつ、双方が発する音声を十分に聞き取ることができる状態及び双方向でのやりとりができる環境が必須であるため、電話やメールによる手段での重要事項説明は、相手方からの承諾がある場合でも認められません。

第5章　賃貸不動産経営管理士

重要度▶A

> 不動産投資家から信頼されて、不動産の買い付けや売却、税務の管理などいろいろ依頼されたけど、やっていいのかな。

A:自分の能力を超えた業務は引き受けてはなりません。

I　資格制度の創設

2002年に民間資格としてスタートした賃貸住宅管理士が数回の改定を経て、現在の賃貸管理士となって行きました。

2002年(平成14年)	公益財団法人　日本賃貸住宅管理協会が賃貸住宅管理士制度を創設
2003年(平成15年)	公益社団法人　全国宅地建物取引業協会連合会が賃貸不動産管理士制度を創設
2006年(平成18年)	公益社団法人全日本不動産協会が不動産賃貸管理士制度を創設
2007年(平成19年)	上記三団体が一般社団法人賃貸不動産経営管理士協議会を設立
2013年(平成25年)	一般社団法人賃貸不動産経営管理士協議会が全国統一試験を実施し、資格を付与するようになる。
2020年(令和2年)	賃貸不動産経営管理士資格試験の合格者（旧制度からの移行を含む）は 69,929 人、登録を受け資格証を有する者は約 51,000 人となっている。
2024年(令和6年)	1月時点において、賃貸不動産経営管理士の資格試験の合格者（旧制度からの移行を含む）は約 94,000 人、登録者は約 79,000 人となった。

II　賃貸不動産管理士の役割・専門性

賃貸管理士が行う業務の類型

賃貸管理士は賃貸不動産の経営や管理につき高度の専門的知識と経験を有する者として、管理業法上の「業務管理者」となることで法律上の役割を担うこととなりましたが、賃貸不動産の経営や管理に係る業務は法律で定められたものに限られず、賃貸管理士の役割は広

範・多岐にわたります。

ここでは、このような賃貸管理士の事務及び求められる役割を次のように分類します。

(1) 管理業法上の業務および役割(法定業務及び関連業務)

　　①「業務管理者」として行うべき事務の実施

　　②「業務管理者」以外で管理業者として行うべき業務の実施

　　③特定賃貸借契約上の特定転貸事業者として行うべき業務の実施

(2) 賃貸借関係一般に係る業務および役割(一般業務)

(3) 新たな政策課題への積極的な取組みに係る業務および役割(発展業務)

(4) 賃貸不動産経営への支援に係る業務の実施(支援業務)

2 「業務管理者」としての事務及び役割

賃貸管理士が「業務管理者」として行うべき事務は、下記の管理業者の業務について、その営業所または事務所の業務を管理し、他の従業者を監督することです。

①管理受託契約の締結前の書面の交付(管理業法13条)および管理受託契約の締結時の書面の交付(同法14条)に関する事項
②維持保全の実施に関する事項
③家賃、敷金、共益費その他の金銭の管理に関する事項
④帳簿の備付け等(同法18条)に関する事項
⑤賃貸人に対する定期報告(同法20条)に関する事項
⑥秘密の保持(同法21条)に関する事項
⑦入居者からの苦情の処理に関する事項

＊　上記の①②⑤⑦の業務については、業務管理者であるかどうかを問わず、賃貸管理士自らがこれらの業務を直接実施する担い手となることが求められています。

＊　上記の③④⑥についても、賃貸管理士は、その制度設計や従業者への研修等に際して管理業者内での中心的な役割を果たすことが求められています。

3 管理業者が行うべき業務の実施等

賃貸管理士は、その所属している管理業者が登録義務のない場合や管理対象が賃貸住宅でない場合であっても、その取組みの重要性・有用性を指摘し実践するよう助言するとともに、主導的な役割を担ってその取組みを実現することが期待されています。

4 管理業法で特定転貸事業者が行うべき業務の管理・監督または実施

特定転貸事業者(サブリース業者)が管理業法の規制を遵守し、特定賃貸借契約関係の適正化を図るとともに、同法の目的である「賃貸住宅の入居者の居住の安定の確保および賃貸住宅の賃貸に係る事業の公正かつ円滑な実施」を実現するためには、専門家である賃貸管理士が、特定転貸事業者が行うべき下記業務(③④)または従業者が実施する下記の業務(①～⑤)の管理および監督を行うことが求められます。

①広告に関する事項(誇大広告等の禁止(管理業法28条)の遵守)

②勧誘に関する事項(不当な勧誘等の禁止(同法29条)の遵守)

③特定賃貸借契約の締結前の書面の交付(重要事項説明)(同法30条)

④特定賃貸借契約成立時の書面の交付(原賃貸借契約書の作成交付)(同法31条)

⑤書類の閲覧に関する事項(同法32条)

5 一般業務〜賃貸借契約のプロとしての役割は?

(1)賃貸借(転貸借)関係において賃貸管理士に求められる役割

管理業者は、入居者の保護、賃貸借関係の適正化および賃貸経営事業者の経営の安定等に資するため、賃貸人からの委託に基づき多岐にわたる業務を行っています。

これら管理業者が実施している業務全般の適正化を図ることや、特定転貸事業者の行なうサブリース契約等の転貸借関係の適正化を図ることは、管理業法が目的としている賃貸住宅の入居者(転借人)の居住の安定の確保および賃貸住宅の賃貸に係る事業の公正かつ円滑な実施において大切であり、当該業務の適正な実施にあたっては高度な専門性・経験等を要することから、賃貸管理士はその所属する管理業者または特定転貸事業者が行うこれらの業務につき管理・監督をし、または自らが実施する役割を担うことが求められています。

(2)賃貸借関係の適正化を図るために賃貸管理士に求められる具体的な業務

賃貸借関係の適正化を図るために賃貸管理士に求められる業務および役割

①家賃等の収納に係る業務

▶ 管理業者が管理受託契約に基づき行う家賃等の受領に係る一連の事務(請求書の作成・送付、家賃等振込口座の管理、直接支払いであれば家賃等の受け取り、家賃等受領状況の確認と報告

▶ 受領した家賃等の分別管理および管理受託契約に定めた方法に従い賃貸人に送金

▶ 家賃の収納状況、滞納者の有無や滞納が生じた場合の対応などの定期的な報告

②家賃等の改定への対応業務

▶ 家賃改定の申し出があった際の、契約の種類や契約条項に応じた手続きの実施

▶ 改定後の家賃の取扱いに係る書面の作成交付

③家賃等の未収納の場合の対応業務

▶ 未払い家賃の請求および円滑かつ適法な手続きによる回収の実現

▶ 家賃の未払い等により契約を解除する場合の適正な手続きの遂行

④賃貸借契約の更新に係る業務

▶ 当事者双方の更新の意思確認

▶ 必要な合意を取り付け、契約が更新されたこと・更新後の契約期間その他の賃貸条件を記載した書面の作成および賃貸人・転借人に対する交付(書面の内容の信頼性を確保する等の観点から、当該書面に賃貸管理士が記名のうえ、賃借人に交付することも考えられます。)

⑤定期建物賃貸借契約の再契約業務

借地借家法等に従い、宅地建物取引業者と連携して適切に再契約手続きを進めること

⑥契約終了時の債務の額および敷金の精算等の業務

賃貸借・転貸借契約の終了時に、契約終了に伴う債務の額や、敷金から差し引く債務の額の算定の基礎について記載した書面の作成および賃借人・転借人に対する交付とその内容の説明(書面の内容の信頼性を確保する等の観点から、当該書面に賃貸管理士が記名のうえ、賃借人に交付するとともに、賃借人から説明を求められたときには、賃貸管理士がその説明にあたることが考えられます。)

⑦原状回復の範囲の決定に係る業務

契約書や原状回復ガイドラインの内容等に基づく賃借人が負担すべき原状回復の範囲や内容案の作成および説明ならびに当事者間の合意形成

⑧明渡しの実現に係る業務

▶ 円滑かつ適法な明渡しの実現

▶ 自力救済禁止の法理、明渡しの実現に係る法的手続きの種類や概要等に係る賃貸人や他の従業員に対する説明および法令に従った対応の助言指導

(3)転貸借契約時の適正な手続きの確保

賃貸管理士には、転貸借契約の適正な手続きを確保して安全安心な賃貸物件の提供や入居者保護を図る観点から、下記のような業務を行うことが期待されます。

①転貸借契約締結前の重要事項説明

宅地建物取引業者が仲介等をしない場合において、宅地建物取引業法に準じ、転借人に対し、転貸借契約上重要な事項について書面を交付して説明をすること

②転貸借契約成立時の書面の交付

宅地建物取引業者が仲介等をしない場合において、宅地建物取引業法に準じ、転借人に対し、契約成立時の書面を交付するか、転貸借契約書を取り交わすよう手続きを進めること(この場合、書面に賃貸管理士も記名することが考えられます。)

6 発展業務~今後さらなる期待が寄せられている?

(1)新たな政策課題の解決等において賃貸管理士に期待される役割

賃貸管理士には、賃貸不動産経営・管理の専門家として、重要な政策課題や新しい賃貸住宅の活用のあり方等につき、所属する管理業者に助言をし、制度設計を進め、実際の業務の管理・監督または実施を担うなど、課題の解決等に向けて積極的に関与することが期待されます。

(2)新たな政策課題や新しい賃貸不動産の活用のあり方への積極的な取組として賃貸管理士に期待される業務・役割

①住宅セーフティネットにおける役割

賃貸管理士は、「住宅確保要配慮者に対する賃貸住宅の供給の促進に関する法律(住宅セーフティネット法)」の趣旨や理念を踏まえて、賃貸人の不安を払しょくして適正に賃貸借がなされるように、たとえば、同法に定める住宅扶助費等の代理納付制度や、残置物の取扱いに係る契約上の取扱いなどの賃貸人に対する説明などを通し、住宅確保要配慮者が安心して暮らせる賃貸住宅の提供に一定の役割を果たすことが期待されます。

②民泊(住宅宿泊事業)における役割

賃貸管理士には、住宅宿泊管理業者による適法かつ適正な民泊管理の実現等を通し、住宅宿泊事業の適切な実施および普及に一定の役割を果たすことが期待されます。

③空き家対策(空き家の賃貸住宅化)における役割

賃貸管理士は、空き家所有者に対し、賃貸不動産化による物件の有効活用の助言、賃貸借に係る情報・ノウハウ、入居者の募集、賃貸物件の管理等の引受けなどを助言・提言等をすることによって、空き家所有者が安心して賃貸不動産経営に参画できる環境の整備等に積極的に関与し、空き家の賃貸化の促進等を通し、空き家問題の解決に一定の役割を果たすことが期待されます。

(3)今後の新たな住宅・不動産政策への協力・関与

賃貸管理士は、賃貸不動産経営・管理の専門家としての高度な能力と豊富な経験をもとに、今後現れてくる新たな賃貸不動産の活用方策や、新たな課題の解決に向けた取組につき、積極的に関与し、協力をすることによって、わが国全体の不動産政策の推進と、それに伴う国民生活の安定向上に貢献することが期待されます。

---

7 賃貸管理士に求められるコンプライアンス

1 コンプライアンスの必要性

法令の制定趣旨や背後にある社会関係をも踏まえた対応が求められます。

2 求められるコンプライアンスの内容

①基本的人権の尊重

日ごろから人権問題に関心を持ち、人権意識を醸成して自らの専門性を発揮するとともに、賃貸人において差別が許されないことを十分に理解してもらい、あるいは、自社の他の従業者に対しても積極的に指導等を行う等して、管理業界全体の社会的責任と人権意識の向上に努めなければなりません。

②独立したポジションでのコンプライアンスと道徳、倫理の確立

管理業者の従業員としての立場と併せ、プロフェッションとして、独立したポジションでのコンプライアンスが求められます。

③説明責任と業務の透明性の担い手

管理業者の説明責任と業務の透明性を体現する立場であることに加え、独立した立場で

のより一層高度な説明責任と業務の透明性が求められています。

④利益相反行為の禁止

賃貸借契約の当事者間で利益が相反する場合において、相手方の利益に資する一方で、委託者である賃貸人の利益に反する行為や反するおそれのある行為は、利益相反行為に該当し、することができません。

⑤賃貸住宅をめぐるすべての関係者との信頼関係の構築

業務を遂行する過程において、賃貸不動産の所有者である賃貸人や、その住宅に居住し利用する賃借人等との間に確かな信頼関係を構築していかなければなりません。

⑥管理業界との信頼関係の構築

関係する法令やルールを遵守することはもとより、賃貸不動産管理業に対する社会的信用を傷つけるような行為や、社会通念上好ましくない行為をしてはならず、**自らの能力や知識を超える業務を引き受けてはなりません。**

⑦秘密を守る義務

職務上知り得た秘密については、管理受託契約等において、法令上、提供義務があるとされる場合や本人の同意がある場合などの正当な理由がないときには、他に漏らしてはなりません。退職して管理業務に携わらなくなっても、賃貸管理士でなくなっても、同様です。

Ⅲ　賃貸不動産経営管理士「倫理憲章」

賃貸管理士の理想の姿です。以下、条文をそのまま引用します。

前文

賃貸不動産経営管理士は賃貸不動産所有者、居住者、投資家等のステークホルダーおよび賃貸管理業界との間に確かな信頼関係を構築することにより、その社会的使命を全うする役割を担っている。

そのために、各々が高い自己規律に基づき、誠実公正な職務を遂行するとともに、依頼者の信頼に応えられる高度な業務倫理を確立しなければならない。

ここに、賃貸不動産経営管理士の社会的地位の向上、社会的信用の確立と品位保持、資質の向上を図るため、賃貸不動産経営管理士倫理憲章を制定する。

1　公共的使命

賃貸不動産経営管理士のもつ、公共的使命を常に自覚し、公正な業務を通して、公共の福祉に貢献する。

2　法令の遵守と信用保持

賃貸不動産経営管理士は関係する法令とルールを遵守し、賃貸不動産管理業に対する社会的信用を傷つけるような行為、および社会通念上好ましくないと思われる行為を厳に慎

む。

▶ 業界全体との信頼関係を構築し、管理業の認知度を高めて社会的地位を向上させる。

3 信義誠実の義務

賃貸不動産経営管理士は、信義に従い誠実に職務を執行することを旨とし、依頼者等に対し重要な事項について故意に告げず、又は不実のことを告げる行為を決して行わない。

▶ 直接の依頼者に対してはもちろんのこと、**そのほかの関係者に対しても**同様。

4 公正と中立性の保持

賃貸不動産経営管理士は常に公正で中立な立場で職務を行い、万一紛争等が生じた場合は誠意をもって、その円満解決に努力する。

▶ 依頼者の立場だけでなく、**他の関係者の立場にも配慮**する。

5 専門的サービスの提供および自己研鑽の努力

賃貸不動産経営管理士はあらゆる機会を活用し、賃貸不動産管理業務に関する広範で高度な知識の習得に努め、不断の研鑽により常に能力、資質の向上を図り、管理業務の専門家として高い専門性を発揮するよう努力する。

6 能力を超える業務の引き受け禁止

賃貸不動産経営管理士は、自らの能力や知識を超える業務の引き受けはこれを行わない。

7 秘密を守る義務

賃貸不動産経営管理士は、職務上知り得た秘密を正当な理由なく他に漏らしてはならない。その職務に携わらなくなった後も同様とする。

▶ **退職後**も漏らしてはならない。

ひっかけポイント

賃貸不動産経営管理士は、「常に依頼者の立場で職務を行い・・・」という手にはのらないように!

ここに注意して学習

確実に1点ゲットしましょう。常識的な内容の問題が多いので一読しておけば大丈夫です。

予想問題にチャレンジ

【問 題】家賃、敷金等の受領、賃貸借契約の更新、賃貸借契約の終了に係るそれぞれの
賃貸不動産経営管理士の業務に関する次の記述のうち、最も適切なものはどれか。
1 賃貸不動産経営管理士が勤務する宅地建物取引業者は、賃貸管理業の登録業者では
なくても、賃貸借契約終了に関する業務を当該賃貸不動産経営管理士に命じなければな
らない。
2 家賃等の滞納の事実をインターネット上の公開の場で公表することは認められていない
が、賃貸不動産経営管理士であれば、自らの氏名と所属を明らかにした上で、当該滞納
の事実を公開することは、賃料回収の手段として妥当である。
3 賃貸借契約の更新において契約条件に変更がない場合には、書面の交付は義務では
なく、賃貸不動産経営管理士が関わることも期待されていない。
4 賃貸借契約の終了に係る業務に関する賃貸不動産経営管理士の役割については登録
制度に根拠規定はないが、専門家として主導的役割を果たすことが期待されている。

【解説】

正解:4

1 不適切 管理業者が登録業者ではない場合(管理戸数が 200 戸未満である場合等)であ
っても、賃貸管理士には登録制度に則った管理業務が期待されています。しかし
命令する義務はありません。
2 不適切 公序良俗、プライバシー等の観点から、家賃等の滞納の事実をインターネット上
で公表することは、行うべきではありません。賃貸管理士であるからといって許され
ません。
3 不適切 更新後の契約条件を明確にしておく観点から、賃貸管理士としては、賃借人に書
面を交付する手続きをとることが望ましいとされています。
4 適切 登録制度では、賃貸借契約の終了に係る業務における賃貸管理士の役割等は明
記されていません。しかし、これらの業務の重要性に鑑みれば、専門家である賃貸
管理士が主導的役割を果たすことによって、終了手続が適正に行われるようにして
賃貸借契約の当事者の利益を保護し、当事者からの信頼確保に努めることが期待さ
れています。

第3編　契約の基礎知識

管理受託契約等の契約を締結するにあたっては、契約書の内容が重要ですが、民法に定められている契約のルールも重要です。

民法には、そもそも契約する資格があるかという判断として意思能力・行為能力という制度があります。また、契約が成立するための要件として、申込と承諾の意思表示の合致があります。そして、成立した契約の効果が有効に生じるための要件として、意思表示に関するルールがあります。心裡留保・虚偽表示、詐欺・強迫・錯誤、公序良俗違反等の定めがあり、たとえ契約内容に問題がなくても、その契約が無効となったりする場合があります。

学習時間	5時間
出題数	1問程度
学習指針	過去の出題を見る限り出題数は少ないですが、出題範囲の変更及び出題数が増えたことから、今後はもっと出題されるものと推測されます。 制限行為能力者や意思表示に関しては民法の基本事項に関わることなので、少し理論的に難しいところですが、深入りせずに結論を覚えましょう。

第1章　契約と意思表示

> 外国人であることや高齢者であることを理由に入居を断っても、営業の自由があるから許される?

A:契約する義務はありませんが、損害賠償責任を負うことがあります。

I　概説〜契約は自由に締結できるの?

1　契約自由の原則に対する制約

契約自由の原則は、法令などによって制約を受けます。

原　則	例　外
契約締結の自由	高齢者住まい法の終身建物賃貸借契約などで、締結の自由は制限されています。
内容決定の自由	賭博で負けた場合に不動産を引き渡す等「強行規定」に違反する契約は締結しても無効です。
方式の自由	民法の保証契約、借地借家法の定期建物賃貸借契約など、成立の要件に契約書の交付や説明を求めるものもあります。
相手方選択の自由	障害者差別解消法など、障害者であることを理由に賃貸借契約を解除することが禁止される場合があります。

II　意思能力・行為能力〜契約を取り消される場合が?

1　意思能力

意思能力とは、自分の行っていることの意味を理解できる能力をいいます。意思能力のない者の行った契約などは無効です。

2 未成年者・制限行為能力者

(1)要件と保護者の選任等

	未成年者	成年被後見人	被保佐人	被補助人
要件	18歳未満の者	精神上の障害により事理を弁識する能力を**欠く常況**にある者	精神上の障害により事理を弁識する能力が**著しく不十分**なる者	精神上の障害により事理を弁識する能力が**不十分**なる者
		一定の者※1の請求により**家庭裁判所**が**開始の審判**		
保護者	法定代理人※2	成年後見人※3	保佐人※3	補助人※3

※1 本人・配偶者・四親等内の親族・検察官等の請求が必要です。ただし、被補助人に関しては、本人以外の者の請求により**補助開始の審判**をするには、本人の同意がなければなりません。

※2 未成年者に対する法定代理人は、親権者（通常は父母）または未成年後見人がなります。未成年後見人は、親権者の**遺言による指定**や家庭裁判所により選任されます。

※3 家庭裁判所が審判において職権で選任します。

(2)保護の方法

同意	制限行為能力者が行う契約等を肯定する意思表示をいいます。同意を与えた上での契約等は取り消すことができなくなります（成年被後見人の場合は除く）。
取消	制限行為能力者が行った契約等の効果を後で否定することをいいます。**取り消すとはじめから無効な契約等だった**ということになります。
追認	取り消すことができる制限行為能力者の行為を確定的に有効なものとする意思表示をいいます。**追認すると取り消すことができなくなります。**
代理	制限行為能力者に代わって契約等を成立させるための意思表示を行い、あるいは意思表示を受けることによって、その法的な効果が制限行為能力者に直接生じる制度をいいます。代理権の範囲は法律に定められています。

(3)同意権・取消権

未成年者	成年被後見人	被保佐人	被補助人
原則 法律行為をするには法定代理人の同意が必要です。 ▶ 同意がなかった場合は取り消すことができます。	**原則** 法律行為を取り消すことができます。 ▶ 同意があった場合でも取り消すことができます。	**原則** 一定の法律行為※1 をするには保護者の同意が必要です。 ▶ 同意（または許可）がなかった場合は取り消すことができます。	**原則** 特定の法律行為※2 をするには保護者の同意が必要です。 ▶ 同意（または許可）がなかった場合は取り消すことができます。
例外 ①単に権利を得または義務を免れる法律行為、②法定代理人が処分を許した財産（お小遣い等）の処分行為、③法定代理人が許可した特定の営業行為の3つについては同意が不要です。	**例外** 日用品の購入その他日常生活に関する行為については取り消すことができません。	**例外** ▶ 保護者（保佐人・補助人）が被保護者（被保佐人・被補助人）の利益を害するおそれがないにもかかわらず同意をしない場合は、家庭裁判所が同意に代わる許可を与えることができます。 ▶ 日用品の購入その他日常生活に関する行為については、同意は不要です。	

制限行為能力者が行為能力者であることを信じさせるため**詐術**を用いたときは、その行為を**取り消すことができません**。

※1　① 元本を領収し、または利用する。
　　　② 借財または保証をする。
　　　③ **不動産その他重要な財産に関する権利の得喪を目的とする行為**をする。
　　　④ 訴訟行為をする。
　　　⑤ 贈与、和解または仲裁合意をする。
　　　⑥ 相続の承認もしくは放棄または遺産の分割をする。
　　　⑦ **贈与の申込みを拒絶し、遺贈を放棄し、負担付贈与の申込みを承諾し、または**負担付遺贈を承認する。
　　　⑧ 新築、改築、増築または大修繕をする。
　　　⑨ 一定期間（土地5年、建物3年）を超える賃貸借をする。
　　　⑩ **上記①〜⑨に掲げる行為を**制限行為能力者の法定代理人としてする。
　　　▶ 家庭裁判所は、本人や配偶者等の請求により、前記①〜⑩に掲げる行為以外で同意を必要とする旨の審判をすることができます。

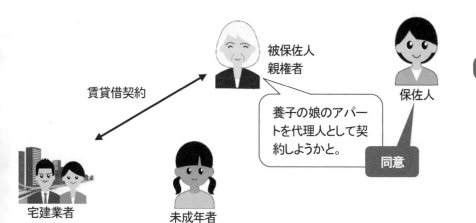

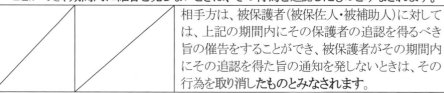

※2 特定の法律行為とは、保佐人の同意を要する行為（前記※1 を参照）の一部に限ります。また、本人（被補助人）以外の者の請求によって、補助人に対して同意権を付与する場合には、本人（被補助人）の同意が必要となります。

(4) 追認権

未成年者	成年被後見人	被保佐人	被補助人
原則			
保護者が追認すると取り消すことができなくなります。			
例外			
▶ 全部または一部の履行、履行の請求等があったときは、追認をしたものとみなされます。			
▶ 制限行為能力者の相手方は、その保護者に対し、**1か月以上の期間**を定めて、その期間内にその取り消すことができる行為を追認するかどうかを確答すべき旨の催告をすることができ、**期間内に確答を発しないときは、その行為を追認したものとみなされます。**			
			相手方は、被保護者（被保佐人・被補助人）に対しては、上記の期間内にその保護者の追認を得るべき旨の催告をすることができ、被保護者がその期間内にその追認を得た旨の通知を発しないときは、その行為を取り消したものとみなされます。

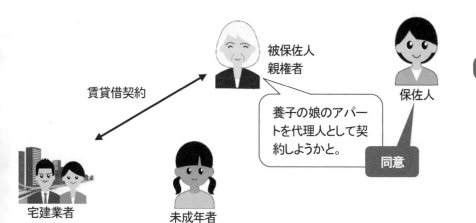

内の画像キャプション: 賃貸借契約 / 被保佐人 親権者 / 養子の娘のアパートを代理人として契約しようかと。 / 保佐人 / 同意 / 宅建業者 / 未成年者

(5)代理権

未成年者	成年被後見人	被保佐人	被補助人
《代理権の有無》 保護者（親権者・未成年後見人・成年後見人）は被保護者（子・成年被後見人等）の財産関係の法律行為について代理権を有します。		**《代理権の有無》** 本人、配偶者、四親等内の親族等の請求により、特定の法律行為について家庭裁判所が保護者（保佐人・補助人）に代理権を付与することができます。※1	
《被保護者の行為を目的とする場合》 被保護者（子・成年被後見人・被保佐人・被補助人等）の行為を目的とする債務を生ずべき場合※2 には、本人の同意を得なければなりません。			
《利益相反行為》 親権者や未成年後見人と子の間の**利益が相反する行為**については、特別代理人を選任することを家庭裁判所に請求しなければなりません（未成年後見において後見監督人がいる場合は請求不要です）。	**《利益相反行為》** 成年後見人と成年被後見人との**利益が相反する行為**については、保護者は、特別代理人を選任することを家庭裁判所に請求しなければなりません（後見監督人がいる場合は請求不要です）。	**《利益相反行為》** 保護者（保佐人・補助人）と被保護者（被保佐人・被補助人）との**利益が相反する行為**については、保護者は、臨時の保護者の選任を家庭裁判所に請求しなければなりません（保佐監督人・補助監督人がいる場合は請求不要です）。	
	《居住用不動産についての許可》 保護者は、被保護者に代わって、その居住の用に供する建物またはその敷地について、売却、賃貸、賃貸借の解除または抵当権の設定その他これらに準ずる処分をするには、家庭裁判所の許可を得なければなりません。		

※1　本人（被保佐人・被補助人）以外の者の請求によって、保佐人・補助人に対して代理権を付与するときは、本人の同意が必要となります。

※2　子・成年被後見人・被保佐人・被補助人等の行為を目的とする債務を生ずべき場合とは、前者を労務者とする雇用契約や受任者とする委任契約を締結する場合等をいいます。

III 公序良俗～犯罪行為は無効になる？

1 何をいくらで売るかを決めずにとりあえず契約だけしたら？

契約が有効であるためにはその重要部分が解釈などによって確定できることが必要です（確定性）。「何か売って下さい」「はいわかりました」では、まったく法的な効力を与えることができないし、その必要もないからです。

2 実現不可能な売買契約は有効？

契約は実現可能性がなければ無効です。たとえば、木星にある土地の賃貸借契約など、実現可能性がない契約を保護する意味はありません。

3 違法な薬物の売買契約や賭博資金を借りる契約は有効？

そもそも法律に違反するような契約は、いくら契約自由の原則といえども、認めるわけにはいきません。また、賭博資金の貸付契約も、公序良俗に反する契約も認めるわけにはいかないので無効です。

《重要法律用語》

強行規定	当事者の意思によって変更することが許されていない規定
任意規定	当事者の意思によって変更することが認められている規定

IV 錯誤・詐欺・強迫～勘違いすると取り消せる？

1 錯誤～勘違いで契約すると取り消せるの？

(1)錯誤には2種類ある？

錯誤とは、**表示に対応する意思がないか**（表示内容の錯誤）、または、**法律行為の基礎とした事情についてのその認識が真実に反すること**（基礎事情の錯誤）をいいます。つまり、勘違いのことです。

たとえば、乙地を売るつもりで契約書にサインしたつもりが、甲地の売買契約書にサインしてしまったような場合が表示の内容の錯誤で、鉄道が開通して地価が上がるという噂を信じて価値の低い土地を高額で買い受けたが噂は事実無根であった場合が基礎事情の錯誤です。

(2)錯誤による意思表示の効果～錯誤で契約するとどうなるの？

錯誤で契約した場合、その錯誤が法律行為の目的及び取引上の社会通念に照らして重要なものであるときは、原則として、取り消すことができます。

ただし、基礎事情の錯誤の場合は、その事情が法律行為の基礎とされていることが表示（**契約書に明記されている等**）されていたときに限り、取り消すことができます。

(3)取消しを主張できない場合がある？

錯誤は、表意者を保護するためのものです。表意者に重大な落ち度（重過失）があったときまで保護する必要がありません。したがって、**錯誤が、表意者の重大な過失によるものであった場合には、原則として、取り消すことができません**。

ただし、①相手方が表意者に錯誤があることを知り、または重大な過失によって知らなかったときや、②相手方が表意者と同一の錯誤に陥っていたときは、相手方を保護する必要性も低くなるので、錯誤による取消しを主張することができます。

2　詐欺・強迫〜騙されたり脅されたりしたら取り消せる？

(1)詐欺・強迫による意思表示の効果

騙されたり、脅されたりして、契約を結ばされてしまったような場合、その被害者（表意者といいます）は、後にその**契約を取り消す**ことができます。

(2)詐欺をしたのが第三者だったら？

たとえば、A が B からお金を借りている C にだまされて、C の債務の保証人となるために B と保証契約を結んだような場合（第三者詐欺といいます）にも詐欺を理由に取り消せるでしょうか。

第三者の詐欺の場合は、**相手方が詐欺の事実を知り、または知ることができた場合に限り**（悪意・有過失）、取り消すことができます。

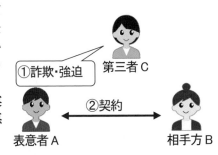

なお、詐欺と異なり、強迫による意思表示は、たとえ第三者が強迫した場合でも、常に取り消すことができます。相手方の善意・悪意・過失の有無を問いません。

重要法律用語》

善意	知らないという意味です。
悪意	知っているという意味です。

錯誤・詐欺・強迫による意思表示は、一定の要件のもと、取り消すことができますが、その取消し前に、第三者が取引関係に入ってしまう場合、その第三者の利益も考える必要があります。

たとえば、AがBに建物を賃貸し、Bが同建物をCに転貸した場合で、AがAB間の契約を錯誤・詐欺・強迫により取り消した場合、その旨をCに主張して、建物からの退去を要求できるでしょうか。

	AB間での効力	Cの主観	退去要求できるか
錯誤	取消し	善意・無過失	できない※
		悪意・有過失	できる
詐欺		善意・無過失	できない※
		悪意・有過失	できる
強迫		善意・無過失	
		悪意・有過失	

※　第三者は**契約の時に善意・無過失**であればよく、その後に悪意・有過失となっても保護されます。また、**第三者は善意・無過失でありさえすればよく、登記を備えていなくても保護されます。**

なお、上記以外にも意思表示に何らかの問題があり無効となるものがあります。それは、心裡留保と虚偽表示です。

心裡留保とは、表意者が真意(本心)ではないことを知りながら意思表示するもので、原則として有効となります。つまり、冗談や嘘をつくという意味です。ただし、相手方がその意思表示が表意者の真意ではないことを知り、または知ることができたときは無効となります。

虚偽表示とは、相手方と通じて虚偽の意思表示をするもので無効となります。債権者からの請求を逃れるため、他人と通謀して自己の財産を売却したことにする行為が典型です。

心理留保も虚偽表示も、たとえ当事者間で無効となった場合でも、虚偽の外観を信頼して(善意)取引関係に入った第三者に対してはそれを対抗できません。

ひっかけポイント

「**賃貸人が満18歳である場合、誰かが立ち会い説明しなければならない。**」という手にはのらないように！

ここに注意して学習

出題頻度は低く深入り注意ですが、未成年者については出題されているので、その周辺知識を学習しましょう。

予想問題にチャレンジ

【問 題】A所有の甲マンションにつき、AとBの間で賃貸借契約が締結された場合における次の記述のうち、民法の規定及び判例によれば、正しいものはどれか。

1 Bが甲マンションをペット飼育可能な物件であると勝手に思い込み当該契約を締結したところ、実際には飼育禁止であった場合であっても、Bは、錯誤を理由に当該契約を取り消すことができる。

2 Bは、宅地建物取引業者であるCから甲マンションがペット飼育可能であると虚偽の説明を受けて当該契約を締結した場合、AがCによる虚偽説明の事実を知っていたとしても、Bは当該契約を、詐欺を理由に取り消すことはできない。

3 Bが未成年者であり、その法定代理人の同意を得ずに当該契約を締結していた場合、Aは、当該法定代理人に催告しなければならない。

4 BがDに甲マンションを転貸した後に、AがBの強迫を理由にAB間の契約を取り消した場合、Dが当該強迫の事実を転貸借契約時に知らなかったときであっても、AはDに退去を要求することができる。

【解 説】

正解:4

1× 表意者が法律行為の基礎とした事情についてのその認識が真実に反する錯誤に基づくものであって、その事情が表示されていた場合で、かつ、その錯誤が法律行為の目的及び取引上の社会通念に照らして重要なものであるときは、表意者は自らの意思表示を取り消すことができます（民法95条1項2号、同条2項）。本問のBは、ペット飼育の可否について勝手に思い込んでおり、表示されていたとはいえず、取り消すことができません。

2× 相手方に対する意思表示について第三者が詐欺を行った場合においては、相手方がその事実を知り、または知ることができたときに限り、その意思表示を取り消すことができます（民法96条2項）。本問の場合、相手方であるAが虚偽説明（詐欺）の事実を知っていたとあるので、Bは本件契約を取り消すことができます。

3× 法定代理人に催告して、追認等を求めることはできますが、義務ではありません。

4○ 強迫による意思表示の取消は、取消前の善意・無過失の第三者にも対抗することができます（民法96条3項）。したがって、第三者Dが強迫について善意なのか悪意なのかにかかわらず、AはDに退去を要求することができます。

第4編　管理受託契約

賃貸住宅管理業法には、管理受託方式の管理とサブリース方式の賃貸住宅経営の仕組みが定められています。

管理受託方式の管理は、賃貸人から委託を受けて行う賃貸住宅の管理に関する事務です。民法上の委任契約にあたります。ただし、契約内容によっては請負の性質も有します。

学習時間	10 時間
出題数	1〜2 問程度
学習指針	ここも過去の出題を見る限り出題数は少ないですが、出題範囲の変更及び出題数が増えたことから、今後はもっと出題されるものと推測されます。 委任契約と請負契約の法的性質については頻出分野なので、比較して整理して覚えましょう。

第1章 委任

> 委任契約は当然に報酬が発生する契約なの？

A：民法上は無報酬が原則です。

I 管理受託方式による賃貸住宅経営

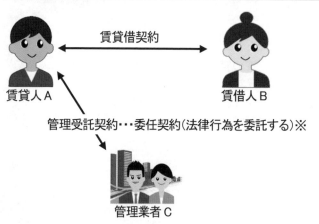

賃貸借契約

賃貸人A　　　　　　　　　　　　　　賃借人B

管理受託契約…委任契約（法律行為を委託する）※

管理業者C

※ 実際の賃貸管理は、更新・終了手続のような法律行為以外にも、日々の清掃業務・建物
　 保全等の事実行為も含まれています。事実行為を委託する契約は「準委任契約」といい
　 ますが、委任契約の規定が準用されるので、厳密に分ける実益は乏しいです。

なお、賃貸住宅管理業法では、修繕が管理業務の内容とされており、同法上は、管理受託
契約は委任の性質だけでなく請負の性質を併有することが想定されています。管理受託契
約に請負の要因を含む場合には、管理受託契約は委任と請負の混合契約ということになり
ます。

II 管理受託契約における受任者の義務

民法上の委任契約と賃貸住宅管理業法(以下、「管理業法」といいます)を比較します。

	民法上の委任	管理業法での委託
善管注意義務	無償で委任事務の処理を受託しても善管注意義務を負います。	
自己執行義務	原則として、受任者自ら委任事務の処理を行わなければなりません。	管理業者は、賃貸人の承諾を得て第三者に委任事務を再委託することができます。
報告義務	請求時・終了後遅滞なく委任の顛末を報告します。	管理業者は、管理業務の実施状況その他の事項について、定期的に(少なくとも1年ごと)、委託者に報告しなければなりません。
受取物の引渡義務	受任者は、委任事務を処理するにあたって受け取った金銭その他の物を委任者に引き渡さなければならず、果実を受け取った場合も引き渡さなければなりません。	▶ 集金した賃料を賃貸人に引き渡さなければなりません。 ▶ 利息が発生した場合は、これを果実として引き渡さなければなりません。

III 管理受託契約における受任者の権利

	民法上の委任	管理業法での委託
報酬請求	原則として無償。特約があれば報酬を請求できます。	商人である管理業者は、特約がなくても、相当な報酬を請求できます。
報酬支払時期	原則として後払い。	
途中で終了した場合の報酬	委任事務が中途で終了した場合であっても、委任者の責めに帰することができない事由によって委任事務の履行をすることができなくなったとき、および、委任が履行の中途で終了したときは、受任者は、既にした履行の割合に応じて報酬を請求できます。	
費用	▶ 受任者は費用の前払いを委任者に請求できます。 ▶ 受任者が必要な費用を支出したときは委任者に対し、その費用と支出日以後の利息を請求できます。 ▶ 受任者が、委任事務を処理するために必要な債務を負担した場合、委任者に対して自己に代わってその弁済をすることを請求できます。その債務が弁済期にないときは、委任者に対して、相当の担保を供させることができます。	

| ▶ 受任者は、委任事務を処理するため自己に過失なく損害を受けたときは、委任者に対し、その賠償を請求することができます。 |

IV 委任終了に関する定め

	民法上の委任	管理業法での委託
解除	▶ 各当事者はいつでも解除できます。しかし、次に掲げる場合には、やむを得ない事由があったときを除き、相手方の損害を賠償しなければなりません。 ① 相手方に不利な時期に委任を解除したとき。 ② 委任者が受任者の利益(専ら報酬を得ることによるものを除く。)をも目的とする委任を解除したとき。 ▶ 解除の効果は遡及しません。	
終了事由	▶ 委託者・受託者の死亡・破産で終了(相続人に承継させるには特約が必要) ▶ 受託者の後見開始で終了	
終了後の処分	急迫の事情があるときは、受任者等は、委任者等が委任事務を処理することができるようになるまでは、必要な処分をしなければなりません。	

ひっかけポイント

管理受託契約は、「民法上の雇用契約である」という手にはのらないように!

ここに注意して学習

管理受託契約は、民法上の準委任契約や請負契約の性質を有するので、賃貸住宅管理業法上の管理受託契約と比較して整理しましょう。

第2章 請 負

> 請負人に支払う報酬は先払いしなければならないの？

A：目的物の引渡しと同時か、仕事終了後に支払う必要があります。

1 請負の意義

請負契約とは、当事者の一方がある仕事を完成させることを約束し、他方がこれに対して報酬を支払うことを約束することによって成立する契約をいいます。

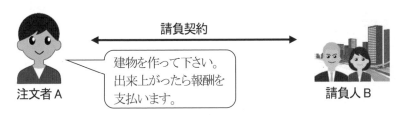

請負契約

建物を作って下さい。
出来上がったら報酬を
支払います。

注文者A　　　　　　　　　　　　　　　請負人B

たとえば、設計業者が依頼を受けて設計図面を作成したり、建築業者が依頼を受けて建築したり、IT企業が依頼を受けて顔認証施錠アプリを開発したりする等が典型です。**仕事を依頼する側を注文者、仕事を請ける側を請負人**と呼びます。

2 報酬（請負代金）～報酬はいつ支払うの？

(1)報酬の支払時期

原則	仕事の目的物の引渡しと同時
例外	物の引渡しを要しない場合は仕事が終わった後

(2)仕事未完成における報酬

以下の場合、既にした仕事の結果のうち可分な部分の給付によって注文者が利益を受ける場合、その割合に応じて報酬を請求することができます。

①両当事者に帰責事由がないか、請負人にのみ帰責事由があり仕事が完成しなかった場合
②仕事の完成前に解除された場合

＊ 注文者だけの帰責事由で仕事が完成できなかった場合は、報酬の全額を請求できます。

3 請負人の担保責任～注文した目的物に欠陥があったら？

(1)請負人の担保責任

原則	請負人は契約不適合の担保責任を負います。
例外	注文者の供した材料の性質または注文者の与えた指図によって契約不適合となった場合は担保責任を負いません（請負人がそのことを知りながら告げなかったときは除く）。

《請負契約における請負人の契約不適合の担保責任》

請負契約の請負人は、注文者に対して、追完・代金減額・損害賠償・契約解除の契約不適合責任を負います。

	内容	備考
追完請求	目的物の**修補・代替物の引渡し・不足分の引渡し**を請求できます。	請負人は、注文者に不相当な負担を課するものでないときは、注文者が請求した方法と異なる方法による履行の追完ができます。
代金減額	契約不適合の程度に応じて減額を請求できます。	原則として注文者による**催告**が必要です。※
損害賠償 契約解除	**債務不履行**に基づく損害賠償請求と契約解除と同じ （本書162頁以下を参照）	

※ 例外として、①履行の追完不能、②履行追完を明確に拒絶、③契約の性質または当事者の意思表示により、特定の日時または一定の期間内に履行をしなければ契約をした目的を達することができない場合において、請負人が履行の追完をしないでその時期を経過したとき、④注文者が催告をしても履行の追完を受ける見込みが明らかにないときのいずれかの場合は催告が必要ありません。

《担保責任と当事者の帰責事由》

	追完請求	代金減額	損害賠償	契約解除
請負人の 帰責事由の要否	不要		必要	不要
注文者に帰責事由があった場合	請求できない		請求できる※	行使できない

※ 債務の不履行またはこれによる損害の発生もしくは拡大に関して債権者に過失があったときは、裁判所は、これを考慮して、損害賠償の責任及びその額を定めます。

(2)担保責任の期間制限

原則	注文者がその不適合を知った時から1年**以内**にその旨を請負人に通知
例外	請負人が引渡時にその不適合に関して悪意または重過失の場合は一般の消滅時効が適用されます。

注文者による解除	仕事の完成前はいつでも損害を賠償して解除できます。
請負人による解除	注文者が破産した場合、請負人または破産管財人は解除できます。ただし、仕事の完成後は解除できません。
解除の効果	契約した時点にさかのぼります。

4

管理受託契約

ひっかけポイント

請負人への担保責任追及期間は、「目的物の引渡しから1年以内に限定される」という手にはのらないように！

ここに注意して学習

試験実施団体の発売する2021年度版のテキストから新たに記載された分野です。今後も出題の可能性があるので要注意です。

第3章 管理受託契約の性格

> オーナーから賃貸管理の仕事を受ける契約にはどのような種類があるのかな？

A：管理受託方式とサブリース方式の2つがあります。

1 賃貸住宅経営の方式～サブリース業者が管理受託契約もするの？

賃貸住宅経営の方式には、「管理受託方式」と「サブリース方式」の2つがあります。

新たに制定された「賃貸住宅管理業法」においても、賃貸住宅経営は「管理受託方式」と「サブリース方式」の"2つの方式"があるものとして仕組みが構成されています。

賃貸住宅経営の方式

【管理受託方式】
　賃貸人が賃貸住宅管理業者（管理業者）に賃貸住宅の管理を委託して行う方式※1

【サブリース方式】
　住宅を転貸する者（サブリース業者）が行う住宅経営の方式※2

※1　賃貸人と管理業者が管理受託契約を締結し、管理受託契約に基づいて、建物・設備の維持保全、賃料や敷金などの金銭の管理、賃貸人等からの問合わせや管理報告、苦情対応などを行ないます。

※2　賃貸人（所有者）から賃貸住宅を借り受け、住宅を転貸する者（サブリース業者）自らが転貸人となって不動産を第三者に転貸する形態です。

2 管理受託契約～委任か請負か？

賃貸住宅管理業法が成立することにより、管理業務の中核は賃貸人の委託を受けて行う維持保全（点検・清掃その他の維持と必要な修繕等）となったので、法制定前には委任契約または準委任契約と考えられていた管理受託契約は、請負契約の要素も含まれる混合契約となりました。

なお、管理受託契約の内容をなす管理業務は、賃貸住宅の所有者などの他人から業務の委託を受け他人のために行う業務をいうので、自ら使用するために自ら行う業務や、自らが賃貸人としての義務を果たすなどのために行う業務は管理業務ではありません。

ひっかけポイント

管理受託方式もサブリース方式も「賃貸住宅管理業法上の登録義務がある」という手にはのらないように！

ここに注意して学習

管理受託方式とサブリース方式で契約の種類も法的な効果も全く異なります。両者を比較し、違いを意識して学習して下さい。

予想問題にチャレンジ

【問 題】 管理受託による管理に関する次の記述のうち、正しいものはどれか。

1 管理受託方式の管理は、管理業者が賃貸人から建物を借り受け、管理業者自らが転貸人となって建物を第三者に転貸する形態によって行われる。

2 民法によれば、管理受託契約の受託者である管理業者が、無償を条件に委任事務の処理を受託した場合には、善管注意義務を負うことはない。

3 管理受託契約の受託者である管理業者は、委任事務を処理するために必要な費用を支出したときは、委任者に対し、その費用および支出の日以後の利息を請求することができる。

4 個人を受託者とする委託契約においては、受託者が死亡した場合には、当然に受託者の相続人が委託契約の地位を承継する。

【解 説】

正解：3

1× 管理受託方式による管理は、賃貸人との間で管理受託契約を締結し、管理受託契約に基づいて、建物・設備の維持保全、家賃、敷金等の管理に係る事務他、賃貸人等からの問合せや管理報告、苦情対応などを行う方式です。管理業者が、賃貸借契約の当事者とならない点がサブリース方式との大きな違いです。本問は、サブリース方式の記述です。

2× 受託者は無償で管理受託契約を受けた場合でも、善管注意義務を免れることはできません（民法644条）。

3○ 受任者は、委任事務を処理するのに必要と認められる費用を支出したときは、委任者に対し、その費用及び支出の日以後におけるその利息の償還を請求することができます（民法650条1項）。したがって、賃貸管理を受託した管理業者は、受任者として費用とその利息を請求できます。

4× 委任契約は、委任者または受託者の死亡または破産手続開始の決定を受けたことによって終了します（民法653条）。賃貸管理の受託契約も委任の性質を有するので、受託者が死亡した場合には契約が終了します。受託者の地位を相続人に承継させたい場合は、その旨の特約を設けることが必要です。

第5編　賃貸借契約

賃貸借は、当事者の一方がある物の使用及び収益を相手方にさせること
を約し、相手方がこれに対してその賃料を支払い、契約が終了したときに
物を返還することを約することによって、その効力を生ずる契約です。
居住用の建物賃貸借は、衣食住に関わる公益性を有する契約でもあり、慎
重に解釈する必要があります。
賃貸人の義務、賃借人の義務、賃料・敷金等の一時金、契約期間と更新、
終了、当事者の破産、建物の所有権移転、保証という観点から、契約当事
者における権利義務関係をしっかりと理解する必要があります。
また、建物賃貸借は、使用貸借や一時使用目的を除き、借地借家法の適
用があります。特に、更新、借賃増減額請求、第三者対抗力が重要です。

学習時間	30 時間
出題数	9 問程度
学習指針	契約の場面では、法律よりも契約書の記載が優先する のが原則です(任意規定)。しかし、借地借家法が適用 される場面では、法律が優先します(強行規定)。学習 する際は、任意規定なのか強行規定なのかを意識しま しょう。この分野は分量も多く、マスターするまでに苦労 するところですが、仕事に直結するところでもあるので、 正確に理解して暗記しておいて下さい。

第1章　賃貸借契約の成立

契約前に相手方に期待を持たせすぎると契約が成立するの？

A：成立しません。ただし、損害賠償責任が発生する場合があります。

Ⅰ　契約成立と契約の種類～貸借にもいろいろある？

1　賃貸借の成立と契約自由

契約は契約を締結する当事者の自由な意思で締結することができます。賃貸借契約であれば、「借りたい」という申込みの意思表示と、「貸します」という承諾の意思表示が合致すると、賃貸借契約が成立(諾成契約)し、その契約内容についてお互いを拘束します(約束を守らないと、損害賠償等の制裁を受ける状態になります)。

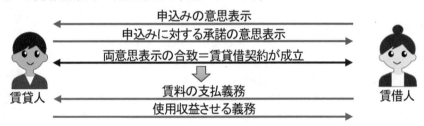

なお、契約は、原則として、誰と、いかなる内容のものを、どのような方法で締結するのかは当事者の自由です。

2　共有物の賃貸の決定方法

(1)共有とは

共有とは、複数の人が 1 つの物を所有することをいいます。1つの建物を家族全員の名義で購入するような場合です。各共有者は、共有物の全部について、その持分に応じた使用をすることができます。具体的な使用方法については、共有者の協議で決めます。
なお、共有物から生じる収益についても、持分の割合で取得します。

(2)共有物の管理・変更

共有物について、その現状を維持する行為(保存行為　共有物の不法占拠者へ明け渡しを請求することや無権限で登記簿上所有名義を有する者に対する抹消請求等)を行う場合は各共有者は他の共有者の同意を得ることなく単独で行えますが、それを超えて利用改良行為を行う場合は(管理行為　共有物の利用者を決めることや管理者を選任すること等)、各

有者の持分価格の過半数の同意が必要です。

さらに、共有物の形状もしくは効用またはその両方を変更する行為で、その形状または効用の著しい変更を伴う場合(重大変更)は、各共有者は、他の共有者の同意を得なければすることができませんが、著しい変更を伴わないもの(軽微変更)であれば、共有物に変更を加える行為であっても、持分の価格の過半数で決定した上ですることができます。

たとえば、砂利道のアスファルト舗装や、建物の外壁・屋上防水等の大規模修繕工事は軽微変更に当たります(規模により例外はあります)。

《共有物の変更・管理・保存概念の整理》

種　類		同意要件
変更(軽微以外)		共同者全員
管理(広義)	変更(軽微)	持分の価格の過半数
	管理(狭義)	
保存		共有者単独

(3)共有物の賃貸の決定方法

以下の表の右欄の**期間を超えない**短期の賃借権等の設定は、**持分の価格の過半数**で決定することができます。**超える場合は変更行為となり、全員の同意**が必要です。

樹木の植栽または伐採を目的とする山林の賃借権等	10年
上記に掲げる賃借権等以外の土地の賃借権等	5年
建物の賃借権等	3年
動産の賃借権等	6か月

借地借家法の適用のある通常の賃借権の設定は、約定された期間内での終了が確保されないため(正当事由の有無等で更新されます。)、基本的に**共有者全員の同意がなければ無効**となります。

ただし、一時使用目的や存続期間が3年以内の定期建物賃貸借については、持分の価格の過半数の決定により可能です。

3　管理者の制度

共有物に管理者を選任して、日々の管理をお願いできれば、円滑な管理が可能となります。

(1)管理者の選任と解任

管理者の選任および解任は、共有物の管理のルールに従い、共有者の持分の価格の過半数で決定します。なお、**共有者以外を管理者とすることもできます**。

(2)管理者の権限

管理者は、管理に関する行為(軽微変更含む)をすることができます。軽微でない変更を加えるには、共有者全員の同意を得なければなりません。

なお、所在等不明共有者がいる場合には、管理者の申立てにより裁判所の決定を得た上で、所在等不明共有者以外の共有者の同意を得て、変更を加えることができます。

3)管理者の義務

管理者は、共有者が共有物の管理に関する事項を決定した場合には、これに従ってその

職務を行わなければなりません。この義務に違反すると、共有者に対して効力を生じませんが、**善意（決定に反することを知らない）の第三者には無効を主張することができません**。たとえば、共有物の建物について、共有者間で使用者を決めていたにもかかわらず、管理者がその事情を知らない第三者と短期の定期建物賃貸借契約を締結したような場合等です。

II 契約締結上の過失

契約が成立してはじめて、賃貸人・賃借人という当事者に契約上の義務が生じます。契約するかどうかは自由なので、契約しなかったからといって契約上の責任を負うことはありません。しかし、契約に際して相手方の利益を不当に害することがあれば、不法行為等を根拠に損害賠償責任を負うことがあります。

契約締結上の過失とは	契約成立に対する信頼を裏切って交渉を破棄した当事者には、信義則上、契約成立を信じて支出した費用を損害として賠償しなければならないものです。
損害賠償請求の根拠	契約上の債務の不履行による賠償責任ではなく、**不法行為による賠償責任**です(最判平成 23 年 4 月 22 日)。

《判例研究》

契約締結に向けての交渉が進んでいる段階で賃貸人が一方的に契約締結を拒否した場合には、信義則上賃借人に対し損害賠償責任を負う(神戸地裁尼崎支部判平成 10 年 6 月 22 日)。

入居申込者が外国人(在日韓国人)であることを理由に入居を拒否したことが、契約締結段階における信義則上の義務に違反し、損害賠償を免れないとされた事例(大阪地判平成 5 年 6 月 18 日)。

賃貸人が、建物内で自殺があった事実を故意に賃借人に告げなかったことが不法行為を構成するとされた事例(大阪高判平成 26 年 9 月 18 日)。

ひっかけポイント

「契約交渉の相手方に契約が成立するであろうという強い信頼が生まれる段階に達した場合には契約が成立する」という手にはのらないように!

ここに注意して学習

契約締結上の過失の理論と判例をしっかりと理解して暗記しましょう。

第2章　賃貸人の義務（賃借人の権利）

> 賃貸するマンションの窓ガラスに亀裂が。どうやら熱によるものですが、誰が修繕すべきなの？

A：賃貸人に修繕する義務があります。

I　使用収益させる義務

賃貸人は、賃借人に対して、契約と目的物の性質により定まった使用方法（用法）にしたがって、目的物を使用および収益させる義務を負います。

使用収益させる義務に含まれるもの	▶ 使用収益させる義務の前提として、目的物を賃借人に**引き渡すこと** ▶ 引渡し後に賃借人の**使用に支障が生じない状態を積極的に維持すること**（大判昭和5年7月26日） ▶ 賃貸不動産の使用と密接な関係にある**共用部分を管理し賃借人に使用させること**（東京地判昭和59年2月27日）
含まれないもの	賃借人が希望する使用目的をすべて可能にすること（東京地判平成15年9月11日）

《裁判例》

賃貸人は、建物が通常備えるべき防火及び消防に必要な設備、性能を有する状態で使用収益させる義務を負う（東京地判平成24年8月29日）。

加害者の迷惑行為が受忍限度を超えるものであれば、加害者に対し、賃貸借契約の解除をも視野に入れて退去を要請すべき義務を負う（東京地判平成24年3月26日）。

上の階の入居者が風呂場の排水口を詰まらせたことにより漏水が発生した場合、下の階に漏水しないように防止策を講じておくまでの義務が共同住宅の所有者ないしは賃貸人にあるとはいえない（東京地判平成22年8月27日）。なお、上の階の賃借人は責任を負う。

II　修繕義務・総論

賃貸人は、賃貸物の使用及び収益に必要な修繕義務を負います。修繕義務は、使用させる義務の当然の帰結です。

不可抗力による破損等は？	賃貸人は、賃貸不動産の破損等が天変地異等、**不可抗力により生じた場合も修繕義務を負います。**
修繕義務に含まれるもの	賃貸不動産の使用に必要な**共用部分**（東京地判平成 22 年 3 月 5 日）
修繕義務がないもの	▶ 修繕が不可能（経済的なものを含む）な場合（東京地判平成 21 年 9 月 2 日等） ▶ 賃借人による使用収益を妨げるものではない場合（東京地判平成 23 年 7 月 25 日） ▶ 賃借人の責めに帰すべき事由によって修繕が必要となったとき
賃借人の義務	賃貸人が賃貸物の保存に必要な行為をしようとするときは、賃借人は、これを拒むことができません。
賃借人による修繕	賃借人は、次の 2 つの場合において、賃借物の修繕をすることができます。 ▶ 賃借人が賃貸人に修繕が必要である旨を通知し、または賃貸人がその旨を知ったにもかかわらず、賃貸人が相当の期間内に必要な修繕をしないとき。 ▶ 急迫の事情があるとき。
修繕義務違反の効果	▶ 賃貸人が必要な修繕を実施しないことによって、賃借人が目的にしたがって使用できない状況が生じた場合、賃貸人には契約上の義務違反に基づく**債務不履行責任**が生じます。 ▶ 必要な修繕を行わないことその他で物件に瑕疵が生じ、その瑕疵を原因として損害等が生じた場合、賃貸人（所有者）は損害賠償責任を負います（**工作物責任**）。 ▶ 賃貸人が修繕義務の履行を怠り、賃借人が賃借物を全く使用することができなかった場合には、賃借人は、その期間の**賃料の支払いを免れます**（大判大正 4 年 12 月 11 日）。 ▶ 賃借人は、裁判所へ修繕を実施させるよう訴訟を提起することができます。 ▶ 賃借人が修繕を実施し、かかった費用を賃貸人に請求できます。この費用を支払わない場合は、賃料の減額請求が可能です。

Ⅲ　必要費・有益費・造作買取請求権

民法に規定のある必要費償還請求権と有益費償還請求権、借地借家法に定めのある造作買取請求権、それぞれ似ている制度なので、比較してその違いをまとめました。

	必要費償還請求権	有益費償還請求権	造作買取請求権
費用	必要費 賃貸人が負うべき修繕費用等	有益費 賃借人が物件の改良のために支出した費用等	造作費用 建物に付加した物件で賃借人の所有に属し、かつ建物の使用に客観的便益を与えるもの
請求内容	賃貸人は、賃貸物を使用収益可能な状態に維持するために必要な費用を負担します。そのため、本来、賃貸人が負担すべき必要費を賃借人が支出した場合には、賃借人は、直ちにその償還を請求できます。	賃借人が賃借物について有益費を支出したときは、賃貸人は、賃貸借の終了の時に、その価格の増加が現存する場合に限り、賃貸人の選択に従い、その支出した金額または増価額を償還しなければなりません。	建物の賃貸人の同意を得て建物に付加した造作がある場合には、賃借人は、契約期間の満了または解約の申入れによって終了するときに、賃貸人に対し、時価で買い取るべきことを請求することができます。
法的性質	任意規定		
留置権	必要費の支払いを被担保債権として留置権を行使することもできます。	有益費償還請求権を被担保債権として留置権を行使できます。	造作代金が支払われるまで造作を留置することはできますが、建物について留置権を行使することはできません。
その他		裁判所が、賃貸人の請求により、その償還について相当の期限を許与した場合は、留置権は認められません。	▶ 建物の転借人と賃貸人との間についても適用されます。 ▶ 賃料債務不履行によって解除された場合には行使できません。

ひっかけポイント

賃貸人に帰責性のない場合には「賃貸人に修繕義務はない」という手にはのらないように！

ここに注意して学習

必要費・有益費・造作費用について、どのような場面でその費用を請求できるのかを比較して覚えましょう。

第3章　賃借人の義務

> 入居者の重大な過失により賃貸物件が全焼してしまった場合、私たち管理業者もオーナーに対して責任を負うの？

A：債務不履行責任を負います。

Ⅰ　賃料支払義務～賃借人は賃料を支払う義務を負う？

1　概説・一部使用不能の場合の賃料の減額

賃料は、賃貸借契約において、賃貸人の使用収益義務の対価としての性格を有し、賃借人は賃料支払義務を負います。

支払時期	後払い（原則）	
賃貸不動産が使用収益できない場合	賃貸人に帰責性あり	賃料支払義務なし ただし、一部が使用収益できない場合は、使用収益できない部分の割合に応じて、賃料が発生しません。
	賃借人に帰責性あり	賃料支払義務あり
	賃貸人・賃借人に帰責性なし	賃料支払義務なし
賃貸不動産の一部が賃借人の過失によらず滅失した場合	賃借物の一部が滅失その他の事由により使用及び収益をすることができなくなった場合において、それが賃借人の責めに帰することができない事由によるものであるときは、賃料は、その使用及び収益をすることができなくなった部分の割合に応じて、減額されます。 賃借物の一部が滅失その他の事由により使用及び収益をすることができなくなった場合において、残存する部分のみでは賃借人が賃借をした目的を達することができないときは、賃借人は、契約の解除をすることができます。	

2　当事者が複数の場合～賃貸人や賃借人が複数いる場合は？

賃貸人が複数の場合	相続開始から遺産分割までの間に共同相続に係る不動産から生ずる金銭債権たる賃料債権は、各共同相続人がその相続分に応じて分割単独債権として確定的に取得し、その帰属は、後にされた遺産分割の影響を受けません（最判平成17年9月8日）。

賃借人が複数の場合	賃貸不動産が、賃借人が複数の場合、賃借人の債務は、賃貸不動産を使用収益するという不可分な給付の対価としての賃料支払債務です。そのため、共同賃借人の賃料債務は分割債務になるのではなく、不可分債務となります(大判大正11年11月24日)。

Ⅱ　保管義務～賃借人は建物を大切にする義務が？

賃借人は賃借物を**善良な管理者の注意をもって保管**しなければなりません。

違反すると	▶ **債務不履行責任**を負います。 ▶ 転貸人は、原賃貸人との関係では賃借人の立場になることから、転借人は賃借人(転貸人)の履行補助者となります。そのため、転借人の故意・過失は賃借人(転貸人)の故意・過失と同視され、転借人の過失により賃貸物件を毀損した場合、原賃貸人との関係では賃借人(転貸人)が責任を負います。
期間制限	保管義務違反による損害賠償請求権は、賃貸人が**賃貸不動産の返還**を受けた時から1年以内に行わなければなりません。

Ⅲ　用法遵守義務～勝手にペットを飼ったら？

賃借人は、建物賃貸借契約又はその賃貸不動産の性質によって定まった用法に従い、賃貸不動産を使用収益しなければなりません。

違反すると	**債務不履行責任**を負います。
期間制限	保管義務違反による損害賠償請求権は、賃貸人が**賃貸不動産の返還**を受けた時から1年以内に行わなければなりません。

Ⅴ　通知義務～修繕が必要なときは連絡が？

賃貸人は、賃貸不動産が修繕を要するときには、修繕義務を負います。賃借人は、賃貸人がこれを知っている場合を除き、遅滞なく賃貸人に通知する必要があります。

Ⅴ　修繕受忍義務～修繕に来た業者を拒めない？

賃貸人が賃貸不動産の保存に必要な行為をしようとするときは、賃借人は拒むことができません。修繕は、賃貸人にとって義務であると同時に権利でもあるからです。

VI 賃借権の譲渡および転貸

賃借権譲渡とは	契約によって賃借人の地位を移転すること
賃借物転貸とは	転貸とは、賃借人が賃貸借の目的物を第三者に賃貸すること
要件	**賃貸人の承諾**を得ること
賃借権譲渡の効果	従来の**賃借人**は**賃貸借関係から離脱**し、賃借権の譲受人が新たな賃借人となります。
賃借物転貸の効果	賃借人が適法に賃借物を転貸したときは、転借人は、原賃貸人に対して**直接**に義務を負います。この場合、賃料の前払をもって原賃貸人に対抗することができません。
無断で行った場合の効果	**原則**：契約の解除をすることができます。 **例外**：賃貸人に対して**背信的行為と認めるに足らない特段の事情**があるときは、解除できません。

ひっかけポイント

賃貸人が修繕を行うため「賃借人に一時的に使用を求めた場合でも、賃借人はこれを拒める」という手にはのらないように！

ここに注意して学習

賃料支払義務と建物の滅失とその原因との関係が重要です。判例で示された理屈をしっかりと覚えましょう。

第4章　サブリース契約（転貸借）

> 管理受託方式もサブリース方式も、結局賃貸管理をお願いすることだから、契約内容も同じなの？

A：サブリース方式は委託契約ではなく賃貸借契約なので内容も違います。

I　概説～サブリースって何？

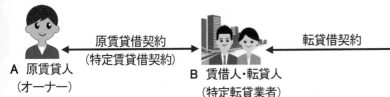

原賃貸借契約
（特定賃貸借契約）

転貸借契約

A　原賃貸人
（オーナー）

B　賃借人・転貸人
（特定転貸業者）

C　転借人
（入居者）

II　原賃貸人Aと原賃借人（転貸人）Bの関係

Bは、Aとの間で賃貸借契約を締結するため、Aとの関係では賃借人の地位に立ちます。両者の関係は、転貸借を伴わない通常の賃貸借と異なるところはありません。

転借人の立場	Bは、Aとの関係では賃借人の立場になることから、CはBの**履行補助者**となります（大阪高判昭和39年8月5日、大判昭和4年6月19日）。 ▶ そのため、**Cの故意・過失はBの故意・過失と同視**され、Cの過失により賃貸物件を毀損した場合、Aとの関係ではBが責任を負います。
正当事由の判断	転貸借契約がある場合の特定賃貸借契約における正当事由の判断（Aから更新拒絶または解約申入れをする際の要件）にあっては、Cの事情が考慮されます。
賃貸住宅管理業法上の重要事項説明と書面の交付	B（特定転貸事業者）は、賃貸住宅を転貸するために自らを賃借人とする特定賃貸借契約を締結しようとするときは、特定賃貸借契約をするまでに、Aに対して、契約の内容等の必要事項を定め、書面を交付して説明しなければなりません。 また、その契約が成立したときは、Bは、Aに対し、遅滞なく、所定の事項を記載した書面を交付しなければなりません。

III 原賃借人（転貸人）B と転借人 C との関係

B は、C に対して、転貸借契約に基づいて、直接の権利と義務を有します。

▶ B は、自ら原告として未払賃料請求訴訟や建物明渡訴訟を提起することができ、一方、敷金返還請求訴訟では C から被告として訴訟の提起を受けることになります。

《転貸借契約の特徴》

①B が適法に賃借物を転貸したときは、C は、A と B との間の賃貸借に基づく B の債務の範囲を限度として、A に対して転貸借に基づく債務を直接履行する義務を負うので、C が A に対して義務を履行すれば、その限度で B に対する義務を免れます（民法613条1項）。

②A の承諾のある転貸借において、賃貸借契約が B の債務不履行を理由とする解除により終了した場合、転貸借は、原則として、A が C に対して目的物の返還を請求した時に、B の C に対する債務の履行不能により終了します（最判平成9年2月25日）。

③A と B の間に紛争がある場合には、C は債権者が確知できないことを理由として、賃料を供託することができる場合もあります（東京地判平成14年12月27日）。

IV 原賃貸人 A と転借人 C との関係

A と C との間には、直接の契約関係は生じません。しかし、賃貸物件を現実に使用するのは C なので、**C は A に対して直接の義務を負います**。

▶ C が直接の義務を負うのは、原則として、**転貸につき A の承諾がある場合**です。

賃料支払義務	直接の義務には、賃料支払義務、保管義務、保管義務違反による損害賠償義務、終了時の目的物返還義務などがありますが、もっとも重要なものは賃料支払義務です。 A が C に請求することができるのは、**原賃貸借契約で定めた賃料の額までの範囲内の転借料**です。たとえば、原賃貸借契約の賃料が月額 40 万円で、転貸借契約の賃料が月額 30 万円の場合、A が請求することができるのは月額 30 万円までで、残額の 10 万円は B に請求できるにとどまります。 なお、C は、転借料の前払をもって A に対抗することができません。

C さん、30 万円支払って。残額の
10 万円は B に請求します

A 原賃貸人　　　原賃貸借契約　　　　　　　転貸借契約　　　C 転借人
（オーナー）　　賃料 40 万円　　　　　　　賃料 30 万円　　（入居者）

B 賃借人・転貸人
（特定転貸業者）

特定賃貸借が期間満了または解約申入れによって終了した場合	Aは、Cにその旨の通知をしなければ、その終了をCに対抗することができません。この通知をしたときは、通知日から6か月を経過すると転貸借契約は終了します。
特定賃貸借が合意解除で終了した場合	原則として、AはCに対し原賃貸借の合意解除の効果を**対抗することができません**。 ▶ AB間の原賃貸借契約が合意解除された後の法律関係は、Bの転貸人の地位をAが承継するという見解が有力です。この場合、転貸借契約の契約内容(賃料、存続期間等)がそのままAとCとの間の契約内容となります。
特定賃貸借が債務不履行で終了した場合	①Aの承諾のある転貸借は、原則として、AがCに対して**目的物の返還を請求した時に**、BのCに対する債務の**履行不能により終了**します。 ②Aが、Bの賃料不払いを理由に原賃貸借を解除するには、特段の事情のない限り、Cに通知等をして賃料の代払いの機会を与える**必要はありません**。

Cさん、原賃貸借を解除したから、退去して

原賃貸借契約
債務不履行で解除

転貸借契約

A 原賃貸人
(オーナー)

B 賃借人・転貸人
(特定転貸業者)

C 転借人
(入居者)

特定賃貸借終了後の契約当事者の地位の移転	原賃貸借が終了した場合に、Bの地位がAに移転し、またはBの地位がCに移転すると約定する場合があります。その際、ABCによる三者合意が必要となります。合意がないと、当然にBの地位がAまたはCに移転することはありません(民法539条の2)。

ひっかけポイント

ひっかけ

二重否定

読み間違え

「原賃貸借契約が賃借人の債務不履行で解除となった場合に、転借人は退去を求められない」という手にはのらないように!

ここに注意して学習

合格ポイント

転貸された場合の法律関係はとても複雑ですが重要です。原賃貸人・賃借人・転借人の三者の関係を整理して暗記しましょう。

第5章　契約期間と更新

賃貸マンションを自宅にするために、今入居している賃借人に退去
してもらいたいけど、なかなか応じてくれません。

A:債務不履行でもない限り退去させるのは困難です。

I　契約期間～建物賃貸借の期間は何年でも？

民法	50 年を超えることができません。契約でこれより長い期間を定めたときであっても 50 年となります。
借地借家法 （借家）	民法のように上限 50 年という条件はありません。期間を 1 年未満とする建物の賃貸借は、期間の定めがない建物の賃貸借とみなされます。

II　更 新～更新拒絶するには正当事由が？

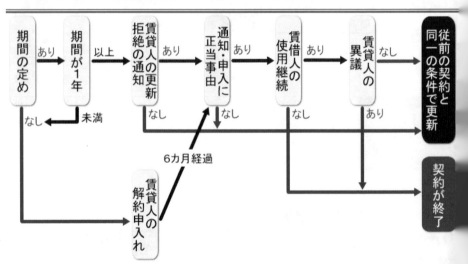

通知・解約申入れ	▶ 期間の定めがある賃貸借の場合、当事者が期間の満了の1年前から6か月前までの間に相手方に対して更新をしない旨の通知または条件を変更しなければ更新をしない旨の通知をしなかったときは、従前の契約と同一の条件で契約を更新したものとみなされます（法定更新）。ただし、その期間は、定めがないものとなります。 ▶ 期間の定めがない賃貸借の場合、賃貸人が賃貸借の解約の申入れをすることで、解約の申入れの日から6か月を経過すると終了します。
使用継続	▶ 通知・解約申入れをした場合であっても、期間満了後に建物の賃借人が使用を継続する場合において、建物の賃貸人が遅滞なく異議を述べなかったときも従前の契約と同一の条件で契約を更新したものとみなされます（法定更新）。ただし、その期間は、定めがないものとなります。 ▶ 転借人がいる場合、転借人がする建物の使用の継続が建物の賃借人がする建物の使用の継続とみなされます。
更新拒絶等の要件	建物の賃貸人及び賃借人（転借人を含む）が建物の使用を必要とする事情のほか、建物の賃貸借に関する従前の経過、建物の利用状況及び建物の現況並びに建物の賃貸人が建物の明渡しの条件として又は建物の明渡しと引換えに建物の賃借人に対して財産上の給付をする旨の申出をした場合におけるその申出を考慮して、正当の事由があると認められる場合でなければ、建物の賃貸人による通知・解約申入れはできません。
合意更新	合意更新する場合、契約書に特別の定めがない限り、契約終了前6か月時点での通知等の特別の手続きは不要であり、契約期間満了までの間に当事者間で協議し、契約条件を定めて合意をすればよい。 ▶ 更新実務では見直される部分だけを記載した更新合意書を作成します。
更新料	▶ 更新料の支払義務は、法令上何ら根拠がなく、当事者間の合意に基づき発生します。 ▶ 賃貸借契約書に一義的かつ具体的に記載された更新料の支払を約する条項は、更新料の額が賃料の額、賃貸借契約が更新される期間等に照らし高額に過ぎるなどの特段の事情がない限り、消費者契約法10条にいう「民法第1条第2項に規定する基本原則に反して消費者の利益を一方的に害するもの」には当たりません。 ▶ 更新実務では初回契約時に記載・説明が必要とされます。
更新手数料	その額が妥当であれば有効です。

《裁判例》

賃貸借契約書に一義的かつ具体的に記載された更新料の支払を約する条項は、更新料の額が賃料の額、賃貸借契約が更新される期間等に照らし高額に過ぎるなどの特段の事情がない限り、消費者契約法10条にいう「民法第1条第2項に規定する基本原則に反して消費者の利益を一方的に害するもの」には当たらない（最判平成23年7月15日）。

更新料特約は、全体としても合意更新を前提としたものであって、法定更新には適用されないとするのが契約当事者の合理的な意思に合致する（京都地判平成16年5月18日）。

ひっかけポイント

建物賃貸借の更新において、「正当事由の判断に転借人の事情は考慮しない」という手にはのらないように！

ここに注意して学習

ほぼ毎年出題されます。確実に1点ゲットしましょう。判例からの出題も多いので、判例と関連させながら要件を覚えましょう。

第6章　定期建物賃貸借

重要度▶A

> 数年後にリノベーションを考えているので、そのタイミングで退去してもらえる賃貸借契約を結びたいなあ。

A：定期建物賃貸借であれば可能です。

Ⅰ　意義・成立要件・終了・適用除外

契約の更新がない旨の特約を認める契約です。

期　間	当事者が合意した期間(1 年未満とすることもできる)
方　式	▶ (公正証書などの)書面等※によって契約する必要があります。 ▶ 賃貸人は、賃借人に対して、あらかじめ書面等を交付の上、賃貸借に更新がなく、期間の満了によって終了する旨を説明しなければなりません。 ▶ 上記の書面等は、賃借人が、その契約に係る賃貸借は契約の更新がなく、期間の満了により終了すると認識しているか否かにかかわらず、**契約書とは別個独立の書面でなければなりません**。 ▶ 上記の**説明をしなかったときは、契約の更新がないこととする旨の定めは無効**となります。
終　了	①賃貸人から(期間が 1 年以上の場合) 期間満了の 1 年前から 6 か月前までに賃借人への通知をする必要があります。 ②賃借人から(床面積が 200 ㎡未満の居住用建物である場合) 転勤、療養、親族の介護その他のやむを得ない事情により、建物の賃借人が建物を自己の生活の本拠として使用することが困難となったときは、賃貸借の解約の申入れをすることができ、当該申入れの日から 1 か月後に契約が終了します。 ▶ 終了通知は書面である必要はなく、契約期間が 1 年未満の場合は通知自体が不要です。 ▶ 終了通知をしなかった場合は、期間が満了しても、賃借人に対して賃貸借の終了を対抗できません。もっとも、通知期間経過後に通知をしたときは、その通知が到達した日から 6 か月を経過すれば、終了を対抗できるようになります。 ▶ 上記①②に反する特約で建物の賃借人に不利なものは無効となります。
適用除外	普通建物賃貸借ではできなかった不減額特約も、定期建物賃貸借ではする

| | ことができます。したがって、不増額特約も不減額特約も有効です。 |

※ 建物の賃貸借の契約がその内容を記録した電磁的記録(PDFファイル等のデータ)によってされたときは、その契約は、書面によってされたものとみなされます。

II 再契約する場合

期間満了により契約は終了するので更新しません。したがって、終了後に居住を継続する場合は再契約となります。

なお、平成12年3月1日より前になされた普通建物賃貸借を定期建物賃貸借に切り替えることは、当分の間、認められないものとされています。

明渡し 原状回復	理論	いったんは明渡しと原状回復がなされた後に再度引渡し
	実際	再契約の際には明渡し・原状回復義務の規定は適用されません(定期建物賃貸借標準契約書)
敷金	理論	いったんは精算します。
	実際	精算後の敷金を借主に返還せずに再契約における敷金に充当します。
保証契約	定期建物賃貸借が終了した後の債務については、保証人は保証債務を負いません。したがって、再度保証契約を締結する必要があります。
手続	終了通知の際に再契約の意思がある旨を伝えることが望ましい。ただし、実際に再契約する場合は宅地建物取引業法の適用があります。

《裁判例》

借地借家法38条2項所定の書面は、賃借人が、その契約に係る賃貸借は契約の更新がなく、期間の満了により終了すると認識しているか否かにかかわらず、契約書とは別個独立の書面であることを要する(最判平成24年9月13日)。

ひっかけポイント

事前説明は、契約書に「契約の締結に先立って説明を受けた」旨の記載があればよい、という手にはのらないように!

ここに注意して学習

定期建物賃貸借は頻出分野なので、成立要件と中途解約する場合の手続を正確に暗記しておきましょう!

第7章　賃貸借契約の終了

> 3か月も連絡なしで賃料を支払わない入居者がいます。契約を解除して退去してもらいたいが、どうすれば？

A：内容証明郵便で催告した上で解除することができます。

I 概要〜契約が終わるときはどんなとき？

賃貸借契約は次の原因で終了します。

- ▶ 期間満了（更新拒絶等の通知が必要）
- ▶ 解約申入れ
- ▶ 債務不履行による契約の解除
- ▶ 合意解除
- ▶ その他の終了原因

II 期間満了〜期間が満了すると終了？

1 期間満了

期間の定めがある賃貸借の場合、当事者が期間の満了の1年前から6か月前までの間に相手方に対して「更新をしない旨の通知または条件を変更しなければ更新をしない旨の通知（更新拒絶等の通知）」をしなければなりません。

《裁判例》

賃貸不動産の転貸借において、原賃貸借について賃借人から更新拒絶がある場合、原賃貸借契約の終了を転借人に対抗することが信義則上、相当でないというべき事情がない限り、借地借家法34条に定める通知をすれば、契約終了を転借人に対抗することができる（東京地判平成22年6月25日）。

2 正当事由

賃貸人が更新拒絶したり解約申入れしたりする場合は、原則として、正当事由が必要です。

正当事由が求められる場面	▶ 期間の定めのある建物賃貸借契約につき、**賃貸人からの**期間満了を原因として終了させる場合の更新拒絶等の通知には、正当事由がなければなりません。それに対して、賃借人からの通知には、正当事由は不要です。 ▶ 期間の定めのない建物賃貸借の解約申入れ及び期間内解約条項に基づく解約申入れによる契約終了にも正当事由が必要です。
正当事由としての考慮要因	1.賃貸人および賃借人が建物の使用を必要とする事情 2.建物の賃貸借に関する従前の経過 3.建物の利用状況 4.建物の現況 5.財産上の給付（立退料）の提供の申出 ▶ **立退料の有無は正当事由を判断する一要素に過ぎません。**
正当事由を具備すべき時期	原則として、更新拒絶等の通知及び解約申入れのときに存在し、かつ、その後**6か月間持続**させなければならない（最判昭和28年1月30日）。ただし、通知時点では正当事由がなくても、通知後に事情が変わり正当事由が具備され、その状態が事情変更時点から6か月持続した場合も、解約の効果は生じる。

《裁判例》

賃貸人には本件建物またはその敷地を自己使用する等の必要性はないが、建物の状況に照らし、本件賃貸借契約を解約することは合理性ないし社会相当性がある。しかし、一方で、賃借人が本件建物を明け渡すことでの生活上・営業上の損失に対する補償も必要であり、補修を加えつつ使用すれば5年ないし77年程度使用可能と予測されるのでその応分の金銭補償をすれば正当事由が補完される（東京高判平成3年7月16日）。

Ⅲ 解約申入れ～中途解約ができる場合もある？

1 期間の定めのある賃貸借契約

期間内解約条項がある場合	▶ 賃借人が期間内解約の申入れをした場合、予告期間に関する特約がなければ、申入時から3か月を経過することで賃貸借契約は終了します。 ▶ 賃貸人からの期間内解約申入れには正当事由が必要です。 ▶ 定期建物賃貸借の場合、特約があっても、床面積が 200 ㎡未満の居住用建物である場合で、転勤、療養、親族の介護その他のやむを得ない事情により、建物の賃借人が建物を自己の生活の本拠として使用することが困難となったときは、賃貸借の解約の申入れをすることができ、当該申入れの日から1か月後に契約が終了します（強行規定）。
期間内解約条項がない場合	契約当事者は、契約期間中に契約を解約することはできません。

2 期間の定めのない賃貸借契約

賃借人から	解約申入日から3か月を経過することで終了します。
賃貸人から	正当事由ある解約申入れから6か月を経過すると終了します。

3 特 約

解約申入れに関する借地借家法と異なる特約のうちで、賃借人に不利な特約は無効となります。

IV 債務不履行による解除〜契約違反で解除できる？

1 概説

債務不履行となる原因としては次のものがあげられます。

▶ 賃料不払い
▶ 賃借権の無断譲渡・無断転貸
▶ 用法遵守義務違反

2 債務不履行に基づく解除権の行使

(1)債務不履行とは？

債務不履行とは、債務者(約束を果たすべき者)が債務の本旨に従った(約束どおりの)履行をしないことをいい、履行遅滞と履行不能の2種類があります。

履行遅滞	履行が可能であるのに履行期を過ぎてしまうこと
履行不能	履行ができなくなった場合をいいます。たとえば、賃貸借契約の対象となる建物が全焼してしまい、居住することができなくなった場合等。

(2)契約を解除するための要件
①履行期に遅れたこと(履行遅滞)

履行遅滞の場合は、履行期に遅れたことが要件となります。どのタイミングから遅れたことになるかは以下の表に従います。

	確定期限	不確定期限	期限の定めがない
意味	期限が確定している場合	いつ期限が到来するかが不確定な場合	期限が定められていない場合
具体例	○月○日に引き渡す	父が死亡したら、引き渡す	法律の規定に基づく債務(契約の解除に基づく原状回復義務、不当利得返還債務等)
いつから履行遅滞となるか	期限が到来した時から	期限が到来した後に**履行の請求を受けた時**または期限の到来したことを**知った時**のいずれか早い時から	債権者が**履行を請求し**た時から

②信頼関係の破壊

賃貸借契約の当事者間の信頼関係を破壊するおそれがあると認めるに足りる事情が存することが必要です(継続的契約となる賃貸借契約を解除する場合における要件)。

3　賃料不払解除

信頼関係の破壊の判断要素	▸ 不払いの程度・金額（2～3か月分の不払い） ▸ 不払いに至った経緯 ▸ 契約締結時の事情 ▸ 過去の賃料支払状況 ▸ 催告の有無・内容 ▸ 催告後あるいは解除の意思表示後の賃借人の対応 　等を総合的に斟酌して判断する。
家賃債務保証会社による未払賃料の代位弁済	保証会社の支払いは代位弁済であり、賃借人による支払ではないから、賃借人の債務不履行を判断する際に考慮する必要はありません（最判平成 26 年 6 月 26 日）。

4　用法遵守義務違反

用法義務違反	定められた使用目的と異なる目的のために建物を使用すること ▸ 無断増改築、長期不在、暴力団事務所として利用等も含みます。
信頼関係の破壊の判断要素	▸ 使用の態様 ▸ 賃貸人の被る損失 ▸ 建物の損壊の程度 ▸ 他の賃借人や近隣への迷惑 　等を総合的に斟酌して判断します。

5　賃借権の無断譲渡・無断転貸と解除

賃借人が賃貸人の承諾なく第三者をして賃借物の使用収益をなさしめた場合においても、賃借人の当該行為が賃貸人に対する背信的行為と認めるに足らない特段の事情がある場合においては、解除権は発生しません（最判昭和 28 年 9 月 25 日）。

6　解除権行使の方法

解除するには原則として催告が必要です。

催告	相当の期間を定めてその履行の催告をし、その期間内に**履行がない**こと ▶ 次の場合は、債権者は**催告なしで直ちに契約の解除**をすることができます。 ①債務の全部の**履行不能**(一部が不能の場合は契約の一部を解除できる) ②債務者の明確な全部履行拒絶の表示(一部の履行拒絶を表示した場合は契約の一部を解除できる) ③債務の一部の履行が不能である場合または債務者がその債務の一部の履行を拒絶する意思を明確に表示した場合で、残存する部分のみでは契約をした目的を達することができないとき ④契約の性質または当事者の意思表示により、特定の日時または一定の期間内に履行をしなければ契約をした目的を達することができない場合において、債務者が履行をしないでその時期を経過したとき ⑤債務者がその債務の履行をせず、債権者が催告をしても契約をした目的を達するのに足りる履行がされる見込みがないことが明らかであるとき ▶ 賃貸借は当時者相互の信頼関係を基礎とする継続的契約であるから、賃貸借の継続中に、当事者の一方に、その義務に違反し信頼関係を裏切って、**賃貸借関係の継続を著しく困難ならしめるような不信行為のあった場合**には、相手方は、**催告を要せず**、賃貸借を将来に向って解除することができる(最判昭和27年4月25日)。
軽微でない	前記の催告の期間を経過した時における債務の不履行がその契約及び取引上の社会通念に照らして**軽微でない**こと
解除権の意思表示	▶ 解除の意思表示は原則として**撤回できません**。 ▶ 解除の方法は口頭でもよいが、到達しなければ効力を生じないので、内容証明郵便によることが望ましいです。 ▶ 解除の意思表示は、**相当の期間を定める催告と同時**にしてもよく、その場合、相当の期間内に債務者が履行をしなければ、解除の効果が発生します。
債権者の帰責事由	債務の不履行が**債権者の責めに帰すべき事由**によるものであるときは、債権者は、契約の解除をすることができません。 なお、**債務者の帰責事由は要件となっていません**。

契約当事者が複数の場合の解除権の行使方法

賃貸人が複数の場合	▶ 原則として賃貸人全員が賃借人全員に対して解除権を行使します。 ▶ 賃貸借契約の解除に関する事項は共有物の管理に関する事項にあたり、過半数により決せられます。
賃借人が複数の場合	▶ 賃貸人は原則として、賃借人全員に対して解除を行使する必要があります。 ▶ 多くの裁判例では、催告・解除について全員にするのではなく、1人に対する意思表示で足りると判示しています（甲府地判昭和28年4月2日等）。

解除の効果

解除は相手方にその意思表示が**到達した時点で**効力を生じます。

賃貸借契約における解除の効果は、**将来に向かってのみ効力**を生じます。

解除された場合に、当事者の一方に**過失があったとき**は、その者に対し損害賠償を請求することができます。

V その他の終了原因

合意解除	賃貸借契約の当事者の合意により契約を終了させることをいいます。
建物の滅失・朽廃	賃貸不動産が火災や地震等により滅失した場合や朽廃し効用を完全に失った場合は、賃貸人は賃借人に賃貸不動産を使用収益させることができなくなり（履行不能）消滅します。 ▶ 賃貸不動産の滅失につき、賃貸人または賃借人に帰責性があるとしても、それは損害賠償の問題にすぎず、建物賃貸借契約は終了します。
駐車場契約	①期間の定めのない契約の場合 　土地を賃貸している場合・・・1年前の申し入れで解約 ②期間の定めのある契約の場合 　**原則**：期間満了により契約は終了します。 　**例外**：賃借人が使用を継続して、賃貸人が黙認した場合（異議を述べなかった場合）は期間の定めがなく、従前と同一の条件により更新されたものとみなされます。

ひっかけポイント

債務不履行を根拠に契約解除する場合は「債務者に帰責事由がなければならない」という手にはのらないように！

ここに注意して学習

理論的に難しい分野ですが、借地借家法上の更新拒絶と債務不履行に基づく解除の要件をしっかりと暗記しましょう。

第8章　破産と賃貸借

重要度▶C

> 入居者の1人が自己破産したとの連絡が。今後家賃が支払われるか
> 不安です。どうすれば？

A：破産管財人に対して催告して解除の意思表示をします。

Ⅰ　概説〜借金で首が回らないときは？

裁判所が関与する法的倒産処理の手続きには、清算型と再建型があります。

清算型	再建型
①破産(破産法)	③民事再生手続(民事再生法)
②特別清算(会社法)	④会社更生手続(会社更生法)

Ⅱ　破産手続〜賃貸人や賃借人が破産するとどうなるの？

1　概説

破産手続は、債務者が支払不能または債務超過にある場合に(破産法15条1項、16条1項)、法人であれば解体し、個人であれば一定時点に存した債権債務から解き放つことによって、債務者の財産関係を清算する倒産処理方法です。

なお、債務超過は法人の場合に限り破産手続開始の原因となっています。

破産手続開始の決定	破産管財人の選任	配当	免責
債務者・債権者からの申立て	破産財団の管理処分権は破産管財人に属する。	債権者に公平な配当を行う。終了により法人は消滅。残債務については免責が検討される。	

2 賃借人の破産

(1)解除権の行使
賃貸人が契約を解除できるのは、賃借人に賃料不払いなどの契約解除事由がない限り、解除することができません。

《倒産解除特約の有効性》
賃貸借契約の終了事由として、賃貸借契約書に「賃借人が破産手続開始決定を受けたことを契約解除事由とする。」旨の特約を定めることがあります(いわゆる倒産解除特約)。この特約に基づき、賃貸人は契約を終了させることができるのかが争点となった裁判例・判例があります。

▶ 否定(最判昭和 43 年 11 月 21 日)
▶ 限定的に肯定(大阪地判平成 3 年 1 月 29 日)

(2)賃料
賃借人につき破産手続の開始が決定されると、破産財団の管理処分権は破産管財人に帰属します(破産法 78 条 1 項)。賃借人の破産管財人が、賃料関係の権利義務の主体となり、賃料を支払い、賃貸人との関係における催告・解除などの通知の相手方となります。
賃貸人の賃料債権は、破産債権になるものと財団債権になるものに区別されます。

	内 容	債 権
破産債権	破産者に対し破産手続開始前の原因に基づいて生じた財産上の請求権で、破産手続の中で弁済を受けることのできる債権。	**破産手続開始決定**前に生じた未払賃料債権
財団債権	破産手続によらないで破産財団から随時弁済を受けることができる債権。	▶ **破産手続開始決定**後の賃料債権 ▶ **破産手続開始決定**前の光熱費

(3)賃貸借の終了
①破産管財人は、契約の解除または履行のいずれかを選択できます(破産法 53 条 1 項)
↓
②破産管財人が態度を示さない場合
↓
③賃貸人から破産管財人に、相当期間を定めて催告できます(破産法 53 条 2 項)
↓
④確答しないときは解除されたものとみなされます。

(4)原状回復費用の償還請求権

破産債権:**破産手続開始決定の前**に解除された場合の原状回復費用の償還請求権

財団債権:**破産手続開始決定の後**に解除された場合の原状回復費用の償還請求権

(5)損失回避特約

「賃借人が自己の都合及び原因により賃貸借期間内に解約又は退去する場合は、保証金は違約金として全額返還されないものとする」や「賃借人のやむを得ない事由により中途解約する場合は、保証金は違約金として全額返還されないものとする」のような損失回避特約は、有効であり保証金の返還義務を要しません（東京地判平成20年8月18日）。

(6)免責

賃借人が破産して免責となる債権は以下のものです。

▶ 破産手続開始決定までに生じた不払賃料

▶ 破産手続開始決定後の賃料

▶ 解除後の使用損害金

3 賃貸人の破産

賃　料	▶ 破産手続開始決定前の賃料前払いや譲渡に制限はありません。 ▶ 賃料債務の相殺の制限もありません。
敷金返還請求権	▶ 停止条件付債権又は将来の請求権を有する者は、破産者に対する債務を弁済する場合には、後に相殺をするため、その債権額の限度において弁済額の寄託を請求することができます。敷金の返還請求権を有する者が破産者に対する賃料債務を弁済する場合も、同様です。 ▶ 破産管財人は、賃借人から寄託請求を受けた場合、受領した賃料について敷金の範囲において寄託をしておかなければなりません。
双方ともに債務未履行の場合の双務契約解除	▶ 破産法53条1項「双務契約について破産者及びその相手方が破産手続開始の時において共にまだその履行を完了していないときは、破産管財人は、契約の解除をし、又は破産者の債務を履行して相手方の債務の履行を請求することができる。」 ▶ 破産法56条1項「第53条1項及び第2項の規定は、賃借権その他の使用及び収益を目的とする権利を設定する契約について破産者の相手方が当該権利につき登記、登録その他の**第三者に対抗することができる要件を備えている場合には、適用しない。**」 ▶ 建物賃借人は通常引渡しを受けているので対抗力があり、破産管財人からの契約解除は制限されています。

ひっかけポイント

賃借人が破産した場合は「賃貸借契約は自動的に解除される」という手にはのらないように！

ここに注意して学習

賃貸人が破産した場合と賃借人が破産した場合を分けて、整理して暗記しましょう。

第9章 当事者の死亡

重要度▶B

公営住宅の賃借人が死亡した場合でも、その配偶者などの相続人が
そのまま住み続けられるの？

A:公営住宅の場合は当然には承継しません。

Ⅰ 賃貸人の死亡

建物賃貸借における賃貸人が死亡した後の契約関係はどうなるのでしょうか。

賃貸人の地位の帰趨(きすう)		▶ 相続人が賃貸人の地位を承継します。 ▶ 共同相続の場合は共有物の賃貸となり、遺産分割後は分割により物件を取得した者が新賃貸人となります。 ▶ 相続人のあることが明らかでないときは、相続財産は、法人とされ、相続財産清算人が選任されて財産の処分や債務の弁済などの定められた業務を行い、それでも残された財産は国庫に帰属します。
賃料	死亡前に生じていた賃料	▶ 金銭債権として相続財産となります。 ▶ 数人の相続人がいる場合の金銭債権については、相続財産中に金銭その他の可分債権があるときは、その債権は法律上当然分割され各共同相続人がその相続分に応じて権利を承継します(最判昭和29年4月8日)。
	死亡後〜遺産分割前の賃料	▶ 相続人が数人あるときは、相続財産は、その共有となります(原則として、法定相続分をもって各相続人の共有持分となります)。つまり、相続人が共同して賃貸人となります。 ▶ 相続開始から遺産分割までの間に遺産である賃貸不動産から生じた賃料債権は、各共同相続人がその相続分に応じて確定的に取得し、後にされた遺産分割の影響を受けません(最判平成17年9月8日)。
	遺産分割後の賃料	▶ 遺産分割が完了すると遺産共有は解消されて遺産を構成する個々の財産の帰属が確定し、相続財産に含まれる賃貸に供される建物を取得した所有者が賃貸人として賃料を取得します。

敷　金	死亡前に生じ ていた敷金返 還債務	▶ 被相続人の敷金返還債務はその相続人が承継します。 ▶ 被相続人の敷金返還債務は法定相続分に従って分割されて各相続人に帰属します（東京高判昭和54年9月28日）。
	死亡後～遺産 分割前の敷金 返還債務	▶ 数人の相続人がいる場合の敷金返還債務は、不可分債務となり、共同相続人それぞれが、賃借人に対して、全額の返還債務を負います（最判昭和34年6月19日）。
	遺産分割後の 敷金返還債務	▶ 賃貸借終了が遺産分割後であれば、敷金返還債務を負うのは相続財産の所有者だけです（東京地判令和元年7月31日）。

II　賃借人の死亡

建物賃貸借における賃借人が死亡した後の契約関係はどうなるのでしょうか。

相続人がい る場合	▶ 相続人が地位を承継します。 ▶ 相続人が複数いる場合における各賃借人一人ひとりの賃料債務は分割債務ではなく、賃貸人に対し全部の**履行義務を負担する不可分債務**となります。したがって、賃貸人は、共同賃借人に対し、賃料の全額を請求できます（大判大正11年11月24日）。 ▶ 賃貸人が賃貸借契約を債務不履行により解除する際は、相続人全員に対して催告し、解除の意思表示をしなければなりません。
相続人のある ことが明らか でない場合	▶ 相続財産は、法人とされ、所定の手続が行われた後、残された財産は国庫に帰属します。 ▶ 居住の用に供する建物の賃借人が相続人なしに死亡した場合において、その当時婚姻または縁組の届出をしていないが、建物の賃借人と事実上夫婦または養親子と同様の関係にあった同居者があるときは、その同居者は、建物の賃借人の権利義務を承継します。ただし、相続人なしに死亡したことを知った後1か月以内に建物の賃貸人に反対の意思を表示したときは、承継しません。 ▶ 内縁の夫が死亡した後その所有家屋に居住する内縁の妻に対して亡夫の相続人である養子が家屋明渡請求をした場合に、養子と離縁することに決定していたが戸籍上の手続をしないうちに亡夫が死亡したこと、養子には家屋を使用しなければならない差し迫った事情がないのに、内縁の妻の側には子女がまだ独立して生計を営むに至らず、その家屋を明け渡すときは家計上相当重大な打撃を受けるおそ

	れがある等の事情があるときは、その明渡請求は権利の濫用に当たり許されないとする判例があります（最判昭和 39 年 10 月 13 日）。
公営住宅における利用者の死亡	▶ 公営住宅（地方公共団体が、公営住宅法に基づいて、建設、買取または借り上げを行い、定額所得者に賃貸し、または転貸するための住宅及びその附帯施設で、国の補助にかかるもの）は当然には承継しません（最判平成 2 年 10 月 18 日）。

III 賃借人の死亡と残置物

(1)賃借人死亡時に賃貸借が終了するような特約は可能？

高齢者の居住の安定確保のための法律 52 条以下に定める「終身建物賃貸借契約」であったり、「使用貸借契約」（無償で貸す契約）であったりする場合を除き、賃借人が死亡することで自動的に契約が終了するのではなく、賃借人の相続人に賃借権が引き継がれる仕組みとなっています。

したがって、賃借人が死亡した場合に、賃貸人が無条件で合意解除できる特約を定めても、賃借人側にとって一方的に不利な内容と判断された場合は無効となる可能性が高くなります。

(2)賃借人死亡時に賃貸借を合意解除する権限をオーナーに付与する特約は有効？

賃貸借契約を解除する権限を他人に付与することは、死亡した賃借人の相続人の利害に影響します。したがって、解除関係の事務委任契約の受任者は、まずは賃借人の推定相続人のいずれかとするのが望ましいです。

しかし、推定相続人の所在が明らかでない、または推定相続人に受任する意思がないなど推定相続人を受任者とすることが困難な場合には、居住支援法人や居住支援を行う社会福祉法人のような第三者を受任者とするのが望ましいとされています。

賃貸借契約の解除をめぐっては賃貸人（オーナー）と賃借人（の相続人）の利害が対立することもあるので、賃貸人に賃貸借契約の解除に関する代理権を与えることは委任者である賃借人（の相続人）の利益を害するおそれがあります。したがって、解除関係の事務委任契約については、賃貸人を受任者とすることは避けるべきです。もしこのような契約をした場合は、賃借人の利益を一方的に害するおそれがあり、民法 90 条や消費者契約法 10 条に違反して無効となる可能性があります。

(3)賃借人死亡後の室内の残置物の処分する権限をオーナーに委託する契約は可能？

残置物関係の事務委託契約の受任者についても、前記の解除関係の事務委任契約と同様に、①賃借人の推定相続人のいずれか、②居住支援法人、居住支援を行う社会福祉法人または賃貸物件を管理する管理業者のような第三者が考えられます。

賃貸人自身を受任者にすることを避けるべきであることについては、解除関係の事務委任契約と同様です。

(4)賃借人死亡後の残置物の処分を第三者に委託するにはどうすればよいの？

残置物関係の事務委託契約書に、受託者に廃棄等を委託する動産(非指定残置物)と、廃棄ではなく指定された送付先に送付することを受託者に委託する動産(指定残置物)を指定して置くことで、死後、残置物をいったん別の場所に移動させ、一定期間(3か月程度)経過後に、廃棄したり、換価したりすることができます。

IV　人の死の告知に関するガイドライン

不動産取引にあたって、取引の対象不動産において過去に生じた人の死に関する事案について、宅建業者による適切な調査や告知に係る判断基準がなく、取引現場の判断が難しいことで、円滑な流通や、安心できる取引が阻害されているとの指摘がありました。
そこで、国土交通省は、令和3年10月8日に「宅地建物取引業者による人の死の告知に関するガイドライン」を策定しました。

1　調査～聞き込み・ネット情報の収集までの義務はない？

過去に人の死が生じた居住用不動産の取引に際して宅建業者がとるべき対応に関し、宅建業法上負うべき義務の解釈について、現時点で一般的に妥当と考えられるものを整理しています。

調査の対象・方法	宅建業者が媒介を行う場合、売主・貸主に対し、告知書等に過去に生じた事案についての記載を求めることにより、媒介活動に伴う通常の情報収集としての調査義務を果たしたものとされます。 ▶ 宅建業者は、原則として、自ら周辺住民に聞き込みを行う、インターネットサイトを調査するなどの自発的な調査を行う義務は無く、仮に調査を行う場合であっても、亡くなった方やその遺族等の名誉及び生活の平穏に十分配慮し、特に慎重な対応が必要です。
調査に当たっての留意事項	宅建業者は、売主・貸主による告知書等への記載が適切に行われるよう必要に応じて助言するとともに、売主・貸主に対し、事案の存在について故意に告知しなかった場合等には、民事上の責任を問われる可能性がある旨をあらかじめ伝えることが望ましいです。 ▶ 告知書等により、売主・貸主からの告知がない場合であっても、人の死に関する事案の存在を疑う事情があるときは、売主・貸主に確認する必要があります。

告知～3年経過すると告知義務がなくなる場合もある？

原則	宅建業者は、人の死に関する事案が、取引の相手方等の判断に重要な影響を及ぼすと考えられる場合には、これを告げなければなりません。
例外	①賃貸借または売買の対象不動産で発生した自然死・日常生活の中での不慮の死(転倒事故、誤嚥など)。 ▶ 事案発覚からの経過期間の定めなし。 ②賃貸借の対象不動産や日常生活において通常使用する必要がある集合住宅の共用部分で発生した①以外の死または特殊清掃等が行われた①の死が発生し、事案発生(特殊清掃等が行われた場合は発覚)からおおむね3年間が経過した後。 ③賃貸借または売買の対象不動産の隣接住戸・日常生活において通常使用しない集合住宅の共用部分で発生した①以外の死または特殊清掃等が行われた①の死 ▶ 事案発覚からの経過期間の定めなし
備考	▶ 告げなくてもよいとした②・③の場合でも、事件性、周知性、社会に与えた影響等が特に高い事案は告げる必要があります。 ▶ 人の死の発覚から経過した期間や死因に関わらず、買主・借主から事案の有無について問われた場合や、社会的影響の大きさから買主・借主において把握しておくべき特段の事情があると認識した場合等は告げる必要があります。 ▶ 告げる場合は、事案の発生時期(特殊清掃等が行われた場合は発覚時期)、場所、死因及び特殊清掃等が行われた場合はその旨を告げます。

5

賃貸借契約

3 留意事項～亡くなった方や遺族の名誉に配慮する

亡くなった方やその遺族等の名誉及び生活の平穏に十分配慮し、これらを不当に侵害することのないようにする必要があることから、氏名、年齢、住所、家族構成や具体的な死の態様、発見状況等を告げる必要はありません。

個々の不動産取引においては、買主・借主が納得して判断したうえで取引が行われることが重要です。そこで、宅建業者は、トラブルの未然防止の観点から、取引に当たって、買主・借主の意向を事前に十分把握し、人の死に関する事案の存在を重要視することを認識した場合には特に慎重に対応することが望ましいです。

ひっかけポイント

ガイドラインでは、「入居者が入浴中に溺死したときは、原則として、借主に告知する必要がある」という手にのらないように！

ここに注意して学習

賃貸人・賃借人が死亡した場合の賃料と敷金の承継および賃借人死亡の際の残置物の取り扱い・告知等に注意して勉強しましょう。

第10章　建物の所有権移転等

重要度▶B

借金が返せなくなり、抵当権付きの賃貸物件が競売に。入居者はどうなるのかな？

A:競落した人が退去を求めてきたら半年後には退去する必要があります。

5

賃貸借契約

Ⅰ　オーナーが変わったときの入居者の立場は？

1　賃借権に対抗力がある場合

民法における対抗力	不動産の賃貸借は、これを登記したときは、その後その不動産について物権を取得した者に対しても対抗できます。この登記は賃貸人と賃借人の共同申請となります。
借地借家法による緩和	借地借家法は、建物の賃貸借について、建物の引渡しを対抗要件としています。建物の引渡しがあれば、その後に建物が売却されても、従来の賃貸借関係がそのまま買主との間で存続します。
敷金返還請求権	賃借物の譲渡に伴って賃貸人の地位が移転した場合には、敷金に関する権利義務も承継され、賃借人は新賃貸人に対して敷金の返還を請求できます。
賃貸人の地位の承継	▶ 賃借人が対抗要件(引渡し等)を備えている状況で賃貸物件が譲渡された場合、賃借人たる地位は譲受人に移転し、必要費・有益費・敷金等の債務は譲受人が負うことになります。ただし、賃貸人たる地位の移転は、賃貸物件について所有権の移転の登記をしなければ、賃借人に対抗することができません(賃料の請求等)。 ▶ 賃貸物件の譲渡人と譲受人が、賃貸人たる地位を譲渡人に留めておく旨及び譲受人が譲渡人に賃貸する旨(いわゆるマスターリース契約になります。)の合意をしたときは、賃貸人たる地位は、譲受人に移転しません。ただし、譲渡人と譲受人又はその承継人との間の賃貸借が終了したときは、譲渡人に留保されていた賃貸人たる地位は、譲受人又はその承継人に移転します。

2　賃借権に対抗力がない場合

賃貸人の地位が当然には移転しません。

賃借人は新所有者に賃借権を主張できません。

賃借人は新所有者から明渡しを求められるおそれがあります。

第10章　建物の所有権移転等　177

II 契約による賃借人の変更

賃借権が譲渡された場合、敷金に関する権利義務は、原則として新賃借人に承継されません（最判昭和 53 年 12 月 22 日）。

III 抵当権付建物の賃貸借

(1)抵当建物が競売されると？

▶ 抵当権が実行された場合の賃借人と新所有者(買受人)との優劣は、抵当権設定登記と賃借権の対抗力(建物の引渡し等)取得との先後によって決まります。

▶ 賃借権が抵当権に対抗できなければ、競売によって抵当権が実行された際に、賃借人は新所有者(買受人)に賃借権を主張できず、新所有者(買受人)から明渡しを求められれば、これを拒むことができません。

(2)競売の買受人に対する賃借人の地位

▶ 抵当権者に対抗することができない賃貸借により抵当権の目的である建物の使用または収益をする者であって次に掲げるものは、その建物の競売における買受人の買受けの時から 6 か月を経過するまでは、その**建物を買受人に引き渡す必要がありません**。

1.競売手続の開始前から使用又は収益をする者

2.強制管理又は担保不動産収益執行の管理人が競売手続の開始後にした賃貸借により使用又は収益をする者

▶ 買受人が賃貸人の地位を承継するものではないので、抵当建物使用者に対する敷金返還義務はありません。

▶ 買受人の買受けの時より後に当該建物の使用をしたことの対価について、買受人が抵当建物を使用する者に対し相当の期間を定めてその 1 か月分以上の支払の催告をし、その相当の期間内に履行がない場合には、直ちに建物を明け渡さなければなりません。

ひっかけポイント

建物賃借権は「その登記をしなければ第三者に対抗できない」という手にはのらないように！

ここに注意して学習

抵当権の設定前と後で賃借権を競落人に対抗できるか否かについて正確に暗記しておきましょう。

第11章 特別の賃貸借契約

重要度▶C

> ご老人の方にマンションを貸したいけど、死亡や相続のことを考えると手間がかかりそう。何か良い方法はないかしら？

A:終身建物賃貸借という選択肢もあります。

Ⅰ 一時使用建物賃貸借（一時使用借家）契約

要件	▶ 建物の賃貸借であること ▶ 一時使用のための賃貸借であることが明らかであること
一時使用とは	賃貸借の目的、動機その他諸般の事情から、その賃貸借を短期間に限り存続させる趣旨のものであることが、客観的に判断されるものであればよい。必ずしもその期間の長短だけを標準として決せられるものではなく、**期間が1年未満でなければならないものではありません**（最判昭和36年10月10日）。
形式	▶ 口頭でも可能 ▶ 契約書に一時使用という文言を記載しても、一時使用のための賃貸借であることが明らかでなければ、一時使用のための賃貸借とは認められません（東京高判昭和29年12月25日）
効果	借地借家法第3章の規定の適用がありません（契約期間・更新・対抗力・借賃増減額請求権・造作買取請求権・終了時の転借人保護・借地上の建物の賃借人の保護・居住用建物の賃貸借の承継等）

Ⅱ 取壊し予定建物の建物賃貸借

建物を取り壊すことになる時に建物賃貸借契約が終了する旨を定めた建物賃貸借です。

期間	建物を取り壊すことになる時まで
要件	1.法令(たとえば、都市計画法、土地区画整理法、土地収用法)または契約(たとえば、土地賃貸人との間の建物収去・土地明渡しの特約)によること 2.一定期間経過後に建物を取り壊すべきことが明らかな場合
方式	特約は**書面**によってしなければなりません。
終了	建物の取壊しにより契約が終了する場合、**正当事由を必要としません。**

III 終身建物賃貸借（終身借家）契約

登録制度	高齢者の住居の安定確保に関する法律においては、高齢者の円滑な入居を促進するための賃貸住宅の登録制度を定めています。 高齢者向けの賃貸住宅または有料老人ホームであって居住の用に供する専用部分を有するものに高齢者を入居させ、以下のサービスを行う者は、都道府県知事の登録を受けることができます。 ▶ 状況把握サービス ▶ 生活相談サービス ▶ その他福祉サービス
終身賃貸事業	自ら居住するため住宅を必要とする高齢者※1、または、当該高齢者と同居するその配偶者を賃借人とし、当該賃借人の終身にわたって住宅を賃貸する事業を行おうとする者(終身賃貸事業者)は、当該事業について**都道府県知事**(機構又は都道府県が終身賃貸事業者である場合にあっては、国土交通大臣。)の**認可**を受けた場合においては、**公正証書による等書面**によって契約をするときに限り、借地借家法 30 条の規定にかかわらず、当該事業に係る建物の賃貸借(一戸の賃貸住宅の賃借人が 2 人以上であるときは、それぞれの賃借人に係る建物の賃貸借)について、**賃借人が死亡した時に終了する旨を定めることができます。※2**

※1 60 歳以上の者であって、賃借人となる者以外に同居する者がないもの又は同居する者が配偶者もしくは 60 歳以上の親族(配偶者を除く。)であるものに限ります。

※2 同居配偶者または同居の 60 歳以上の親族が、賃借人死亡を知った時から 1 月以内に居住継続を希望した場合は同一条件で終身建物賃貸借をしなければなりません。

体験的な入居制度	賃借人となろうとする者から、仮に入居する旨の申出があった場合においては、終身建物賃貸借に先立ち、定期建物賃貸借(1 年以内の期間を定めたものに限る。)をすることができます。
賃料増減請求	賃料の改定に係る特約は有効です。賃料増減請求をしないとの取り決めがなされている場合には、賃料増減請求をすることはできません。
入居一時金	権利金その他の借家権の設定の対価を受領してはなりません。

	認可事業者は、次のいずれかに該当する場合に限り、都道府県知事の承認を受けて、当該賃貸借の解約の申入れをすることができます。
認可事業者 （賃貸人） による解約	▶ 認可住宅の老朽、損傷、一部の滅失その他の事由により、家賃の価額その他の事情に照らし、当該認可住宅を、適切な規模、構造及び設備を有する賃貸住宅として維持し、又は当該賃貸住宅に回復するのに過分の費用を要するに至ったとき ▶ 賃借人（一戸の認可住宅に賃借人が2人以上いるときは、当該賃借人の全て）が認可住宅に長期間にわたって居住せず、かつ、当面居住する見込みがないことにより、当該認可住宅を適正に管理することが困難となったとき
賃借人による解約の申入れ等	賃借人は、次のいずれかに該当する場合には、当該賃貸借の解約の申入れをすることができます。この場合において、当該賃貸借は、1.から3.までに掲げる場合にあっては解約の申入れの日から1月を経過すること、4.に掲げる場合にあっては当該解約の期日が到来することによって終了します。 1.療養、老人ホームへの入所その他のやむを得ない事情により、賃借人が認可住宅に居住することが困難となったとき 2.親族と同居するため、賃借人が認可住宅に居住する必要がなくなったとき 3.認可事業者が、都道府県知事による改善命令に違反したとき 4.当該解約の期日が、当該申入れの日から6か月以上経過する日に設定されているとき

ひっかけポイント

終身建物賃貸借契約は死亡時に終了するが、これは特約により排除することも可能である、という手にはのらないように！

ここに注意して学習

終身建物賃貸借は頻出分野です。通常の賃貸借（定期借家も含む）では死亡時に終了させることができない点と比較して覚えましょう！

第12章 使用貸借

重要度▶B

先日亡くなった親戚に無償で貸していた一軒家を有効活用したいが、その相続人が引き続き住みたいと言ってきた。どうしたら？

A：無償の貸借（使用貸借）は借主死亡で終了します。

Ⅰ 使用貸借～建物を利用するための他の制度

タダで建物を貸すことは多くはありませんが、賃貸借との違いを意識することで賃貸借の特徴を理解することができます。

使用貸借とは	当事者の一方がある物を引き渡すことを約し、相手方がその受け取った物について無償で使用及び収益をして契約が終了したときに返還をすることを約することによってその効力を生ずる契約です。 ▶ 建物を引き渡す等は成立の要件になっていません。
賃貸借とは	賃貸人が賃借人に対してある物を使用収益させることを約し、賃借人がこれに対して賃料を支払い、契約終了時に目的物を返還することを約する契約をいいます。

	建物賃貸借	使用貸借
無断転貸	賃借人が第三者に賃借物の使用収益をさせ、そのことについて背信的行為があると認められるときは、賃貸人は、解除することができます。	借主が第三者に借用物の使用収益をさせたときは、貸主は、解除することができます。
解約申入れ	賃貸人が、正当事由のある賃貸借の解約の申入れをすると、6か月を経過することで終了します。	存続期間を定めず、使用目的のみ定めた場合、目的に従った使用収益が終わったとき、返還しなければなりません。※
第三者への対抗力	▶ 賃借権の登記 ▶ 引渡し	**第三者に対抗できません。**
賃借人の死亡と使用借主の死亡	賃借人が死亡しても賃貸借契約は終了せず、賃借権は相続人に承継されます。	**借主**が死亡すれば、使用貸借契約は終了します。
必要費	賃貸人が負担します。	借主が負担します。

※ 返還時期の定めがなく使用目的のみ定めた場合、目的に従った使用収益が終わったとき、返還しなければなりません。また、借主がその使用収益を終わる前であっても、使用収益をするのに足りる期間を経過したときは、貸主は、直ちに返還を請求することができます。つまり、貸主は、いつでも返還を請求できるのではありません。

ひっかけポイント

使用貸借の貸主又は借主が死亡した場合、契約は終了する、という手にはのらないように！

ここに注意して学習

使用貸借が出題されるときは、賃貸借との比較で出題されます。単体で覚えずに賃貸借と比較して覚えましょう！

《貸借関係のまとめ》

		民法		借地借家法
		使用貸借	賃貸借	借家
一時使用建物賃貸借使用貸借				適用なし
存続期間	上限	なし	50年	なし
	下限	なし	なし	なし ▶ 1年未満:定期建物賃貸借を除き、期間の定めのないものとなる
更新・解約申入れ	期間の定めあり	更新なし	黙示の更新	《更新拒絶の方法》 ①通知(満了の1年前～6か月前の間) ②正当事由 ③使用継続の場合は異議申立
	期間の定めなし	更新なし	建物:3か月前に解約申入れ	《解約の方法》 賃貸人からの場合 ①6か月前に申入れ ②正当事由
対抗要件		なし	賃借権自体の登記	建物の引渡し
費用等		必要費以外の償還請求あり	必要費(直ちに)・有益費(終了時)償還請求権あり	造作買取請求権あり ・認めない特約も有効 ・債務不履行解除の場合は不可
相続		貸主死亡は相続する	賃貸人・賃借人どちらが死亡した場合も相続する	

予想問題にチャレンジ

【問 題】修繕に関する次の記述のうち、最も適切なものはどれか。

1　賃貸人は、賃貸物の使用および収益に必要な修繕義務を負うが、賃貸物の一部の破損
　　等が地震により生じた場合には、修繕義務は生じない。

2　賃貸借の目的物について、破損が著しく物理的に修繕不能な場合には、賃貸人の修繕
　　義務は生じないが、単に経済的に不可能な場合には生じる。

3　賃貸人が賃貸物の保存に必要な修繕を行おうとする場合、賃借人はこれを拒むことがで
　　きない。

4　賃貸人が修繕義務の履行を怠り、賃借人が目的物を全く使用することができなかった場
　　合でも、賃借人は、その期間の賃料の一部を支払う必要がある。

【解 説】

正解:3

1×　賃貸人は、賃貸物の使用および収益に必要な修繕義務を負います（民法606条1項）。
　　　修繕義務は、使用させる義務の当然の帰結です。したがって、賃貸不動産の破損等
　　　が天変地異等、不可抗力により生じた場合も賃貸人は修繕義務を負います。

2×　修繕が不可能な場合には修繕義務は生じません（東京地判平成21年9月2日）。な
　　　お、修繕可能性の判断は、物理的な不可能のみではなく、経済的な不可能も含まれま
　　　す（東京地判昭和41年4月8日）。

3○　賃貸人が修繕義務を負う以上、賃貸人が賃貸物の保存に必要な行為をしようとすると
　　　きは、賃借人は、これを拒むことができません（民法606条2項）。

　×　賃料は建物使用の対価であり、賃貸人が修繕義務の履行を怠り、賃借人が目的物を
　　　全く使用することができなかった場合には、賃借人は、その期間の賃料全額の支払い
　　　を免れます（大判大正4年12月11日）。

第6編　金銭の管理

賃貸借契約を締結すると賃借人は賃料支払義務を負いますが、不動産の賃貸借は長きにわたることが多く、物価変動や建物の減価償却などで賃料が不相当になることがあります。借地借家法にはそのような場合の特別な規定を設けています。

また、賃貸借契約とは別に敷金を預託する契約をするのが普通です。敷金に関しては多くの判例があるので事件とともに覚えておく必要があります。

さらに、賃料支払義務が果たされない場合に備えて、保証人を付けておくことが普通です。不動産賃貸借の保証は法的には根保証となります。特に個人が根保証人となった場合には、極度額の定めなど特殊なルールがあるので、通常の保証と比較して覚える必要があります。

学習時間	20 時間
出題数	5〜7 問程度
学習指針	一部滅失の場合の賃料、物価変動等での借賃増減額請求の要件と手続、敷金、保証についてそれぞれ法令及び判例の知識を整理して覚えましょう。それぞれ頻出分野です。 保証については根保証も含め正確に理解しましょう。分別管理は会計原則が重要です。

第1章 賃 料

物価や固定資産税が上がったので賃料も上げたい。賃借人が同意してくれない場合はどうすれば？

A：調停をした上で賃料増額請求の裁判をします。

I 概説〜賃料を受け取らないと供託される？

1 賃料等の意義

賃料とは、建物（及びその敷地）使用の対価として賃借人から賃貸人に対して支払われる金銭をいいます。

(1)新規の賃料設定方法

新規に賃貸借契約を締結する場合の賃料（新規賃料）について、①代金によって最低限度のコストを回収したうえで利益を上乗せする方法（コストからのアプローチ）、②他の供給者が提供し、あるいは他の受領者が受け入れる値段と比べる方法（比較のアプローチ）、③受領者が物やサービスの利便性や収益性に見合う対価と考えるかどうかの方法（収益からのアプローチ）があります。

積算賃料 （コストからのアプローチ）	基礎価格に期待利回りを乗じて得た額に必要諸経費等を加算して算出した賃料
比準賃料 （比較のアプローチ）	近傍類似の不動産の賃料を参考にして試算した賃料
収益賃料 （収益からのアプローチ）	適正な純収益を求めることができるときに、収益を勘案して求める賃料

▶ 新規で賃貸借契約を締結するときの賃料は、上記3つのアプローチを試算して、調整を加えたうえで決定します。

(2)継続賃料の算出方法

賃貸借契約が継続している途中で（継続賃料）変更する場合もあります。継続賃料では、次の4つの賃料算出の方法が用いられ、変更の賃料が決まります。

差額配分賃料	適正な実質賃料と、実際の実質賃料との差額について、賃貸人に帰属する部分を加減して算出した賃料
利回り賃料	基礎価格に継続賃料利回りを乗じて得た額に、必要諸経費等を加算して賃料を試算した賃料

スライド賃料	前回合意賃料時点(現行賃料を定めた時点)における純賃料に、価格時点までの変動率を乗じて得た額に、価格時点における必要諸経費等を加算し、求めた賃料
比準賃料	新規賃料における比準賃料と同様の方法によって算出する賃料

2 賃料の支払時期・支払場所

支払時期	毎月末(原則) ▶ 異なる内容を定めるには合意が必要
支払場所	債権者の住所(原則) ▶ 異なる内容を定めるには合意が必要(銀行口座に振込む等)

3 消滅時効～賃料は請求しないと消滅する?

時効とは	時間の経過によって、法律関係の効力が変化し、これまで存在していた権利が消滅したり(消滅時効)、これまで持っていなかった権利を取得したり(取得時効)することをいいます。
起算日	起算日にさかのぼって生じます。
援 用	当事者が援用(主張)しなければ、裁判所がこれによって裁判をすることができません。
賃料債権の時効期間	賃料債権は、次に掲げる場合には、時効によって消滅します。 1.債権者が権利を行使することができることを**知った時から**5年間行使しないとき 2.権利を行使することができる時から10年間行使しないとき

4 弁済充当～滞納賃料を受領した場合そのお金は何に充当されるの?

債務者が債権者に対して複数の債務を負担している状況で、債務者の給付がすべての債務を消滅させるには足りないものであるときに、その給付によってどの債務を消滅させ、どの債務を残存させるかという弁済の割振方法を、弁済の充当といいます。

充当の優先順位

①当事者間の合意があればそれに従います。
②上記の合意がない場合は「費用」⇒「利息」⇒「元本」の順番で充当されます。

指定充当

①弁済者(賃借人)は、給付時に、その弁済を充当すべき債務を指定できます。
②①の指定をしないときは、受領者(賃貸人)が、給付時に、その弁済を充当すべき債務を指定できます。ただし、弁済をするもの(賃借人)がその充当に対して直ちに異議を述べた場合は指定できません。

法定充当～指定充当がない場合
①弁済期にあるものに先に充当します。
②すべてが弁済期にある、またはすべて弁済期にない場合は、債務者のために弁済の利益が多いものに先に充当します。
③債務者のために弁済の利益が相等しい場合、弁済期が先に到来したもの、または先に到来すべきものに充当します。
④②③に掲げる事項が相等しい債務の弁済は、各債務の額に応じて充当します。

5 供託～賃料を受け取ってくれない場合は？

供託とは、債務者(賃借人)が債権者(賃貸人)に対して弁済すべき金銭その他の物を供託所(法務局)に寄託することをいいます。

要件	①債権者の受領拒絶、 ②受領不能 ③弁済者が債権者を確知することができないとき(債権者死亡後の相続人と称する者の相続権の有無が不明である場合など)。ただし、弁済者に過失があるときは供託できません。 ▶ 供託をした者は、遅滞なく、**債権者に供託の通知**をしなければなりません。
効果	▶ 賃借人は弁済供託を行うことで賃料支払義務を免れます。 ▶ 弁済供託がなされた場合、債権者はいつでも供託金を受領できます。

II 賃料増減請求～サブリース業者も増減額請求できる？

管理受託契約は、通常2年ないし3年程度の期間を定めて締結されますが、賃貸住宅管理は継続性が求められる業務なので、管理業者が長期間にわたって賃貸管理に携わるケースが多く、経営環境の変化等により、賃貸人に対して賃貸条件について適切なアドバイスを行う必要があります。

《借地借家法32条の賃料増減請求》

入居者との協議が頓挫したときは借地借家法に基づいて裁判で賃料を決定します。

要件	▶ 建物の借賃が、近傍同種の建物の借賃に比較して不相当となったとき等は、契約の条件にかかわらず、当事者は、将来に向かって建物の借賃の額の増減を請求することができます。 ▶ サブリース契約にも適用されます。 ▶ 賃借人・転借人に不利な上記に反する特約も有効です。
増額の裁判	▶ 請求を受けた者は、裁判が確定するまでは、**相当と認める額**の建物の借賃を支払えば債務不履行になりません。 ▶ ただし、その**裁判が確定**した場合、すでに支払った額に不足があるときは、その不足額に年1割の割合による支払期後の利息を付してこれを支払わなければなりません。

減額の裁判	請求を受けた者は、裁判が確定するまでは、**相当と認める額**の建物の借賃の支払を請求することができます。 ▶ ただし、その**裁判が確定**した場合において、すでに支払を受けた額が正当とされた建物の借賃の額を超えるときは、その超過額に年1割の割合による受領の時からの利息を付してこれを返還しなければなりません。
不増減特約	▶ **普通建物賃貸借**では、一定の期間賃料を**増額しない旨の特約**がある場合には、その不増額特約は**有効**です。それに対して、一定の期間賃料を**減額しない旨の特約**（不減額特約）は**無効**です。 ▶ **定期建物賃貸借**では、**不増額特約も不減額特約も**有効です。

III 賃料の支払い・賃料の管理

1 賃料の徴収方法

一般的な賃料等の徴収方法には次のものがあります。
①賃借人による持参
②賃借人から賃貸人への直接振込み
③賃借人から賃貸住宅管理業者への振込み
④信販会社や銀行など集金事務代行会社の自動振替による管理業者への入金

2 共益費等の収支管理～共益費は賃料に含まれるの？

共益費とは、階段、廊下等の共用部分の光熱費、上下水道使用料、清掃費等の日常の維持管理に必要な費用をいいます。

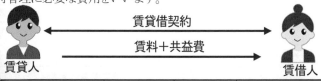

	専用部分	共用部分	標準契約書
物件の使用の対価	賃料	賃料	共用部分の使用は専用部分の使用に必要な限度において当然に認められるので、共用部分の使用の対価も賃料に含まれます。
水道・光熱費等の維持管理費	賃借人の自己負担	共益費	専用部分においては賃借人の各自負担する費用について、共用部分につき、賃借人が共同して費用を負担するのが共益費です。

IV 賃料の回収等

1 滞納賃料支払請求の相手方と催告の方法

催告の要否	信頼関係破壊が著しい場合は無催告解除も可能ですが、**催告することが望ましいです。**
催告の方式	口頭でも可能ですが、**書面によることが望ましいです。**
内容証明郵便による催告	通常の催告でも状況が改善されない場合や当初から契約解除を求める目的の場合は**内容証明郵便**によります。

2 滞納賃料の催告の内容

	文例	備考
単純催告	滞納賃料〇〇円を本通知書到達後〇日以内にお支払い下さい。	契約継続を前提とする場合に使用
契約解除予告付き催告	滞納賃料〇〇円を本通知書到達後〇日以内にお支払い下さい。後日、契約を解除することになりますので、あわせて申し添えます。	▶ 相手方の対応次第で対応を検討する場合に使用 ▶ 解除するにはあらためて解除通知が必要
条件付き契約解除通知	滞納賃料〇〇円を本通知書到達後〇日以内にお支払い下さい。万一期間内に全額の支払いなきときは、あらためて解除通知をすることなく上記期限の経過をもって当然に賃貸借契約は解除されたものとします。	▶ 契約解除を前提とする場合や2度目の通知を受け取らないおそれがある場合に使用 ▶ あらためて解除通知を必要とせず、期間経過により解除となります。

3 契約を継続する場合

以下のような内容の支払い約束文書を作成することが望ましいです。

　①債務の承認(滞納賃料額の確認)

　②滞納賃料の支払約束(一括払いまたは分割払い)

　③今後の賃料につき契約どおりに支払う約束

　④約束違反の場合の制裁(無催告解除)

　⑤④による解除後明渡しをしない場合の制裁(違約金)

4 契約を終了させる場合

催告⇒解除通知(内容証明郵便)

> 被通知人が不在により、書留内容証明郵便が返還された場合であっても、留置期間の満了により意思表示の到達を認めた(東京地判平成5年5月21日)。

5 建物明渡しに向けた業務

建物明渡しの念書または和解書の作成	和解調書には次の記載をします。 ▶ 契約終了日・原因 ▶ 明渡し猶予期限 ▶ 猶予期間中の使用損害金の支払い ▶ 猶予期限経過後、明渡しがない場合の制裁 ▶ 未払賃料の有無および支払方法 ▶ 立退料の有無および支払方法 ▶ 明渡しの残置物の放棄
賃借人が任意で建物明渡しを履行しない場合	法的手続(民事訴訟により債務名義を取得したうえで強制執行を行う等)をとります。
賃借人が行方不明の場合の措置	▶ **債務不履行**を理由に契約解除の手続きをします。 ▶ 契約解除も、解除の意思表示が相手方に到達していなければ法的効果が生じません。 ▶ 解除後も法的手順を踏まずに勝手に部屋に立ち入ったり、残置物を処理すると自力救済行為となり得るので、**公示送達**を申し出て、契約解除・明渡訴訟を提起し、判決を得た上で、強制執行します。

6

金銭の管理

V 内容証明郵便と公正証書の意義

内容証明郵便	▶ 確実に通知内容を証明できます。 ▶ 到達を明らかにするためには配達証明を付けます。
公正証書	▶ 公正証書の元本は原則として20年間保管されます。 ▶ 一定金額の金銭支払いなどを目的とする請求に関する文章であり、債務者の同意を得て、債務者が直ちに強制執行に服する旨の陳述が記載されている場合には、公正証書により強制執行することができます。 ▶ 公正証書により**建物の明渡しを強制執行することはできません**。

第1章 賃 料 193

VI 未収賃料回収の法的手段

1 支払督促

支払督促とは、金銭、有価証券、その他の代替物の給付に係る請求について、債権者の一方的申立てに基づきその主張の真偽について実質的な審査をせず、**簡易裁判所の書記官**が支払督促(支払命令)を出す手続です。

支払督促の申立て	請求の目的の**価額にかかわらず**、以下の裁判所の書記官に対して申し立てます。 ▶ 債務者の普通裁判籍の所在地(通常は住所地)を管轄する簡易裁判所 ▶ 事務所または営業所を有する者に対する請求で、その事務所または営業所における業務に関するものについては、当該事務所または営業所を管轄する簡易裁判所
審理	▶ 実体面の審理も債務者の審尋もせず、債務者に支払督促を発します。 ▶ 債務者が支払督促を受け取ってから異議を申し立てずに2週間を経過した場合には、申立人は、それから 30 日以内に仮執行宣言の申立てをすることができます。この期間に申立てをしなかった場合は、支払督促は効力を失います。 ▶ 債務者が異議申し立てをすれば、通常の民事訴訟の手続きに移行します。 ▶ 仮執行宣言の申立てをすると、裁判所書記官がその内容を審査し、支払督促に仮執行宣言を付します。 ▶ 仮執行宣言が付されると、申立人は、直ちに強制執行手続をとることができます。

2 少額訴訟

少額訴訟とは、**簡易裁判所**が管轄する少額の訴訟で複雑困難でないものについて、一般市民が訴額に見合った経済的負担で、迅速かつ効果的な解決を求めることができるように、**原則として1回**の期日で審理を完了して、直ちに判決を言い渡す訴訟手続です。

訴額	60 万円**以下の金銭の支払い**の請求
手続き	原告:少額訴訟による審理及び裁判を求める旨の申述 被告:第1回口頭弁論期日までに異議を唱えないこと
回数制限	原告は同一の**簡易裁判所**において**同一の年**に 10 回を超えて少額訴訟できません。
一期日の原則	原則として**第1回口頭弁論期日で審理を完了**します。
即日判決言渡し	原則として口頭弁論の終了後直ちに判決を言い渡します。
反訴の禁止	一期日審理によるため**反訴はできません**。

証拠調べ	即時に取り調べることができる証拠に限り、証拠調べできます。
証人尋問の特則	▶ 証人尋問は証人に宣誓させないことができます。 ▶ 証人・当事者の尋問の順序は裁判官が相当と認める順序で行います。 ▶ 電話会議方式の証人尋問の可能です。
判決による支払 猶予・分割払い	▶ 判決の言渡しの日から3年を超えない範囲内で、支払猶予・分割払いの定めをすることができます。 ▶ 分割払いなどの判決には不服申立てできません。
必要的 仮執行宣言	裁判所は、少額訴訟の請求を容認する判決については、職権で、担保を立て、または立てないで、仮執行をすることができることを宣言しなければなりません。
不服申立ての 制限	▶ 判決をした簡易裁判所に対する異議申立てだけが認められています。 ▶ 終局判決に対する控訴は禁止されています。

3 民事調停（民事調停法）

調停は、裁判のように勝ち負けを決めるのではなく、話合いによりお互いが合意することで紛争の解決を図る手続です。一般市民から選ばれた調停委員が、裁判官とともに紛争の解決に当たります。手続は非公開です。

- ➡ 原則として、相手方の住所のある地区の裁判を受け持つ簡易裁判所に申し立てます。
- ➡ 裁判所に納める手数料は、訴訟に比べて安くなっています。例えば、10万円の貸金の返済を求めるための手数料は、訴訟では1000円、調停では500円です。
- ➡ ポイントを絞った話合いをするので、解決までの時間は比較的短くて済みます。通常、申立てがされてから、2・3回の調停期日が開かれ、おおむね3か月以内に調停が成立するなどして事件が解決し、終了しています。
- ➡ 調停が成立すると、調停調書に合意内容が記載されます。この調停調書は判決と同一の効力を有するので、調停内容が履行されない場合は、調停調書に基づいて強制執行を申し立てることができます。
- ➡ 調停不成立の場合であっても自動的に訴訟に移行しません。

4 民事訴訟

民事訴訟手続は、個人の間の法的な紛争、主として財産権に関する紛争を裁判官が当事者双方の言い分を聞いたり、証拠を調べたりした後に、判決をすることによって紛争の解決を図る手続です。

➡ 裁判上の和解（訴訟の提起後、判決に至るまでの間に、裁判所の勧告により、当事者双方が歩み寄って和解すること。）で裁判が終了した場合、判決と同一の効力を有しますが、和解が成立しないときは、訴訟が裁判をするのに熟すタイミングで裁判所が判決を言い渡します。判決に不服がある場合は控訴がなされますが、控訴がなされない場合は確定

判決となります。

- ▶ 手続きに要する時間や費用、さらに労力の面等を考えると、必ずしも賃貸住宅管理に関する紛争解決に適しているとはいえません。
- ▶ 訴額が 140 万円を超える場合は地方裁判所、140 万円以下の場合は簡易裁判所に申し立てます。

5 強制執行

強制執行とは、義務者が任意に義務を履行しない場合に権利者の権利を実現するため、国家が義務者に対して強制力を行使する手続をいいます。

強制執行の概要	▶ 強制執行は、申立てにより、裁判所または執行官が行います。 ▶ 強制執行は、**債務名義**※によって行われます。 ▶ 強制執行を行うための債務名義には執行文(裁判所の書記官または公証人が、強制執行をしてもよいことを認める書類)が付されている必要があります。
金銭債権の強制執行	▶ 債務者の財産を強制的に売却(競売)し、あるいは、債務者の有する債権の第三債務者から債権を取り立てるなどの方法によって、強制執行を行います。 ▶ 債務者等の生活に欠くことができない衣類、寝具等、債務者等の 1 か月間の生活に必要な食料や燃料、標準的な世帯の 2 か月間の必要生活費(66 万円)については、差し押さえが禁じられています。
明渡しの強制執行	▶ 執行官が債務者の建物に対する占有を解いて(立ち退かせること)債権者にその占有を取得させる方法により行います。 ▶ 動産が残されているときは、これを取り除き、債務者やその同居の親族等に引渡します。引渡せない場合は売却することができます。 ▶ 執行官は、強制執行に際して、債務者の占有する建物に立入り、必要があるときは、閉鎖した戸を開くため必要な処分をすることができます。

※ 債務名義とは強制執行を基礎づける文書のことです。たとえば、確定判決、仮執行宣言付き判決、仮執行宣言付き支払督促、和解調書、調停調書、強制執行認諾文言付き公正証書等です。

ひっかけポイント

「増額請求を受けた借主は、裁判が確定するまでの間、増額された賃料を支払わなければならない」 という手にはのらないように!

ここに注意して学習

賃料に関しては増減額請求と回収手段が重要です。また、供託についても出題されているので整理しておきましょう!

第2章 敷 金

> 賃料を滞納する入居者から敷金で未払い賃料を相殺したいと言ってきた場合、従わないといけないの？

A：賃借人に相殺する権限はありませんので拒めます。

金銭の管理

Ⅰ 敷金〜通常損耗は敷金から控除できない？

1 敷金の意義

敷金とは、賃貸借契約が成立してから、契約終了後目的物の返還までに賃貸人がその契約に関して賃借人に対して取得する一切の債権を担保するために渡される金銭をいいます。

法的性質	▶ 敷金を預託する合意は、賃貸借契約とは別個独立の契約 ▶ 要物契約 ▶ 敷金契約のみを合意解除することも可能 ▶ 賃貸借契約締結後に支払う旨の合意も有効
敷金返還と明渡しの関係	敷金の返還と建物の明け渡しは、同時履行の関係になりません。 ▶ 明渡しが先
敷金によって担保される債務	賃貸借契約から生じる一切の債務 ▶ 未払いの賃料債務 ▶ 原状回復とされている賃借人の毀損・汚損に対する損害賠償債務 ▶ 賃借人が無権限で行った工事の復旧費 ▶ 賃貸借終了後明渡しまでの賃料相当額の損害賠償債務
契約期間中の相殺の禁止	契約期間中は、賃借人は、敷金返還請求権と賃料債務を相殺できません。
敷金の返還と充当	▶ 相殺とは異なり、賃貸人が改めて敷金充当の意思表示をしなくてもよい。 ▶ 賃貸人はいつでも任意に敷金を充当できます。 ▶ 賃借人は、自らの不払賃料に敷金を充当する旨を主張することはできません。
敷金返還請求権の譲渡・質入れ・差押え	▶ 敷金返還請求権を譲渡することも、質権を設定することも可能（譲渡・質権設定を禁止する特約可能） ▶ 賃貸人の債権者は、債権回収のため、賃借人の敷金返還請求権を

第2章 敷 金 197

差し押さえることができます。ただし、未払賃料・原状回復費用等があった場合は、敷金で充当された後の残額についてのみ差し押さえることができます。

《敷引特約　重要判例》

1　消費者契約である居住用建物の賃貸借契約に付されたいわゆる敷引特約は、信義則に反して賃借人の利益を一方的に害するものであると直ちにいうことはできないが、賃借人が社会通念上通常の使用をした場合に生ずる損耗や経年により自然に生ずる損耗の補修費用として通常想定される額、賃料の額、礼金等他の一時金の授受の有無及びその額等に照らし、敷引金の額が高額に過ぎると評価すべきものであるときは、当該賃料が近傍同種の建物の賃料相場に比して大幅に低額であるなど特段の事情のない限り、信義則に反して消費者である賃借人の利益を一方的に害するものであって、消費者契約法 10 条により無効となる。

2　消費者契約である居住用建物の賃貸借契約に付されたいわゆる敷引特約は、賃貸借契約締結から明渡しまでの経過期間に応じて 18 万円ないし 34 万円のいわゆる敷引金を保証金から控除するというもので、上記敷引金の額が賃料月額の2倍弱ないし 3.5 倍強にとどまっていること、賃借人が、上記賃貸借契約が更新される場合に1か月分の賃料相当額の更新料の支払義務を負うほかには、礼金等の一時金を支払う義務を負っていないことなど判示の事実関係の下では、上記敷引金の額が高額に過ぎると評価することはできず、消費者契約法 10 条により無効であるということはできない。(最判平成 23 年 3 月 24 日)

　消費者契約である居住用建物の賃貸借契約に付されたいわゆる敷引特約は、保証金から控除されるいわゆる敷引金の額が賃料月額の 3.5 倍程度にとどまっており、上記敷引金の額が近傍同種の建物に係る賃貸借契約に付された敷引特約における敷引金の相場に比して大幅に高額であることはうかがわれないなど判示の事実関係の下では、消費者契約法 10 条により無効であるということはできない(最判平成 23 年 7 月 12 日)。

ひっかけポイント

「敷金の返還と建物の明渡しは同時履行の関係である」という手にはのらないように！

ここに注意して学習

敷金は原状回復義務との関りも重要です。敷引特約に関する最高裁判例も重要です。

第3章　礼金・更新料等の一時金

> 賃料を低く設定し、契約期間を1年としたうえで、更新料を高めに
> 設定するというビジネスモデルはどうかしら?

A:更新料が高すぎると消費者契約法に違反する可能性があります。

6

金銭の管理

Ⅰ　敷金以外の一時金～礼金・保証金って何?

礼金	礼金とは、賃貸借契約時に、返還されない一時金として、賃借人から賃貸人に支払われる金銭をいいます。 自然損耗の修繕費用の前払い又は賃料の一部前払いとしての性質を有します。
保証金	保証金については法律に規定はありません。 当事者の意思が明確でない場合、その性格や返還時期については、当事者の意思を合理的に解釈することによって決せられます。

「契約書に更新料条項がなくても、口頭で合意があれば、貸主は高額な更新料でも請求できる」という手にはのらないように!

更新料についての最高裁判例が重要です。消費者契約法の知識とともに理由と結論を覚えてきましょう!

第4章　保　証

> オーナーから、連帯保証人は必ず親戚にするようにして、極度額を
> 定めない契約書にしてほしいとの依頼が。できるの？

A：個人保証の場合は極度額を定めて書面にしなければなりません。

I　保証契約の締結～保証人は誰と契約するの？

1　保証契約とは～誰と保証契約を結ぶの？

主たる債務者が債務を履行しない場合に、代わりに債務を履行する旨を約する、**債権者**と
保証人で締結される契約です。この契約は書面でしなければ無効です。

▶ 主たる債務者の意思に反して結ぶこともできます。

2　保証人の要件～保証人になれるのは誰？

原則	保証人としての資格・条件に制限はありません。
例外	主たる債務者が保証人を立てる義務を負う場合には、①**行為能力者**であり、か つ、②**弁済の資力を有する者**※でなければなりません。

※　弁済の資力を有しなくなった場合には、債権者はその条件を備える者に保証人を代え
るよう請求することができます。ただし、債権者が保証人を**指名**していた場合は請求でき
ません。

3　保証債務の範囲～保証人はどこまで責任を負うの？

原則	主たる債務に関する利息、違約金、損害賠償その他その債務に従たるすべて ※を保証します。
例外	保証人は、その保証債務についてのみ、違約金または損害賠償の額を約定す ることができます。

※　契約が解除された場合の損害賠償債務、不当利得返還債務等も保証の対象となりま
しかし、明渡債務のように主たる債務者に一身専属するものは保証できません。

4　保証人の負担と主たる債務の目的又は態様

原則	保証人の負担が債務の目的または態様において主たる債務より重いときは、主 たる債務の限度に減縮されます。
例外	主たる債務の目的または態様が保証契約の締結後に加重されたときであって も、保証人の負担は加重されません。

II 主たる債務者と保証人の関係

1 対外的効力

原則	債権者は、主たる債務の履行期到来後、主たる債務者及び保証人に対し、選択的または同時に請求できます。
例外	1.債権者が保証人に債務の履行を請求したときは、保証人は、まず主たる債務者に催告をすべき旨を請求することができます(**催告の抗弁権**)。ただし、主たる債務者が破産手続開始の決定を受けたとき、またはその行方が知れないときは、この請求はできません。 2.債権者が主たる債務者に催告をした後でも、保証人が主たる債務者に弁済の資力があり、かつ、執行が容易にできることを証明した場合は、債権者は、まず主たる債務者の財産について執行をしなければなりません(**検索の抗弁権**)。 ▶ 連帯保証人の場合は**催告の抗弁権も検索の抗弁権もありません**。

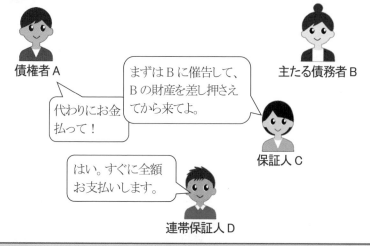

債権者A

まずはBに催告して、Bの財産を差し押さえてから来てよ。

主たる債務者B

代わりにお金払って!

保証人C

はい。すぐに全額お支払いします。

連帯保証人D

2 共同保証

原則	保証人が数人いる場合(共同保証)には、各保証人は、主たる債務の額を保証人の頭数で割った額についてのみ保証債務を負担します(**分別の利益**)。保証債務を履行した保証人は、主たる債務者に対して求償することができ、また、他の保証人に対しても、本来自分が負担すべき部分を超える部分について、求償することができます(**保証人の求償権**)。 ▶ Bの100万円の債務について、Cが保証人、Dが連帯保証人として保証した場合、債権者Aの請求に対して、Cは分別の利益を主張して50万円を弁済すればよいが、Dは100万円を弁済しなければなりません。
例外	連帯保証人は、保証人間に連帯の特約がなくても、分別の利益を有しません。

債権者 A
代わりにお金払って！

私はただの保証人だから 2 で割った 50 万円までしか払いません。

保証人 C

主たる債務者 B
（100 万円）

全額支払います。

連帯保証人 D

3 主たる債務者について生じた事由の効力

原則	主たる債務者に対する**履行の請求**その他の事由による**時効の完成猶予及び更新**は、保証人に対しても、その効力を生じます。
例外	①保証人は、主たる債務者が主張することができる抗弁をもって債権者に対抗することができます。 ②主たる債務者が債権者に対して相殺権、取消権または解除権を有するときは、これらの権利の行使によって主たる債務者がその債務を免れるべき限度において、保証人は、債権者に対して債務の履行を拒むことができます。

《判例》

期間の定めのある建物賃貸借における賃借人のための保証人は、反対の趣旨をうかがわせる特段の事情がない限り、更新後の賃貸借から生ずる賃借人の債務についても保証の責任を負う（最判平成 9 年 11 月 13 日）。

4 保証人について生じた事由の効力

原則	保証人について生じた事由は、主たる債務者に対して影響を及ぼしません。
例外	主たる債務を消滅させる行為（弁済・代物弁済・供託・相殺・更改・受領遅滞）は主たる債務者に影響します。

5　随伴性

主たる債務が移転すると、それに伴って保証債務も移転し、保証人は新債権者に対し保証債務を負います。

《人的担保と物的担保》

	人的担保	物的担保
契約当事者は？	主たる債務者以外の者との間で保証契約を締結します。	主たる債務者の財産に設定を受ける場合、主たる債務者以外の第三者の財産に設定を受ける場合（物上保証）があります。
被担保債権は？	主たる債務に対する責任のほか保証債務という債務を負います。	主たる債務に対する責任のみを負います。
責任の範囲は？	無限責任を負います。	担保物権の設定された特定の財産のみが主たる債務に引き当てとなるにすぎません。
費用対効果は？	比較的容易に保証契約が締結でき、その実行も容易であるが、保証人が無資力になれば、意味のない担保となりかねません。	設定にも実行にも時間と費用を要するが、担保価値の評価を誤らない限り、債権の担保機能は高いです。

III　個人根保証契約

一定の範囲に属する不特定の債務を主たる債務とする保証契約（根保証契約）であって保証人が法人でない保証契約をいいます。不動産賃貸借における保証人が典型例です。

▶　個人根保証の保証契約を締結する場合には、一般に**極度額を定める**ことが必要です。この**極度額の定めも書面によらなければ無効**となります（民法 465 条の 2）。

▶　個人根保証契約における主たる債務の元本は、次の場合に確定します（民法 465 条の 4）。

　1.債権者が、保証人の財産について、金銭の支払を目的とする債権についての強制執行または担保権の実行を申し立てたとき（強制執行または担保権の実行の手続の開始があったときに限る）

　2.保証人が破産手続開始の決定を受けたとき

　3.主たる債務者又は保証人が死亡したとき

IV　情報提供

1　契約時の情報提供

▶ 主たる債務者は、事業のために負担する債務を主たる債務とする保証または主たる債務の範囲に事業のために負担する債務が含まれる根保証の委託をするときは、委託を受ける者に対し、次の事項に関する**情報を提供**しなければなりません（民法 465 条の 10）。
　1.財産及び収支の状況
　2.主たる債務以外に負担している債務の有無並びにその額及び履行状況
　3.主たる債務の担保として他に提供し、または提供しようとするものがあるときは、その旨及びその内容
▶ 主たる債務者が前記の情報を提供せず、または事実と異なる情報を提供したために委託を受けた者がその事項について誤認をし、それによって保証契約の申込みまたはその承諾の意思表示をした場合において、主たる債務者がその事項に関して情報を提供せずまたは事実と異なる情報を提供したことを債権者が知り、または知ることができたときは、保証人は、保証契約を取り消すことができます。
▶ 保証をする者が法人である場合には、情報提供の規定が適用されません。

2　主たる債務の履行状況に関する情報の提供義務

保証人が主たる債務者の委託を受けて保証をした場合において、保証人の請求があったときは、債権者は、保証人に対し、遅滞なく、主たる債務の元本及び主たる債務に関する利息違約金、損害賠償その他その債務に従たる全てのものについての不履行の有無並びにこれらの残額及びそのうち弁済期が到来しているものの額に関する情報を提供しなければなりません（民法 458 条の 2）。

V 機関保証

立替払い型	賃借人が滞納した場合、その賃借人に代わって、賃貸人に賃料を立て替える（後日、賃借人に求償）方法
収納代行型	賃借人の滞納の有無にかかわらず、賃借人が賃料を家賃債務保証業者に支払い、家賃債務保証業者は賃貸人に支払う方法

▶ いずれの場合にも、家賃債務保証業者独自の審査があり、それに通った場合のみ、保証委託契約を締結することができます。

ひっかけポイント

賃貸人が賃貸物件を第三者に譲渡した場合、「保証人は新賃貸人との間で保証債務を負わない」という手にはのらないように！

ここに注意して学習

賃貸借契約が解除された場合、更新した場合、賃貸人が変更した場合における保証債務の内容がどうなるのかが重要です。

第5章　金銭の分別管理

重要度▶B

> 貸借対照表と損益計算書を作るように言われたけど、誰のために作るのかしら?

A:会計はステークホルダーに伝達することが目的です。

Ⅰ　会計の基礎～会計処理は発生主義がよい?

1　企業会計の基礎～企業会計はステークホルダーに伝達するため?

(1)企業会計の役割

会計とは、情報を提供された者が適切な判断と意思決定ができるように、経済活動を記録・測定・伝達する手続き全般をいいます。また、企業会計は、企業の経済活動を一定のルールに基づいて記録・測定し、その結果から得られた情報を**ステークホルダー(利害関係者)に伝達(報告)することを目的**としています。

企業会計では、損益計算書により一会計期間の経営成績を明らかにし、貸借対照表により期末における財政状態を明らかにするという2つの役割があります。会計は、企業が自由に設定した会計期間ごとに記録・計算を行います。通常その期間は1年で、この会計期間の最初の日を期首、最後の日を期末といい、期末における貸借対照表と損益計算書が作成されます。

(2)企業会計原則～企業会計は損益計算書と貸借対照表が基本

企業会計原則は、企業会計の実務の中に慣習として発達したもののなかから、一般に公正妥当と認められたところを要約したもので、必ずしも法令によって強制されないまでも、すべての企業がその会計を処理するにあたって従わなければならない基準です。

企業会計原則は、一般原則・損益計算書原則・貸借対照表原則の3つから構成されています。一般原則は、損益計算書、貸借対照表のいずれにも共通するので、企業会計原則の最高法規とされています。

①一般原則

知っておきたい7つの一般原則

1. **真実性の原則**　企業会計は、企業の財政状態及び経営成績に関して、真実な報告を提供するものでなければならないとする原則です。

2. **正規の簿記の原則**　企業会計は、すべての取引につき、正規の簿記の原則に従って、正確な会計帳簿を作成しなければならないとする原則です。

3. **資本取引・損益取引区分の原則**　資本取引と損益取引を明瞭に区分し、特に資本剰余金と利益剰余金を混同してはならないとする原則です。

4. **明瞭性の原則** 企業会計は、財務諸表によって、**利害関係者に対し必要な会計事実を明瞭に表示し**、企業の状況に関する判断を誤らせないようにしなければならないとする原則です。

5. **継続性の原則** 企業会計は、その処理の原則及び手続きを毎期継続して適用し、みだりにこれを変更してはならないとする原則です。

6. **保守主義の原則** 企業の財政に不利な影響を及ぼす可能性がある場合には、これに備えて適当に健全な会計処理をしなければならないとする原則です。

7. **単一性の原則** 株主総会提出のため、信用目的のため、租税目的のため等種々の目的のために異なる形式の財務諸表を作成する必要がある場合、それらの内容は、信頼しうる会計記録に基づいて作成されたものであって、政策の考慮のために事実の真実な表示をゆがめてはならないとする原則です。

②損益計算書原則

企業会計において、ある会計期間における企業の経営成績を示す損益計算書を作成するための具体的な処理基準で、発生主義・総額主義・費用収益対応の原則等があります。

▶ 損益計算書(P/L)は、企業が一会計期間に活動した結果、材や用役をいくら犠牲にしたのか(費用)、また、新たな材や用役をいくら獲得したのか(収益)という期中の材や用役の増減を表すものです。収益・費用・利益の 3 つの要素から成り立っており、収益から費用を差し引くことで最終的な利益を計算します。黒字の場合は、収益が費用を上回っている状態なので、利益が左に表記されます。赤字の場合は、費用が収益を上回っている状態なので、利益が右に移され損失と表記されます。

費　用	収　益
当期純利益	

③貸借対照表原則

企業会計において、期末における企業の財政状態を示す貸借対照表を作成するための具体的な処理基準をいいます。

▶ 貸借対照表(B/S)は、期首の時点を基準として、期中の材や用役の増減を加味した結果、期末の時点で、企業の資産や負債がいくらあるのか、資産から負債を差し引いた結果、正味の財産(純資産)がいくらあるのかを表します。貸借対照表には、左側に資産、右側に負債と純資産が記されます。資産の部は、集めた資産がどのように投資され、保有されているかを示しています。一方、負債・純資産の部は、事業に必要な資金をどのように集めたかを示しています。
貸借対照表は、常に「資産=負債+純資産」となります。

資　産	負　債
	純資産

2　会計処理の基礎〜取引を適正に会計処理するには発生主義

収益または費用をどの時点で認識するべきかについて、発生主義と現金主義の考え方があります。

発生主義	収益または費用は発生の事実をもってその計上を行うという考え方 ▶ 取引を適正に会計処理するためには、発生主義の方が好ましいとされています。
現金主義	現金の入出金が生じた時点で収益または費用の計上を行うという考え方

II　分別管理〜入居者から頂く賃料は別口座に？

1　分別管理の必要性〜分別管理するのはなぜ？

賃貸住宅管理業者は、賃貸住宅管理業法により、管理受託契約に基づく管理業務において受領する家賃、敷金、共益費その他の金銭を、整然と管理する方法として国土交通省令で定める方法で、自己の固有財産及び他の管理受託契約に基づく管理業務において受領する家賃、敷金、共益費その他の金銭と分別して管理する義務を負っています。

▶ 管理業者が、その資金繰りのために家賃等を流用し、オーナーに支払うべき金銭が支払われないといったトラブルをなくすためです。

2　分別管理の方法〜口座と帳簿を分けるの？

管理受託契約に基づく管理業務において受領する家賃、敷金、共益費その他の金銭を管理するための口座を自己の固有財産を管理するための口座と明確に区分し、かつ、当該金銭がいずれの管理受託契約に基づく管理業務に係るものであるかが自己の帳簿（その作成に代えて電磁的記録の作成がされている場合における当該電磁的記録を含む。）により直ちに判別できる状態で管理する必要があります。

また、管理受託契約毎に金銭の出入を区別した帳簿を作成する等により勘定上も分別管理する必要があります。

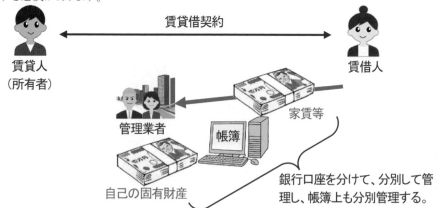

賃貸借契約

賃貸人（所有者）

賃借人

管理業者

帳簿

家賃等

自己の固有財産

銀行口座を分けて、分別して管理し、帳簿上も分別管理する。

管理業者は分別管理のために、会計上も「受領した金銭がいずれの管理受託契約に基づく管理業務に係るものであるかが帳簿や会計ソフト上で、直ちに判別できる状態で管理する」ことが要件となります。

▶ 現金預金や管理手数料収入、修繕費などの勘定科目に、物件名や顧客名を入れた補助科目を付して仕分けを行います。

III 賃料収入の経理上の処理

賃料は、税務上、次の基準で収入として計上しなければなりません。仮に入金がなくてもその時期が来たら収入として計上します。契約の解除や貸倒れが確定するまでは、入金がなくても収入として取り扱い、未収賃料として貸借対照表に計上します。

①通常の地代・賃料等	基準
▶ 契約や慣習などにより支払日が定められている場合	その定められた日
▶ 請求があったときに支払うべきと定められている場合	請求をした日
▶ 支払日が定められていない場合	実際に支払いを受けた日
②権利金・礼金	資産の引渡しのあった日または契約の効力発生の日
③更新料	契約の効力発生の日
④敷金・保証金のうち賃借人に返還しない部分	本来敷金・保証金は不動産の明渡しの時に返還されるものですが、名目が敷金・保証金となっていても返還しないことが確定しているものについてはその確定したつど収入金額に計上します。

ひっかけポイント

明瞭性の原則とは「すべての取引について明瞭かつ正確な会計帳簿を作成しなければならない原則」という手にはのらないように！

ここに注意して学習

分別管理と会計原則からそれぞれ1問ずつ出題されています。分別管理はしっかりと、会計原則は深入りせずに、理解しましょう！

第6章　定期報告

管理業者の賃貸人（委託者）に対する定期報告は、業務上どのような位置づけとされているものなの？

A：管理業者の業務の基本をなす中心的な業務ということになります。

I　定期報告の意義

管理受託契約における当事者である管理業者は、契約上、善管注意義務を負っています。この注意義務の中心的なものが定期報告です。

▶ 賃貸人の十分な長期的信頼を得るにふさわしい報告内容と頻度を慎重に選択することが重要です。

▶ 建物および付帯施設、植樹、敷地全体の状況、賃借人の生活状況やトラブルの内容、周辺の市場環境、その他、賃貸人に有用な情報などから報告事項を選択して、報告の頻度や報告書の体裁を定めます。

II　定期報告の報告内容

管理業者は、常に最新の賃貸状況の一覧表を準備しておかなければなりません。それ以外にも以下の表にあるものを作成しておく必要があります。

なお、物件の稼働状況と賃貸管理状態（日常的・定期的・突発的等の対応を含めた管理）の記録の集積をトラックレコードといい、賃貸住宅経営の基礎資料であり、その作成は管理業者に課せられた重要な役割です。

賃貸状況の一覧表	貸室の部屋番号、契約面積、入居者の氏名、賃料・共益費、預託金、一時金、契約期間、特約など
請求、入金、滞納状況の一覧表	貸室ごとに、賃料・共益費について請求の事実、確認のとれた入金、未収の状況を一覧にしたもの
空室状況、新規契約状況および募集活動報告	空室状況、新規契約状況を一覧にし、また空室については、広告費など、どの程度の費用をかけ、いかなる募集活動を行ったかの報告がなされます。
解約及び新規契約に伴う預託金精算・残高状況	貸室の解約による預託金の返還及び新規契約による預託金の受入を一覧表とし、預託金の精算と報告時点の残高を表示します。
予算および実績	月ごとの予算および実績の推移を、最新の状態で取りまとめるもの

修繕工事状況表	▶ 修繕工事の実施状況をとりまとめ、修繕履歴を記載するもの。 ▶ 報告内容は、契約管理にかかわるものに限られない。 ▶ 建物や設備の維持保存に関する物的な管理事項の報告も必要です。

III 賃貸住宅管理業法における定期報告の定め

管理業者は、賃貸住宅管理業法上、管理業務の実施状況その他の国土交通省令で定める事項について、国土交通省令で定めるところにより、定期的に、委託者に報告しなければなりません（同法20条）。

▶ 第2編第2章で詳細に記しています。

ひっかけポイント

管理業者による定期報告は「特に期間は決められていない」という手にはのらないように！

ここに注意して学習

ここからの出題は殆どありませんが、賃貸住宅管理業法における定期報告から出題される可能性があります。

予想問題にチャレンジ

【問 題】 敷金に関する次の記述のうち、正しいものはいくつあるか。

ア 借主は契約期間中、敷金返還請求権と賃料債務を相殺することができる。

イ 借主の地位の承継があったとしても、特段の事情のない限り、敷金は新借主には承継されない。

ウ 賃貸借契約が終了した場合、借主は敷金の返還を受けるまでの間、建物の明渡しを拒むことができる。

エ 賃貸借契約書に敷金によって担保される債務の範囲について何も定めがない場合、貸主は原状回復費用に敷金を充当することはできない。

1. 1つ
2. 2つ
3. 3つ
4. 4つ

【解 説】

正解:

ア× 敷金返還債務が生じるのは明渡完了時なので、契約期間中、借主は貸主に対して敷金と滞納家賃の相殺を主張することはできません（民法505条、622条の2）。

イ○ 敷金返還請求権は、新借主には原則として承継されません。

ウ× 借主は敷金の返還の時期に関係なく、建物の明渡しをしなければなりません 。

エ× 貸主は、借主が負うべき原状回復にかかる費用相当分の損害賠償債務に敷金を充当することができます（民法622条の2）。

以上により、正しいものは、イの一つです。

第7編　賃貸住宅の維持保全

常時建物を管理する以上、その建物に関する知識も必要となります。法令上の知識として、主に新築・改築・移転する際に関わる建築に関する規制を定めた建築基準法の知識は重要です。

賃貸不動産経営管理士は、土地所有者に対して、賃貸経営の提案をする業務に積極的に関わることにもなるので、上記の知識だけでなく、電気・ガス・水道・下水等のインフラ整備に関する詳細な知識も必要となります。

また、防災・防犯の知識も重要です。特に火災は入居者のみならず近隣住民の生命財産を脅かすことになるので、通路や非常用通路に物を置かせないなど日々の管理業務に関わります。

学習時間	20 時間
出題数	9 問程度
学習指針	この分野からの出題は、建物の構造や機能を含む幅広い知識の有無を問うものが多いです。正確に暗記していないとお手上げ状態になります。実際の物をイメージできないと暗記もできないと思いますので、インターネットを駆使して現物の写真等を見ると記憶に残りやすいです。

第1章　維持保全総論

重要度▶B

> 管理物件の老朽化が原因でそこを訪問した人が怪我をした場合、オーナーも責任を負うのかしら？

A：占有者に落ち度がない場合はオーナーが責任を負う可能性があります。

Ⅰ　維持保全の目的と全体像

1　目的・努力義務・定義

目的	建築躯体（建物そのものの構造部分）と建築設備（給水・排水設備、電気設備、電気設備）、昇降機、消防設備などがあり、賃貸住宅の維持保全は、この建築躯体と建築設備を維持管理することで、**入居者の安全・安心と衛生的で快適な環境を提供し、同時に経済性も確保すること**を目的とする活動です。
努力義務	建築物の所有者、管理者または占有者は、その建築物の敷地、構造及び建築設備を常時適法な状態に維持するように努めなければなりません（建築基準法8条1項）。
定義	賃貸住宅の維持保全とは、居室及び居室の使用と密接な関係にある住宅のその他の部分である、玄関・通路・階段等の共用部分、居室内外の電気設備・水道設備、エレベーター等の設備等について、点検・清掃等の維持を行い、これら点検等の結果を踏まえた必要な修繕を一貫して行うことをいいます（賃貸住宅管理業法2条2項）。

2　用語の定義

点検	既存対象物の機能状態や消耗の程度などを決まった手順により調べることをいいます。
保守	既存対象物の初期の性能および機能を維持する目的で周期的、または継続的に行う注油、小部品の取替え等の軽微な作業をいいます。
運転	設備機器を稼働させ、その状況を監視し制御することをいいます。
修繕（修理）	劣化した部材・部位、あるいは機器の性能、または機能を原状あるいは事実上支障のない状態まで回復させることをいいます。 ただし、保守の範囲に含まれる定期的な小部品の取替え等は除きます。

補修 （修補）	部分的に劣化した部位等の性能、機能を事実上支障のない状態まで回復させることをいいます。
修復	劣化した建物等を初期と同じ状態に回復させることをいいます。
改修	劣化した建物等の性能、機能を初期の水準以上に改善することをいいます。
改良	建物およびその部位や機器、あるいはシステムの性能、または機能を、現在要求されている水準まで改善または変更することをいいます。
模様替え	用途変更や仕上げの陳腐化などにより、主要構造部を著しく変更しない範囲で、仕上げや間仕切壁などを変更することをいいます。
交換	部材や機器を取り替えることをいいます。
更新	劣化した部材や機器を新しいものに取り替えることをいいます。

Ⅱ　維持保全の体系

保全とは、竣工時点の建築物の持つ機能・性能を維持するだけでなく、建築物が有用に存続する期間内において、その全体または部分の機能および性能を使用目的に適合するよう維持または改良する諸行為を意味する広い概念をいいます。

維持保全には、予防保全と事後保全があります。

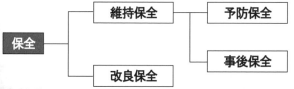

予防保全	事故や不具合が生じる前に、あらかじめ適切な処置を施す保全
事後保全	事故や不具合が生じてから、修繕等を行う保全
留意点	▶ 長期的に見れば事後保全は決して予防保全より経済的とはいえません。 ▶ 予防保全にあって、**法定耐用年数どおりに機器を交換することにとらわれることなく**、現場の劣化状況と収支状況を考えあわせ、**予防的に交換・保守・修繕する**ことが管理業者には求められます。

維持管理業務を漏れなく効果的に実施するには、維持管理計画を立てることが重要です。計画には日常的なもの、定期的なもの、修繕に関するものがあります。

Ⅱ　定期点検・定期報告（建築基準法・その他の法令）

建物等の定期報告 制度の概要	建築物の所有者、管理者又は占有者は、その建築物の敷地、構造および建築設備を常時適法な状態に維持するように努めなければなりません（建築基準法8条）。

特定建築物等の定期調査・検査報告	多数の人が利用する建築物のうち、政令および特定行政庁が指定した特定建築物、昇降機、昇降機以外の建築設備および防火設備は、定期的にその状況を有資格者に調査させて、その結果を決められた報告様式により特定行政庁に報告することが義務づけられています(建築基準法12条)。

IV　図面・修繕履歴の蓄積管理

建築基準法12条8項、同法施行規則6条の3第2項、建築士法24条の4、同法施行規則21条4項・5項、建設業法40条の3、同法施行規則26条5項・28条2項により、規定された図面・届出書類等を特定行政庁、建築士事務所、建設業者が整備保全することが義務づけられています。

一方、管理業者には図面等の保存は義務づけられていません。しかし、以下の資料を一通りの写しを備えておくべきです。

①建物竣工図等

②各設備の機器完成図および性能試験成績書

③取扱説明書

④官公署届出書類

⑤建築図面

V　計画修繕・長期修繕計画の提案

計画修繕の必要性	管理業者としては賃貸人に修繕計画の大切さをよく理解してもらい、それにより着実に計画修繕の実施を心がけていく姿勢が望まれます。		
修繕計画の計画立案と計画修繕の実施	管理業者としては、実際に工事が始まってからも、工事会社とよく連絡を取りながら、賃借人に不都合が生じていないか、近隣に迷惑がかかっていないか、現場はきれいに整頓されているかなどのチェックが重要となります。		
長期修繕計画の提案	長期修繕計画を策定して維持管理コストを試算し、維持管理費用を賃貸経営のなかに見込まなければなりません。		
修繕工事項目と修繕周期の例	①建築・外構		
	部位・工事項目	修繕周期	
	屋根防水改修工事	露出12年～　押さえ18年～	
	外壁塗装工事	12～18年	
	バルコニー等防水改修工事	12～18年	
	シーリング改修工事	8～16年	
	鉄部改修・塗装工事	4～6年	

金物類改修工事	使用頻度・損耗による
アルミ部改修工事	24〜36年
舗装改修工事	24〜36年
外溝工作物補修・取替え工事	24〜36年
屋外排水設備取替え工事	24〜36年

②設備

	部位・工事項目	修繕周期
機械設備	給水設備更生・更新工事	18〜24年
	消火設備取替え工事	18〜24年
	雑排水設備取替え工事	18〜24年
	汚水設備取替え工事	24〜36年
	ガス設備取替え工事	12〜36年
電気設備	電灯・電力幹線・盤取替え工事	24〜32年
	照明器具・配線盤取替え工事	12〜32年
	電話設備取替え工事	30年
	TV共聴設備取替え工事	12〜32年
	自動火災報知設備取替え工事	12〜32年
	避雷針設備取替え工事	24〜32年
	エレベーター設備取替え工事	24〜32年

VI 工作物責任

工作物責任とは、土地の工作物の設置・保存に瑕疵があり、そのために他人に損害が生じたときに、占有者・所有者が負う責任です。

- 一次的には占有者が責任を負担し、二次的に、占有者が損害の発生を防止するのに必要な注意をしたときは、所有者が責任を負うものとされています。
- 所有者の責任は、無過失責任です。

占有者

必要な注意をした場合
は免責されます。

所有者

占有者が免責された
場合は無過失責任

ひっかけポイント

点検は、「設備機器を稼働させ、その状況を監視し制御することをいう。」という手にはのらないように！

ここに注意して学習

保全については専門用語が多く、言葉だけでは理解が難しい箇所ですが、できるだけイメージづけて記憶しておきましょう。

第2章　建物

シックハウス症候群が問題となっているけど、換気の方法にはどのような方法があるのかしら？

A:給気と排気で機械換気にするか自然換気にするかいろいろあります。

I　構造・耐震性

1　建物に作用する荷重

設計用の荷重及び外力は、固定荷重、積載荷重、積雪荷重、風圧力、地震力の5つの荷重及び外力と、建物の実況に応じて土圧、水圧、震動及び衝撃による外力を採用しなければなりません(建築基準法施行令83条)。

固定荷重	建物の柱・梁・床などの部材や仕上げ材などの建物自体の重量(自重)による荷重
積載荷重	建物内の人間や家具・物品など移動できるもの(固定荷重に含まれない)の重量による荷重
積雪荷重	屋根などに降り積もった雪の重量による荷重
風荷重	風によって建物外周の屋根面や壁面に働く荷重
地震荷重	地震の揺れにより建物に生じる荷重
土圧・水圧	建物の地下部分の壁などに周囲の土や地下水から働く荷重

2　建物の基礎部分

基礎とは、一般的に建築物の下部にあって、建築物に加わる種々の力(荷重)を地盤に伝える部分をいいます。

地盤が荷重を支える力を地耐力といい、それが不十分な軟弱地盤に対しては、地盤改良を行って地耐力を増強したり、杭基礎を施すなどの対応が必要となります。

3　建物の構造形式

1)木造・軽量鉄骨造

	メリット	デメリット
木造在来工法 ※1	建物重量が軽く施工し易く設計の自由度が高い。	防火・耐火性能に劣る。
木造2×4工法 ※2	構造安全耐力、居住性能(断熱・保温)上、優れている。	気密性が高いため、建物の内部に湿気がたまりやすい。

	メリット	デメリット
プレハブ工法 ※3	コストが安定している(現場管理費が安い)。 工期短縮、省力化、品質向上に優れている。	規格化された部材を組み合わせるため設計の自由度が低い。
CLT工法 ※4	耐震性、断熱性、遮炎性などに優れている。 材料寸法の安定性が高い。	価格が高い。 雨水浸入を防ぐことができないので、外部に面して別途仕上げが必要。

※1 木造在来工法は日本の伝統的な木造住宅の工法で、太い断面の部材を使用した土台、柱、梁などの軸組で主要構造を構成する工法です。

※2 木造ツーバイフォー工法は北アメリカで広く使われている工法で、枠組みにして構造用合板を張った壁、床によって構成された壁式構造です。

※3 プレハブ工法は構成部材を事前に工場制作し、現場では部材の組立てだけを行う工法です。

※4 CLT工法はヨーロッパで開発された木質系工法で、繊維方向で直交するように板を交互に張り合わせたパネルを用いて床、壁、天井(屋根)を構成する工法です。

(2)鉄筋コンクリート造・鉄骨鉄筋コンクリート造・鉄骨造等

	メリット	デメリット
鉄筋コンクリート造 RC造	耐火、耐久性に富む。 地震時の揺れはS造より少ない。 設計の自由度が高い。	建物重量が重たいため地震による影響が大きい。 地盤改良や杭基礎が必要となることが多い。 建設工事現場でコンクリートを打ち込むので、乾燥収縮によるひび割れが発生しやすい。 工期が長い。 材料の管理や施工により品質と強度にばらつきが出易い。 解体がしにくい。 工費は木造より高い。
壁式鉄筋コンクリート造 ※1	基本的には鉄筋コンクリート造と同じ。 耐力壁、床スラブ、壁ばりからなる構造なので、柱型や梁型が出ず、空間を有効に使える。	基本的には鉄筋コンクリート造と同じ。 建設可能な建物階数、高さ等が法令で規定されている。 単位面積あたりの必要壁量や厚さが規定されている。
鉄骨鉄筋コンクリート造	耐震性に優れている。 S造より振動が少なく、遮音性が	工期はRC造より長い。 工事費はRC造より高い。

SRC造	高い。 高層建築物に向いている。	解体がRC造よりしにくい。 施工の難易度が高い。
鉄骨造 S造	鋼材の加工性が良く、工期が短く、省力化が可能。 耐震性に優れている。	風、地震等による揺れの影響を受けやすい。 外壁の目地のメンテナンスが必要。 工事費は木造より高い。
CFT造※2	強度が高く、柱間隔や階高を大きく確保することが可能。 柱断面を細くできる。 耐震性、耐火性に優れている。	コンクリートの充填の確認が十分ではない。 RC造、S造よりも工事コストは高い。

※1 壁式鉄筋コンクリート造は、ラーメン構造と異なり、柱が存在しない形式で耐力壁が水平力と鉛直荷重を支える構造で、特に低層集合住宅で使われています。

※2 CFT造は角形および円形鋼管の内部にコンクリートを充填した構造です。主に柱に使われます。鋼管とコンクリートの相互拘束効果が期待できます。

(3) 壁式構造とラーメン構造

壁式構造	▶ 壁面や床板などの平面的な構造材を組み合わせた、柱を持たない箱状の骨組。 ▶ 板状の薄い壁梁は付くが、柱や梁型が室内に出っ張らないので、すっきりした空間ができる。ただし、壁で構造を支えるために、室内空間に耐力壁（構造壁）を設ける必要があり、ラーメン構造に比べると空間構成の自由度は低く大空間はできない。 ▶ 通常は、鉄筋コンクリート造で5階建て以下の中低層マンションに多い。規模も比較的小さい。
ラーメン構造	▶ ラーメンとは、構造形式のひとつで、主に長方形に組まれた骨組み（部材）の各接合箇所を剛接合したものをいう。主として建築・土木構造の分野で用いられる言葉であり、柱が梁と**剛接合**（部材同士を一体化する接合）している構造をラーメン構造という。 ▶ 地震力・風圧力など水平外力を柱と梁のみで受け止める構造で、間口方向、桁行方向ともに筋交いや耐力壁を必要としない構造。開口部や間仕切りの位置や大きさが自由に設定できるというメリットがある。中高層のビルやマンションの建築によく採用されている。

耐震診断とは、建物に必要とされる耐力と、現に保有している耐力を比較し、大地震の際にどの程度の被害を受けるかを評価・判定するものです。

(1)耐震構造

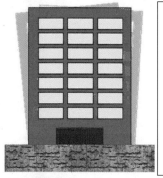

耐震構造は建物の骨組みを強化し、地震の揺れに対して耐える建築構造です。

木造建築の場合は、柱、梁、筋交いの接合部および基礎と柱の接合部を所定の接合部金物により緊結し、耐震壁や筋交いをバランスよく配置することにより、建物を堅固な耐震構造にします。

鉄筋コンクリート造の場合は、コンクリートの強度を上げたり、鉄筋量を増やしたり、耐震壁をバランスよく配置します。

(2)制震構造

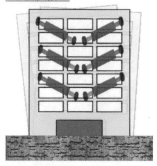

制震構造は、免震構造のように地震力が建物に入りにくくするのではなく、建物に入った地震力を吸収するダンパー等を装置することにより、大地震であっても 70〜80%に振動を低減することができる構造方式です。

軽くてやわらかい建物に有効で、塔状の建物では風揺れ対策にも効果的です。免震構造にくらべ工事費用も安く、新築だけでなく改修にも向いています。

(3)免震構造

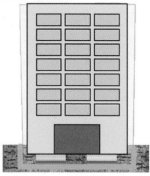

免震構造とは、建物に地震力が伝わりにくくするように基礎と建物本体との間にクッション(免震ゴム＋ダンパー)を設け、ゆったりとした揺れに変える構造方式です。大地震でも30〜50%に振動を低減することができます。ただし、免震層の上部が大きく移動(変形)するスペース(クリアランス)が必要で、床下の有効利用が難しくなります。

また、改修で利用されることは稀で、新築時の建物の構造として利用することが多いです。

免震装置部分は機械装置であるので、地震時に有効に稼働するかにつき定期的な検査と管理が必要です。

(4) 耐震改修促進法

階数3および床面積の合計1,000㎡以上の既存耐震不適格建築物（昭和56年5月31日以前に新築の工事に着手した建築物等）に該当する共同住宅である賃貸住宅の場合（要安全確認計画記載建築物であるものを除く。）の所有者は、当該特定既存耐震不適格建築物について耐震診断を行い、その結果、地震に対する安全性の向上を図る必要があると認められるときは、その特定既存耐震不適格建築物について耐震改修を行うよう努めなければなりません。

(5) 地震による被災直後の応急危険度判定、被災度区分判定など

①応急危険度判定	地震により被災した建物およびその周辺について、その後の余震等による倒壊の危険性ならびに建物の部分等の落下、転倒の危険性をできるだけ速やかに調査し、建物等の使用に対する制限の要否を判定します。 ▶ 外観調査に重点をおいて応急的な危険度の判定を行います。 ▶ 建物の構造躯体の破壊および建物の部分等（非構造部材）の落下・転倒が人命に及ぼす危険の度合い（危険度）を「危険」「要注意」「調査済」の3ランクに区分します。市町村など各行政庁が主管で実施する応急危険度判定では、上記のようなステッカー表示で行います。
②被災度区分判定	被災建物について、その建物の内部に立ち入り、建物の沈下、傾斜および構造躯体の被害状況を調査することにより、その被災度を区分するとともに、継続使用のための復旧の要否を判定します。 ▶ 被災度の区分の方法は構造種別（木造、鉄筋コンクリート造、鉄骨造など）に応じて決められます。 ▶ 建築技術者が建物所有者の依頼によって、被災建物の耐震性能を調査し、継続使用の可能性や補修・補強方法などの復旧の検討を行うものです。
③り災証明	保険の請求や税の減免など、被災者が各種支援を受ける際などに必要な「家屋の財産的被害程度」（全壊、半壊など）を市町村長が証明するものです。

II 屋根・外壁等

1 屋根・外壁

(1)屋根の種類

傾斜屋根	傾斜を持たせることで雨水等を排水させる形状をした屋根のことをいいます。 ▶ 金属屋根、スレート屋根、瓦屋根等の種類があります。	
陸屋根 (ろくやね)	平坦な躯体部(スラブ)に防水を施して水勾配、排水溝、排水管を設けて雨水を排水する屋根のことをいいます。	

(2)防水の種類

メンブレン防水	①アスファルト防水 ②シート防水 ③塗膜防水
シーリング防水	コンクリートの打ち継ぎ部・目地部、接合部等に専用材料(シーリング材)を充てんする防水工法の総称

アスファルト防水

シート防水

塗膜防水

シーリング防水

(3)漏水

雨水の漏水	▶ 建物の中間階では、外壁や出窓やベランダからの浸水であることが多い。また、雨水による漏水は、最上階の場合、屋上や屋根・庇(ひさし)からの漏水であることが多い。ただ、雨水漏水の発生源を特定することは、困難な場合が多い。 ▶ 外壁が、タイル張りの場合は、タイルの剥がれやクラック、目地やコーキングの劣化に起因する雨水の漏水が多い。また、モルタルを塗らずにコンクリート面に直接仕上げを施してある外壁の場合、雨漏りやコンクリートが劣化しやすい。
雨水以外の漏水	▶ 配管からの漏水 ▶ 室内からの漏水

(4)外壁の種類

モルタル塗り	壁材(木・コンクリート)の表面にモルタルを塗り、表面に吹き付け材等の塗装を施したもの
タイル張り	壁材(木・コンクリート)の表面にタイルを張り付けたもの
コンクリート打ち放し	コンクリートの上にモルタルを塗らずに直接仕上げたもの
サイディングパネル	セメントや金属板等を原料とした板状の壁材(パネル)を外壁に設置したもの

モルタル塗り

タイル張り

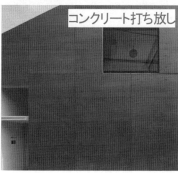
コンクリート打ち放し

サイディングパネル

傾斜屋根 （カラーベスト等）	10年前後にて表面塗装を実施します。
陸屋根・ルーフ バルコニー	錆・劣化を点検
コンクリート 打ち放し等	汚れ・カビ等を除去

	剥落・欠損	目視で確認するほか、外壁近辺にタイルなどが落ちていたことがあるかなどのヒアリングも必要
外壁の劣化現象と 注意のポイント	ひび割れ	建物出隅部、コンクリート打継ぎ部、パラペット部など
	白華（はっか）現象	タイル表面、目地部などの白色付着物の有無
	錆汚れの付着	換気口周辺、水槽架台付近など
	水漏れ痕跡	シール部、コンクリート打継ぎ部など
	ポップアウト	塗装膜の小さな破壊
	チョーキング	表面塗装膜などの劣化。手で触ると白くなります。

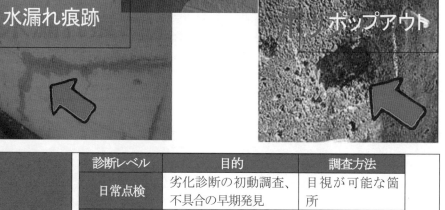

チョーキング

水漏れ痕跡

ポップアウト

	診断レベル	目的	調査方法
外壁の調査・診断	日常点検	劣化診断の初動調査、不具合の早期発見	目視が可能な箇所
	1次診断	現状把握、劣化の危険性の判断	目視、指触、軽微な機器
	2次診断	劣化の危険性の判断、改修の要否の判断	非破壊、微破壊試験
	3次診断	より詳細な診断、評価	局部破壊試験を伴う
雨樋のメンテナンス	定期的に点検し、外壁等の補修時に美観上からも表面塗装をします。		

III 建築基準法等による規制

1 採光規定

住宅の居室には、原則として、採光のため窓その他の開口部を設けなければなりません（採光規定）。この採光規定は学校や病院等の居室にも適用されますが、事務所や店舗用の建物には適用されません。

窓・開口部の面積は、その居室の床面積に対して、住宅にあっては 1/7 **以上**の割合以上としなければなりません。ただし、有効な照明器具の設置などの措置（床面において 50 ルクス以上の照度を確保）を講じれば、床面積の 1/10 までの範囲で緩和することが認められています。

なお、襖など常に開放できるもので間仕切された 2 つの居室は、採光規定上、1 室とみなすことができます。

2 内装制限

建築基準法では、火災の発生により建物内部の延焼を防ぐため、その用途規模に応じて内装材料などにさまざまな制限を加えています。新築時だけでなく、賃貸借契約による内部造作工事も内装制限の対象となります。また、消防法により、カーテン・絨毯などもその対象となります。

3 換気規定

住宅用の建築物を含むすべての建築物の居室（人が長時間いる場所で便所などは除かれます）には、原則として、換気のための窓その他の開口部を設け、その換気に有効な部分の面積は、その居室の床面積に対して、1/20 **以上**としなければなりません。

なお、襖など常に開放できるもので間仕切された 2 つの居室は、換気規定上、1 室とみなすことができます。

4 シックハウス対策・アスベスト（石綿）使用禁止

建築物は、**石綿その他の物質の建築材料から飛散または発散による衛生上の支障がない**よう、次に掲げる基準に適合するものとしなければなりません。

- ▶ 建築材料に石綿等を添加（てんか）しないこと※
- ▶ 石綿等をあらかじめ添加した建築材料を使用しないこと※
- ▶ 居室を有する建築物にあっては、上記のほか石綿等以外の物質でその居室内において衛生上の支障を生ずるおそれがあるものとして**政令で定める物質**の区分に応じ、建材料及び換気設備について政令で定める技術的基準に適合すること
  1. 建築材料にクロルピリホスを添加しないこと。
  2. クロルピリホスをあらかじめ添加した建築材料（添加したときから長期間経過してい

ことその他の理由によりクロルピリホスを発散させるおそれがないものとして国土交通大臣が定めたものを除く。)を使用しないこと

※ アスベスト(石綿)含有が禁止される前に使用されていた建築材料の撤去や内装改修等に伴う仕上材を撤去する場合には、建築材料のレベル区分によって撤去方法、仮設養生などが規定されています。

5 天井高

▶ 居室の天井の高さは、2.1m以上でなければならなりません。この天井の高さは、室の床面から測り、一室で天井の高さの異なる部分がある場合においては、その**平均の高さ**によります。

▶ 天井の高さが1.4m以下で、かつ設置される階の床面積の**2分の1以下**であるなどの一定の基準を満たした小屋裏物置(ロフト)は、床面積に算定されず、建築物の階数の算定の対象とはなりません。なお、居室として使用することはできません。

6 防火区画・防火壁・防火床等

①防火区画

防火区画は、耐火建築物や準耐火建築物に対して、建築物内部で発生した火災や煙が拡大するのを防ぐため、建築物内部を防火上有効な耐火構造や準耐火構造の床、壁、防火設備(防火戸)等で区画して、被害を局部的なものにとどめ、避難を円滑に行うことを目的とした規制です。

防火区画には、面積区画、高層階区画、竪穴(たてあな)区画、異種用途区画があります。

②防火壁・防火床　改正点

延べ面積が1,000㎡を**超える**建築物は、防火上有効な構造の防火壁または防火床によって有効に区画し、かつ各区画の床面積の合計をそれぞれ1,000㎡以内としなければなりません。ただし、**耐火建築物や準耐火建築物等につい**ては**除外**されます(これら以外にも例外はありますが、出題頻度が低いので省略します)。

(出所)国土交通省ホームページ

なお、延焼を遮断できる高い耐火性能の壁等(火熱遮断壁等)や防火壁で区画すれば、建築物の2以上の部分を防火規制の適用上別棟とみなすことができます。つまり、区画された部分ごとに規制が適用されます。その結果、混構造建築物や複合用途建築物において、木造化等の設計を採用しやすくなる効果があります。

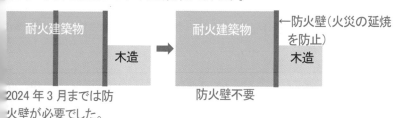

③無窓の居室を区画する主要構造部

次の無窓の居室を区画する主要構造部は、耐火構造とするか、不燃材料で造らなければなりません。ただし、小規模な居室等で警報設備を設けた場合はその必要がありません。

1. 無窓の有効採光面積が床面積の 20 分の 1 未満であるもの
2. 外気に接する窓等の大きさが、直径 1mの円が内接できず、かつ幅 75 cm未満で高さ 1.2m未満のもの

---

7 避難規定

(1)直通階段の配置

建築物の避難階以外の階が、次表のいずれかに当てはまる場合は、その階から避難階または地上に通じる 2 以上の直通階段を設けなければなりません。

	階の用途(居室の種類)		特定主要構造部が準耐火構造か不燃材料	その他の場合
1	劇場、映画館、演芸場、観覧場、公会堂、集会場、物品販売店舗(床面積 1,500 ㎡を超える)		客室・集会室・売場等を有する場合	
2	キャバレー、カフェー、ナイトクラブ、バー、個室付浴場業を営む施設、ヌードスタジオ等		客席を有する場合(緩和措置あり)	
3	病院、診療所　　　　　(病室の床面積)		100 ㎡超	50 ㎡超(緩和措置あり)
	児童福祉施設等(主たる用途に供する居室の床面積)			
4	ホテル、旅館、下宿　　(宿泊室の床面積)		200 ㎡超	100 ㎡超(緩和措置あり)
	共同住宅　　　　　　　(居室の床面積)			
	寄宿舎　　　　　　　　(寝室の床面積)			
5	その他の階	6 階以上の階	居室を有する場合(緩和措置あり)	
		5 階以下の階	避難階の直上階(居室の床面積) 400 ㎡超	200 ㎡超

(2)避難通路の幅

▶ 共同住宅では、住戸の床面積の合計が **100 ㎡を超える階**について、片側廊下の場合1.2m以上、両側に居室のある場合は1.6m以上の廊下の幅が必要とされます(施行令11条)。

▶ 階段の幅は、直上階の居室の床面積の合計が **200 ㎡を超える階**のものについては 12cm以上、それ以外のものは 75 cm以上必要とされ、屋外階段については 90 cm以上とされています(施行令 23 条)。

▶ 屋外への出口または屋外避難階段から道路までは幅 1.5m以上の通路を設けなければなりません(施行令 128 条)。

(3)非常用照明・進入口・避難器具

▶ 避難通路となる廊下・階段には非常用照明の設置が義務付けられています。停電時に動的に点灯する仕組みでなければなりません。

- ▶ すべての建築物では、**3 階以上の階**で**高さ 31m 以下の階**には、非常用の進入口を設けなければなりません。非常用昇降機が設置されている場合等は除外されています。
- ▶ 共同住宅の2階以上の階または地階で、収容人員が30人以上の場合は避難器具を設置しなければなりません。なお、100 人を超えるとそれに応じて器具数が変わります。

IV　換気

1　換気方式

	内容	メリット	デメリット
自然換気	室内と室外の温度差による対流や風圧等、自然の条件を利用した換気方式	換気扇が不要なので、騒音もなく経済的です。	安定した換気量や換気圧力は期待できません。
機械換気	換気扇や送風機等の機械を利用して、強制的に換気する方式	自然換気に比べ、必要なときに安定した換気ができます。	電気をエネルギー源とするため費用がかかります。

2　機械換気設備

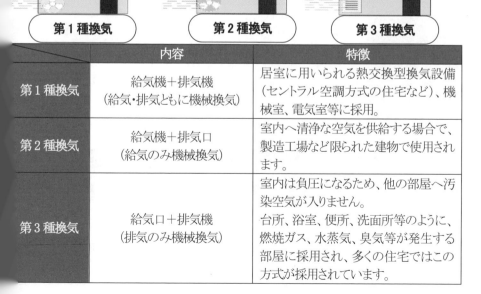

	内容	特徴
第1種換気	給気機＋排気機 （給気・排気ともに機械換気）	居室に用いられる熱交換型換気設備（セントラル空調方式の住宅など）、機械室、電気室等に採用。
第2種換気	給気機＋排気口 （給気のみ機械換気）	室内へ清浄な空気を供給する場合で、製造工場など限られた建物で使用されます。
第3種換気	給気口＋排気機 （排気のみ機械換気）	室内は負圧になるため、他の部屋へ汚染空気が入りません。 台所、浴室、便所、洗面所等のように、燃焼ガス、水蒸気、臭気等が発生する部屋に採用され、多くの住宅ではこの方式が採用されています。

▶ シックハウスの原因となる揮発性有機化合物（VOC）の除去対策として、新築建物はごく一部の例外を除いて、24 時間稼働する**機械換気設備の設置が建築基準法により義務付けられています**。すべての住宅に義務付けられているわけではありません。

V　建物の点検（法定点検以外）

点検業務と管理業者の役割	▶ 賃貸人に対し、日常点検業務に関する費用の見積りと結果報告は必ず行わなければなりません。 ▶ 法定点検においては、**資格者による点検作業と所轄官庁への報告**が義務付けられています。
巡回点検業務	巡回点検は、周期を決めて継続的に行う業務で、**管理業者が受け持つ大切な役割**です。
巡回者とのコミュニケーション	管理業務として建築物の点検を行う場合には、**入居者からの情報を活用すべき**です。

VI　清掃・害虫駆除

清掃業務	▶ 日常清掃は、建物の共用部分の床の掃き・拭き掃除が中心として、管理員または清掃員が**毎日あるいは週 2〜3 回**と定めて日常的に行う清掃です。 ▶ 定期清掃は、**1 か月に 1 回または 2 か月に 1 回**など、周期を定めて主に機械を使って行う清掃です。
害虫や小動物の駆除その他	▶ ネズミ類の防除は、侵入口の防止措置と巣を作らせないことや餌となるものを置かないことを第一とし、害虫類の駆除は、建物全館一斉の薬剤散布を行います。 ▶ 鳩対策に効果的な方法は餌を与えないことです。 ▶ シロアリは、放置された残材や木屑を餌とし、湿気のあるところを好むので、そのような状況を作らないように留意しなければなりません。

ひっかけポイント

ひっかけ
二重否定
読み間違え

「**建築基準法上のシックハウス対策の規定は、中古住宅の増築や改築を行う場合には適用されない**」という手にはのらないように！

ここに注意して学習

合格ポイント

換気とシックハウス症候群、災害時の非常用設備の設置基準が重要です。

第3章　給排水設備

3階建てのアパート経営を考えているけど、水道は水道本管から直接つなぐ方式か、受水槽方式かどちらがよいのかしら？

A：条件によっては3階以上の階にも直結給水できます。

Ⅰ　給水設備等

1　給水設備

	定義	適用基準
専用水道	共同住宅、寄宿舎、社宅、療養所等における自家用の水道その他の水道事業の用に供する水道以外の水道であって、100人を超える者にその住居に必要な水を供給するものをいう。	▶ 口径 25mm以上の導管の全長 1,500mを超えるもの ▶ 水槽の有効容量の合計 100 ㎥を超えるもの ▶ 1日最大給水量が 20 ㎥を超えるもの
簡易専用水道	水道事業の用に供する水道および専用水道以外の水道であって、水道事業の用に供する水道から供給を受ける水のみを水源とするものをいう。	水槽の有効容量の合計が 10 ㎥を超えるもの

2　給水方式

(1) 水道直結方式

	内容・特徴	メリット	デメリット
直結直圧方式	水道本管から分岐された給水管により各住戸へ直接給水する方式で、水槽やポンプを介さない給水方式。小規模で低層の建物が対象となる。 条件によっては3階以上の階にも直結給水できます。	水槽が不要。給水管を使用するところが直接結ばれているので水が汚染される心配もなく衛生的。	水道本管の圧力の変化を直接受けやすいため、**水の使用量が大きい建物には適していない。**

	内容・特徴	メリット	デメリット
直結増圧方式	水道本管から分離して引き込んだ上水を増圧給水ポンプで各住戸へ直接給水する方式。中規模までのマンションやビルが対象。病院、学校、ホテル等には用いられません。	水槽が不要。省スペース化や設備コストの低減が図れる。	断水の際にはまったく水が使用できなくなる。

(2) 受水槽方式

	内容・特徴	メリット	デメリット
高置(高架)水槽方式	水道本管から分岐して引き込んだ上水をいったん受水槽に蓄え、揚水ポンプによって屋上に設置された高置水槽に送水し、重力により各住戸へ給水する方式	断水・停電に強い	**上階で水圧が弱い**
圧力タンク方式	水道本管から分岐して引き込んだ上水をいったん受水槽に蓄え、その水を加圧給水ポンプで圧力タンクに給水し、圧力タンク内の空気を圧縮し、加圧させて各住戸へ給水する方式	高置水槽が不要	
加圧給水方式(ポンプ直送方式)	水道本管から分岐して引き込んだ上水をいったん受水槽に蓄え、加圧ポンプにより加圧した水を直接、各住戸へ給水する方式	高置水槽が不要	

3 室内の配管方式

先分岐方式	室内に引き込んだ給水管を分岐して、キッチンやトイレ等、各室に給水する配管方式 ▶ 配管の継ぎ目が多く、2室以上で同時に水を使った際に水圧が落ちる可能性があります。
さや管ヘッダー方式	洗面所等の水回り部に設置されたヘッダーから管をタコ足状に分配し、各水栓等の器具に単独接続するもので、ガイドとなる樹脂製のさや管内に同じく樹脂製の内管(架橋ポリエチレン管またはポリブテン管)を挿入する方式 ▶ 樹脂管で腐食しない。 ▶ 配管更新時にも、日常生活に影響がありません。 ▶ 継ぎ目がなく、施工性が高い。 ▶ 水量・水圧の変動が少ない。

4　給水設備等の管理

日常管理	①水槽の管理 ▶ 清掃作業で汚水が出るので第三者に迷惑をかけないよう注意 ▶ 断水・復旧で赤水が出ることが多いので事前に警告 ▶ 水槽の蓋の鍵は施錠されていることを日常的に確認 ②揚水ポンプ ▶ 減水警報が出たときに放置すると、断水を起こすだけでなく、ポンプが空転して焼きつき、壊れることがあるので、警報が出たら速やかに対応しなければなりません。
漏水した場合の対応と給水設備	漏水の発生源は被害階の上階が多いので、上階の部屋や横系統のバルブを閉めて給水を遮断して、発生源を特定します。給水を遮断した後も給水メーターが動いているようであれば、給水管が漏水の発生源であることがわかります。

5　給湯設備

給湯設備は、配管・弁・給湯器・貯湯タンクなどから構成されます。給湯管は、以前は被覆銅管の使用が一般的でしたが、近年は、架橋ポリエチレン管やポリブテン管等の耐熱性のある樹脂管が多く用いられるようになっています。

給湯方式には次のものがあります。

飲用給湯方式	ガスや電気を熱源とする貯湯式給湯器を必要箇所に個別に設置する方式(台所流しや洗面所の混合栓などに配管で給湯するものなど)
局所給湯方式	給湯の必要箇所にそれぞれ給湯器を設置する方式(台所流しのガス瞬間湯沸器など)
中央(セントラル)給湯方式	建物の屋上や地下の機械室に熱源機器(ボイラーなど)と貯湯タンクを設け、建物各所へ配管して給湯する方式(ホテルや商業ビルなど)

局所給湯方式

飲用給湯方式

中央(セントラル)給湯方式

II 排水・通気設備等

1 排水設備

排水トラップには、排水を排出していないときに、下水臭や虫、小動物が排水管内を伝わって室内に侵入するのを防ぐ役割があります。

排水トラップは、サイホン式（管トラップ）と非サイホン式（隔壁トラップ）のうちのいずれかが用いられます。

なお、1系統の排水管に対し、2 つ以上の排水トラップを直列に設置することを二重トラップといい、排水の流れが悪くなるため禁止されています。

Sトラップ

▶ 一般によく用いられる。
▶ サイホン作用を起こしやすい。

Uトラップ

▶ 横走管の途中に設けられることが多いが、汚水の流動を妨げる原因になりやすい。
▶ SトラップやPトラップよりも封水の安定度が劣る。

Pトラップ

▶ もっとも多く使用されている。
▶ サイホン作用による封水破壊は少ない。通気管を接続すれば封水は安定する。

ドラムトラップ

▶ 台所の流しなどに使用されている。
▶ 封水の安定度は高い。

わんトラップ（ベルトラップ）

▶ 床排水に使用されている。
▶ 封水深が浅いものが多く、封水の安定度が低く問題点も多い。
▶ 上部のベル型金物（わん）を取り外せばトラップの機能を失う。

2　通気設備

通気設備は、トラップ内の封水が破れる(破封)のを防ぐとともに、排水管内の気圧と外圧の気圧差をできるだけ生じさせないようにして、排水の流れをスムーズにするための管です。

伸頂通気方式	排水立て管の先端(頂部)を延長した伸頂通気管を屋上または最上階の外壁等の部分で大気に開口する方式。
通気立て管方式	排水立て管に、最下層よりも低い位置で接続して通気管を立ち上げ、最上の伸頂通気管に接続するか、単独で直接大気に開口する方式。

3　浄化槽設備

浄化槽設備とは	汚水や雑排水を溜めて、汚物等の固形物を沈殿させ、上澄みのきれいになった水を放流する仕組みです。 ▶ 清掃の際は、底部に堆積する汚泥の引抜きが必要です。 ▶ 平成13年の浄化槽法の改正により、浄化水槽はすべて合併処理方式となっています。
合併浄化槽とは	水洗トイレからの汚水(し尿)や台所・風呂などからの排水(生活雑排水)を微生物の働きなどを利用して浄化し、きれいな水にして放流するための施設です。

4　排水設備の管理

詰まり・溢れ	詰まった箇所を推定し、溢れた排水の水受けや養生の設置を行ないます。 ▶ 日常的な管理としては、排水管の詰まりを生じさせないため、定期的に排水管の高圧洗浄を実施します。
漏水	水受けや養生を設け、排水制限を行ないます。

ひっかけポイント

「排水トラップの封水深は、深いと破封しやすく、浅いと自浄作用がなくなる。」という手にはのらないように！

ここに注意して学習

給水方式の種類とその特徴、排水トラップの種類と目的・機能など、頻出事項です。得点源として細かく覚えましょう。

第4章　電気・ガス設備

> アパート経営したいけど、都市ガスとLPガスのどちらがよいのか
> しら？値段も違うのかしら？

A:都市ガスの方が安いです

I　電気設備

電力会社からの電力供給は、供給電圧によって、「低圧受電」「高圧受電」「特別高圧受電」
の3種類に分けられます。

	受電電圧	契約電力	備考
低圧受電 （低圧引込み）	3相3線式標準 電圧200ボルト	50kW未満	一定規模以上の建物に 50kW以上になることもあり、 この場合は変電設備を設置 する「借室」が必要となる。
高圧受電 （高圧引込み）	3相3線式標準 電圧6,000ボル ト	50kW以上 2,000kW未満	一定規模以上の共同住宅で 採用されている。
特別高圧受電 （特別高圧引込み）	2万ボルト・6万 ボルトまたは14 万ボルト	2,000kW以上	一定規模以上の場合等に は特別高圧受変電室なら びに高圧受変電室が必要とな る。

▶ 建物への電力の供給方式における借室方式は、建物内の一室を変圧器室として電力会
社へ提供する方式です。中規模マンションに多く採用されています。

▶ 住宅の居室には、単相3線式、または単相2線式で電気が供給されており、単相2線式
の場合は、100ボルトしか使用することができません。

▶ 各住戸に供給される電力における単相3線式では、3本の電線のうち真ん中の中性線以
外の上と下の電圧線を利用することで、住戸に200ボルトを供給することができます。

単相2線式
100Vしか使えない

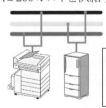

単相3線式
100Vと200Vの両
方の電気が使える

インターホン設備	近年、火災警報、ガス漏れ警報、防犯警報、オートロック機能等が付加され、さらにはテレビモニター機能を取り入れたものも増えています。
テレビ共同受信設備	有線によるケーブルテレビ（CATV）も双方向や多チャンネルといった特性を活かして採用が増えています。
電話設備	電話事業者の参入自由化に伴い、電話会社も自由に選択できるようになりました。
インターネット回線	共同住宅の各住戸からインターネットを使用する場合、光回線接続、ケーブルテレビ接続、Wi-Fi など無線接続の方法があります。

II　ガス設備

プロパンガス（LPガス）は**空気より重く**、都市ガスに比べ**約 2 倍以上の火力エネルギー**を有します。屋内のガス配管は、以前は炭素鋼鋼管（白ガス管）が用いられていましたが、近年では多くの場合に塩化ビニル被覆鋼管が使われています。

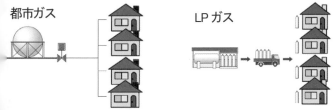

都市ガス　　　　　LP ガス

ガスの使用を開始する際には、住戸ごとにガス会社による**開栓作業**が必要です。開栓作業は原則として**ガス利用者が立ち会う必要**があります。管理業者は賃借人に対し、入居前にはガス会社に連絡してガスの開栓を求めるように伝えておくべきです。

	都市ガス	LP ガス
特徴・性質	①無色・無臭（わざと匂いを付けている） ②マイナス 162℃で液体になり体積は 600 分の 1 になる。 ③空気より軽い	①無色・無臭（わざと匂いを付けている） ②マイナス 42℃で液体になり体積は 250 分の 1 になる。 ③空気より重い
供給エリア	人口密度の高い都市部のみ	全国どこでも
発熱量	小さい（13A の場合約 46MJ/㎥）	大きい（LPガスの場合約 99MJ/㎥）
料金等	自由料金 販売店同士の価格差が小さい プロパンガスより安い	自由料金 販売店同士の価格差が大きい 都市ガスより高い

ひっかけポイント

「単相2線式は、200ボルトの電力が必要となる家電製品等を使用することができる。」という手にはのらないように！

ここに注意して学習

「単相2線式」と「単相3線式」の性能の違いについて、また「都市ガス」と「LPガス」のそれぞれの特徴を押さえましょう。

第5章 昇降機・機械式駐車場設備

重要度▶B

> マンション経営を考えています。エレベーターを設置しないといけ
> ないのですが、どの契約がよいのか。

A:フルメンテナンスとPOGの2つがありそれぞれ特徴があります。

1 エレベーター設備

(1)駆動方式による分類

ロープ式	屋上等上部に機械室を設け、ロープを巻き上げ下げして、上下運行させる方式で、主にビルやマンションで使用されています。
油圧式	油圧シリンダー内のプランジャー(上下に可動する部分)に人が乗るかごを直結し、機械室の油圧パワーユニットからシリンダーに油を送ることで昇降させる方式(直接式)で、低層用のエレベーターとして使用されています。

(2)維持管理

①保守契約

1.フルメンテナンス契約

部品取替えや機器の修理を状況にあわせて行う内容で、大規模な修繕まで含めるため、月々の契約は割高となります。

メリット	デメリット
消耗部品の部品代と交換・調整費用が保守料金に含まれるので年度予算の立案・管理が容易。	▶ 部品の信頼性や寿命に基づく部品代、交換、調整費用等を考慮した料金設定のため、**保守料金が割高に設定**されています。 ▶ かご内装等契約に含まれない部品を交換する場合は別料金が発生します。 ▶ 天災や故意による損壊等の修理費は保守料金には含まれません。

2.POG契約(パーツ・オイル&グリース契約)

消耗部品付契約のことで、定期点検や契約範囲内の消耗品の交換は含まれますが、それ以外の部品の取替え、修理は別料金となります。月額の契約金はフルメンテナンス契約の6割程度です。

メリット	デメリット
▶ 月々の保守料金が安い。 ▶ 部品交換費用の発注側の意識が高まる。	▶ 電気・機械部品が故障した場合、部品交換に費用が発生するため、費用見積と確認に時間がかかります。 ▶ **経年劣化により費用が増加**します。

②法定点検
建物の賃貸人は、建築基準法に基づき年1回、昇降機定期点検報告書を特定行政庁に提出しなければなりません。

2　機械式駐車場設備(立体駐車場設備)

立体駐車場設備には、タワー式・ピット式・横行昇降式などのタイプがあります。機械式駐車場設備は構造や規模により、火災時に備え、不活性ガス消火設備、泡消火設備、ハロゲン化物消火設備等の設置が義務付けられています。

ひっかけポイント

「POG契約では、経年劣化により費用が増加することはない」という手にはのらないように！

ここに注意して学習

昇降機設備について、駆動方式による分類、および維持管理契約2種類のそれぞれのメリット・デメリットを押さえましょう。

第6章　消防・防火

> アパートなどの共同住宅は、消防法上ではどのような分類にあたるのでしょうか。また、防火管理者の選任は必要ですか。

A:「非特定防火対象物」となり、規模別に防火管理者の選任が要ります。

I　消防用設備等（消防・消火・避難設備）と防火管理

消防用設備等

(1)消防用設備の目的

共用住宅における消防用設備は、建物に火災が発生したとき、火災の感知、報知、連絡、通報、消火、避難および誘導が安全かつ迅速にできること、および消防隊の活動を支援することを目的として設置されています。

なお、共同住宅は、消防法上「非特定防火対象物」に分類され、その規模と収容人員によって甲種または乙種の防火管理者を選任し、消防用設備の設置等を行わなければなりません。

非特定防火対象物	共同住宅、事務所等不特定多数の人が出入りする用途ではない建物をいいます。
特定防火対象物	不特定多数の人が出入りする店舗や集会施設等をいいます。 ▶ 建物に特定用途の施設と非特定用途の施設とが入っている建物(複合用途建物)は、特定防火対象物として扱われます。

(2)消防用設備等の分類

消防用設備は、消防の用に供する設備と消火活動上必要な施設に大別されます。消防の用に供する設備は、さらに、消火設備、警報設備及び避難設備の3種類に分けられます。

(3)共同住宅における消防用設備等の特例

共同住宅は、火災時の危険性が比較的低いことから、一定の構造要件等を満たす共同住宅等にあっては消防設備等の設置が緩和されています。この緩和を受けるためには、建築主が特例共同住宅等の適用申請を行わなければなりません。

特例が適用されると、通常用いられる消防用設備等に代えて、消火器及び住宅用消火器、共同住宅用スプリンクラー設備、共同住宅用自動火災報知設備、住戸用自動火災報知設備、共同住宅用非常警報設備、共同住宅用連結送水管、共同住宅用非常コンセント設備を設置することができます。

《「共同住宅における消防用設備等の特例」を使用しない場合必要な設備》

消防用設備などの種類	共同住宅の規模など
消火器・簡易消火用具	延べ面積:150 ㎡以上
屋内消火栓設備	延べ面積:700 ㎡以上(原則)
スプリンクラー設備	11 階以上の階
自動火災報知設備	延べ面積:500 ㎡
漏電火災報知設備	延べ面積:150 ㎡以上(ラスモルタル構造)
消防機関に通報する火災報知設備	延べ面積:1,000 ㎡以上
非常警報設備	収容人員:50 人以上
避難器具	2 階以上の階、収容人員:30 人以上

II 主な消防用設備等

消火器	消火器の一回の噴射時間は **15 秒程度**なので、実際の消火では、安全ピンを外し、ノズルを火元へしっかり向けて噴射しなければ効果がありません。また、火災は以下のように分類されます。
	A 火災(普通火災) … 木材、紙、繊維などが燃える火災 B 火災(油火災) … 石油類その他の可燃性液体、油脂類などが燃える火災 C 火災(電気火災) … 電気設備・電気機器などの火災 

			自動火災報知設備は、主に火災報知器(受信機)と感知器から成り立っています。
自動火災報知設備	熱感知器		▶ 定温式スポット型は、火災の熱により、一定の温度以上になると作動します。作動する温度は 75℃や 65℃に設定されたものが多いです。
			▶ 差動式スポット型は、周囲の温度の上昇率が一定の率以上になったときに作動します。すなわち、火災の熱によって急激に温度が上がると作動し、食堂や駐車場等、煙や排気ガスが多量に流入する場所に設置されます。
	煙感知器		▶ イオン化式スポット型は、機器の中のイオン電流が煙によって遮断されると作動します。
			▶ 光電式スポット型は、煙の微粒子による光の反射を利用して作動させます。
避難設備			避難設備には、避難器具、誘導灯及び誘導標識があります。
			▶ 11 階以上のマンションでは、避難口誘導灯・通路誘導灯の設置が義務付けられています。
住宅用火災警報器の設置義務			▶ 2004 年の消防法改正により、自動火災報知設備等が設置されない延べ床面積 500 ㎡未満の住宅であっても、住宅用火災警報器※1の設置が義務付けられています。 
			▶ 複合用途建物※2 では、住宅用火災警報器を**住宅部分に設置**しなければなりません。

※1 住宅用火災警報器とは、火災が発生した際に鳴動し、火災の発生を音で知らせる機器をいいます。

※2 複合用途の建築物とは、例えば、1 階をスーパー(店舗)、2 階をオフィス(事務所)、3 階以上を分譲マンション(住宅)にした建物など、1 つの建物を複数の用途に使用している建築物のことをいいます。

Ⅱ 防火管理

共同住宅等は、賃貸物件であっても、収容人員が 50 人以上の場合は**防火管理者**を定め、防火管理を行う必要があります。

IV　消防用設備等の維持管理

消防用設備等の設置が義務付けられている防火対象物の関係者（所有者・管理者・占有者）は、設置された消防用設備等を定期的に点検し、その結果を消防長または消防署長に報告しなければなりません（居住用賃貸マンション等は3年に1回以上、店舗等は1年に1回）。

消防用設備等の法定点検は、消防庁告示に基づき、基本的に6か月に1回の機器点検、1年に1回の総合点検が義務付けられています。機器点検は年2回になりますが、そのうち1回は、総合点検に重ねてもかまいません。

V　防火

《放火から家を守るポイント》

- ▶ 家の周囲に燃えやすい物を置かない。
- ▶ ゴミは夜間に出さず、決められた日の朝に出す。
- ▶ 放火犯の侵入を防ぐため、門扉や物置、ガレージなどには施錠する。
- ▶ 車やバイクのボディカバーは**不燃性のもの**を使用する。
- ▶ 建物の周囲や駐車場に**センサーライトなどの照明設備**を設置する。

ひっかけポイント

「自動火災報知設備における光電式スポット型は火災の熱によって一定の温度以上になると作動する。」という手にはのらないように！

ここに注意して学習

自動火災報知設備の仕組みや種類について、学んでおきましょう。消防用設備の設置目的についても目を通しましょう。

第7章　その他の部分

重要度▶C

> マンションの1階部分の中庭を緑豊かにしたいのですが、木を植えたりすると管理が大変でしょうか。

A：多くの樹木は根付くまで2〜3年を要します。

I　植栽・ブロック塀

植栽の管理、除草	▶ 多くの樹木は、植栽後 2〜3 年間の地盤に根付くまでの間、枯損したり著しく樹形を損なうことがあるので、定期的にチェックし、灌水や施肥を行います。 ▶ 入居者などが日常的に使用する部分は除草剤の使用を控えます。除草剤の散布にあたっては、入居者などはもとより、近隣へも**事前通知を行い**、洗濯物やペットの屋内への一時移動など協力を求め、クレーム発生を予防します。
ブロック塀の点検	1981 年以前に設置された塀（塀のある前面道路中心線からの距離の 1/2.5 倍を超える高さのもの（0.8m 超の範囲で地方公共団体が別途規定可能）で、塀の長さは 25m を超えるもの（8m 以上 25m 未満の範囲で地方公共団体が別途規定可能））が診断義務化の対象となり、塀の所有者は、耐震診断結果を各自治体が耐震改修促進計画で定める期限内に報告することが求められます。

II　浄化槽設備

下水道のない地域では、「し尿浄化槽」を設けて汚水を浄化し、河川等に放流しなければなりません（建築基準法 31 条 2 項）。

浄化槽は、汚水や雑排水を溜めて、微生物に汚物等を分解させ、固形物を沈殿させることによって、上澄みのきれいな水を放流するもので、固形物が汚泥となって底部に堆積します。

III　避雷設備

高さが20mを超える建築物・工作物には、原則として、有効に避雷設備を設置しなければなりません。ただし、高さ20mを超える建築物でも、周囲の状況によって安全上支障がない場合には避雷針を設置しなくてもよいことになっています(建築基準法33条)。

ひっかけポイント

ひっかけ
二重否定
読み間違え

「高さが10mを超える建築物には、原則として、有効に避雷設備を設置しなければならない。」という手にはのらないように!

ここに注意して学習

建築基準法関連の知識として、避雷設備についての規定は重要です。その数字を含めて正確に記憶しておくようにしましょう。

第8章　入居者の安心安全のための措置

> 入居者が共用部分に私物を置いているとの連絡が入った場合、どのように対応するのがよいのでしょうか？

A：入居者に直接撤去を求めます。無断で処分はしてはいけません。

入居者（賃借人）の居住ルール等

以下の事項等について「館内規約」や「入居のしおり」のようなものを定めて共同生活上のルールを理解してもらうようにします。

事 項	ポイント
ゴミの出し方	場所、日時(曜日)、分類(可燃・不燃・資源・粗大ゴミ)についてルールを定めます。地域によって集荷方法が異なるので要注意です。
騒 音	騒音については、クレームを鵜呑みにせず、実際によく確かめてから行動を起こします。まずは、本人に直接注意し、守らない場合は連帯保証人へ連絡します。注意しても改善されない場合は契約違反である旨を警告し、解除等の手続きを進めます。**騒音の被害を受けた賃借人に対しては、経過や結果を必ず報告**する必要があります。
共用部分	共用部分の**階段や廊下に私物を放置**することは、火災などの万一の場合に避難を妨げることになるので、**即座に撤去を求めなければなりません。**
ペット	ペット可の物件であっても、賃借人同士や近隣との間でトラブルが発生しやすいです。
違法駐車・駐輪(バイク)	指定場所以外に置かないこと、近隣路上などでの**駐車・駐輪は厳禁**です。

トラブルやクレームを未然に防ぐためにも、管理業者は賃借人に対して生活ルールの遵守を常に求め、また、良好な生活が賃借人の間で送れるようにアドバイスをしていくことが欠かせません。

II 住戸内

生活騒音と その対処	①事実の確認 ▶ 騒音であれば、いつ(時間)、どこで(誰が・その部屋が)、どのような騒音を発生させているのかを確認する。 ▶ 発生源が特定できないときはチラシを配布するなどする。 ▶ 場合によっては関係がある賃借人を直接訪ねる。 ▶ 音の感じ方は個人差があるのでクレーム内容を鵜呑みにしないことも大切 ②ステレオや話し声、物音への対応 ▶ 発生源が賃借人の場合は本人へ直接注意する。 ▶ 本人が守らない場合は連帯保証人に連絡する。 ③注意しても改善されない場合 ▶ 書面(通知書)を郵送して警告する。 ▶ 改善がみられない場合は契約解除の手続きをとる。 ▶ 騒音の被害を受けた賃借人には経過や結果を必ず報告する。
ペット飼育	ペット可の物件であっても、賃借人同士や近隣との間でトラブルが発生しやすいです。また、原状回復のあり方、傷の補修、消臭の程度・範囲などの費用負担が紛争になりやすいです。 《集合住宅における動物飼養モデル規程》 ①基本的な事項 ▶ 動物は、自己の居室又は管理組合等により指定された場所(以下「指定された場所」という。)で飼うこと。 ▶ 自己の居室又は指定された場所以外で、動物にえさや水を与えたり、排せつをさせないこと。 ▶ 動物の異常な鳴き声やふん尿等から発する悪臭によって、近隣に迷惑をかけないこと。 ▶ 動物は、常に清潔に保つとともに、疾病の予防、衛生害虫の発生防止等の健康管理を行うこと。 ▶ 犬、猫には、必要な「しつけ」を行うこと。 ▶ 犬、猫等には、不妊去勢手術等の繁殖制限措置を行うよう努めること。 ▶ 動物による汚損、破損、傷害等が発生した場合は、その責任を負うとともに、誠意を持って解決を図ること。 ▶ 地震、火災等の非常災害時には、動物を保護するとともに、動物が他の居住者等に危害を及ぼさないよう留意すること。 ▶ 動物が死亡した場合には、適切な取扱いを行うこと。

	②他の居住者等に配慮する事項
	▶ 自己の居室又は指定された場所以外で、動物の毛や羽の手入れ、ケージの清掃等を行わないこと。
	▶ 動物の毛や羽の手入れ、ケージの清掃等を行う場合は、必ず窓を閉めるなどして、毛や羽等の飛散を防止すること。
	▶ 犬、猫等が自己の居室又は指定された場所以外で万一排せつした場合は、ふん便を必ず持ち帰るとともに、衛生的な後始末を行うこと。
	▶ 犬、猫等を散歩させる時には、砂場や芝生等（具体的な場所は、各集合住宅で定める。）の立入りを禁止された場所に入れないこと。
	▶ 廊下、エレベーター等では、動物は抱きかかえ、又はケージ等に入れ、移動すること。
	▶ エレベーターを利用する場合は、同乗者に迷惑のかからないよう配慮すること。

III 駐車場・駐輪場・共用部分

駐車場・駐輪場・共用部分の管理	▶ 無断駐車を防ぐには、駐車区画ごとの利用者の表示、カラーコーンや埋め込み式ポールによる侵入防止が効果的です。
	▶ 私物が無断で共用部分に放置されているようなことがあっても、管理業者がこれを所有者に**無断で撤去**したり、**移動したりすることは違法行為**なので、行ってはなりません。
	▶ 入居者にその地域にあったゴミの出し方を周知徹底し、近隣住民とのトラブルにならないようにすることが管理業者として必要です。

IV 緊急事態への対応

緊急事態	対 応
漏水が発生した場合	まず電話で「急いで上の階へ行き、下階に水が漏れている旨を告げて下さい」と伝え、できるだけ早く現場へ急行します。
火災が発生した場合	▶ 管理員が置かれている建物の場合は、管理員は現場へ駆けつけ、他の賃借人などの避難誘導を行うと同時に、建物全体へ火災の発生を知らせなければなりません。併せて、消防署へ通報し、延焼防止に努めます。
	▶ 管理員が置かれていない建物の場合は、消防署へ通報し

	た上で、出来るだけ早く現場に駆け付け、被害の拡大防止に協力します。
地震が発生した場合	▶ 管理員が置かれている建物の場合は、揺れが収まった後、管理員が建物内外の点検を行い、危険性が生じている場合には**建物内に残っている人を外の避難場所に誘導**します。火災が伴う場合は、避難誘導、建物全体への火災発生の報知、消防署への通報、初期消火や延焼防止を行います。 ▶ 管理員が置かれていない建物の場合は、震災後できるだけ早く対象建物を訪れて被害状況をつかみ、その復旧や後片付けを行う必要があります。
犯罪(空き巣)が発生した場合	▶ 警察への届出、盗難にあった財物の内容、侵入経路などの被害状況を把握し、賃借人の加入保険内容を調べ、補償手続きを支援します。 ▶ 空き巣は再発する傾向があるので、侵入経路の遮断や非常警報装置の設置など、賃貸人と相談して対策を早急に講じ、今後の防犯を呼びかける掲示をして**賃借人など**に注意を促します。

V 防犯等

1 建物および設備の防犯対策

不審者の侵入予防対策として、入居者個々の意識の向上が求められます。

▶ 建物内に不審者を入れない。

▶ 状況に応じて110番通報をするなどの心構えを周知徹底させる。

▶ ピッキング対策としては鍵の変更や建物出入口をオートロックにする。

▶ 出入口ホールや駐車場・ゴミ置き場などに防犯カメラ・夜間センサー等を取り付ける。

▶ 二重錠、窓ガラスの二重化、防犯フィルム張り、屋上への立ち入りを防ぐ扉やフェンスの設置等

▶ 近隣で発生した犯罪情報をいち早く掲示板などで知らせ、深夜帰宅や部屋の施錠に注意を促す。

《建物各所の明るさ》

場所	明るさ
共用出入口	共用玄関:50ルクス以上 共用玄関以外の共用出入口:20ルクス以上
共用メールコーナー	50ルクス以上

エレベーターホール	50 ルクス以上
エレベーター	50 ルクス以上
共用廊下・階段	20 ルクス以上
自転車置場・オートバイ置場	3 ルクス以上
駐車場	3 ルクス以上
歩道・車道等の通路	3 ルクス以上
児童遊園、広場または緑地等	3 ルクス以上

2 空き家の不正使用対策

次のことはやってはいけないことです。

- ▶ キーボックスを郵便受けなどの分かりやすい場所に隠しておく。
- ▶ ダイヤル式の簡易な鍵を取り付け、暗証番号を社内共通、他の物件と共通など、分かりやすいものに設定している。
- ▶ 暗証番号を同じ番号で使い続け、更新していない。
- ▶ 既知の仲介会社でなく、見知らぬ仲介会社からの内見申込みであっても、安易に暗証番号など室内への入り方を伝達してしまう。
- ▶ 管理業者や仲介業者が同行することなく、問合せのあった内見希望者に暗証番号など室内への入り方を伝達してしまう。
- ▶ 内見時に合鍵を作成されてしまい、このことに気付かないままでいる。
- ▶ 不動産物件情報サイト上に仲介会社向けの部屋のキーボックスの設置場所や暗証番号を置いておき、不動産会社の ID を悪用したものにこれを知られてしまう。

VI その他

1 水害対策

2015 年の水防法の改正により、国、都道府県または市町村は想定し得る最大規模の降雨による洪水浸水想定区域等を指定することになっています。

→ 不動産取引を行う際における意思決定においても、取引の対象となる不動産についての水害リスクに関する情報が重要な意味を持つものと考えられることから、**宅地建物取引業法上の重要事項説明**を行うことについて、2020 年 7 月には、市町村の長が提供する書面（水害ハザードマップ）に宅地または建物の位置が表示されているときは、**水害ハザードマップにおける宅地または建物の所在地**が追加されました。

2 結露・断熱対策

結露は、建物の内外の温度差・湿度差によって窓などの表面に水滴がつく現象です。
風通しが悪いと季節を問わず発生します。

　断熱性能が高く空調設備が設置されていると、温湿度差が生じるため、最近の共同住宅

では結露しやすい環境にあります。

▶ 防湿シートを壁の中に張り詰めて、通気層を設けた正しい位置に断熱材を取り付けることが大切です。

▶ 表面結露は、複層ガラスを用い、過度の加湿を避け、適度な換気を行うことで抑制できます。

ひっかけポイント

ひっかけ
二重否定

読み間違え

「賃貸物件に鍵保管用キーボックスを設ける場合は、その暗証番号の変更や更新は必要ない。」という手にはのらないように！

ここに注意して学習

合格 ポイント

事例問題対策として、効果的な防犯対策とは何かを押さえておきましょう。水害ハザードマップに関する事項も重要です。

予想問題にチャレンジ

【問 題】建物の維持管理に関する次の記述のうち、適切なものはいくつあるか。

ア 法定点検では、建物や設備によって点検業務の回数が異なるので、経費的にも業務の
立ち会い等の人員配置にも重複がないよう注意して計画しなければならない。

イ 応急措置の積み重ねは、全体的・根本的な修繕を先送りすることになり、長期的に見れ
ば事後保全は予防保全より経済的とはいえない場合もある。

ウ 予防保全においても、事後保全においても、法定耐用年数どおりに機器を交換すること
が重要である。

    1. 一つ
    2. 二つ
    3. 三つ
    4. なし

【解 説】

正解：2

ア適切 問題文のとおりです。

イ適切 問題文のとおりです。なお、事故や不具合が生じてから修繕を行うことを「事後保全」
といいます。

ウ不適切 法定耐用年数どおりに機器を交換することにとらわれることなく、現場の劣化状
況や収支状況を考えあわせ、予防的に交換・保守・修繕することが重要です。

以上から、適切なものはアとイの2つです。

第8編 管理業務の実施に関する事項

賃借人を募集し、入居者を決定し、契約終了して退去まで、様々な法令等が関わります。募集は宅建業法と広告のルール、入居の決定は管理受託とサブリースで異なり、退去時は民法と国土交通省が定めたガイドラインによる原状回復のルールや自力救済禁止等。

また、業務におけるコンプライアンスとして弁護士法、個人情報保護法、消費者契約法、住宅宿泊事業法等の多くの法令知識が必要となります。

さらに、不動産に関連する基礎知識は、仕事をする上で重要です。この編では、不動産登記法、不動産証券化、相続、保険、税法を中心にまとめています。

学習時間	30 時間
出題数	9 問程度
学習指針	第1章募集では広告ルールが重要です。入居に関しては鍵の扱い、退去では自力救済禁止と原状回復ガイドラインが重要です。第4章の業務におけるコンプライアンスでは、非弁行為、個人情報保護法、消費者契約法、第5章では相続、保険、税法が重要です。 公式テキストも参照して知識を深めてください。

第1章 募 集

重要度▶A

サブリース方式でも管理受託方式でも、入居者の決定は、オーナーの判断を待たなければならないの？

A：サブリース方式の場合は管理業者が決定します。

I 入居者募集を行うための事前準備

入居者を募集する活動には宅地建物取引業法の適用を受けます。

1 宅建業法の適用

宅地建物取引業とは	建物の貸借の代理又は媒介をする行為を業として行う場合に宅建業法が適用される。 ▶ 賃貸人自ら行う募集業務には宅建業法が適用されない。 ▶ 管理業者が賃貸人から委託を受けて行う募集業務には宅建業法が適用される。
業とは	不特定かつ多数人に対して、反復継続してすること
適用外	自ら貸借、サブリース業、賃貸管理業は宅建業法の適用はない

2 宅建業法による広告規制

(1)取引態様の明示

宅建業者が広告を出す際と、注文を受けた際には、取引態様の別を明示しなければなりません。

時期	規制内容	罰則等
広告するとき	取引態様の別（自ら売主・交換か代理媒介して売買・貸借・交換かの別）の明示が必要	**刑事罰なし** （監督処分の対象）
注文を受けたら遅滞なく		

▶ 媒介の依頼者から「名前を伏せてほしい」と言われたとしても媒介であること（取引態様の別）を伏せて広告することはできません。

▶ 注文を受けた際の取引態様の別の明示は**口頭でもよい。**

▶ 注文者に取引態様の別が明らかな場合でも省略できません。

(2)誇大広告等の禁止

規制対象	規制内容	罰則等
▶ 物件の、①所在、②規模、③形質 ▶ 現在または将来の、④利用の制限、⑤環境、⑥交通その他の利便、⑦代金・借賃等の対価の額や支払方法、⑧代金・交換差金に関する金銭の貸借のあっせん	著しく事実に相違する表示、または、実際のものより、著しく優良か有利であると誤認させるような表示	刑事罰あり （業務停止処分または免許取消処分の対象）

▶ 注文がなかった場合でも処罰の対象となります。

▶ 取引が成立しなかった場合でも処罰の対象となります。

(3)広告開始時期の制限

時期	規制内容	罰則等
宅地造成または建築工事の完了前	工事に関し必要とされる許可・建築確認等があった後でなければ、広告をしてはなりません。	刑事罰なし （監督処分の対象）

3　不動産の表示に関する公正競争規約

(1)表示基準

以下の項目について、実際のものよりも優良であると誤認されるおそれのある表示は不当表示となります。

(1) 取引態様

「売主」、「貸主」、「代理」または「媒介(仲介)」の別をこれらの用語を用いること。

(2) 物件の所在地

都道府県(県庁所在地、政令指定都市および特別区の場合は省略可)、郡、市区町村、字および地番を表示すること。

(3) 交通の利便性

①交通の利便については、公共交通機関を利用することが通例である場合には、次の基準により表示すること。

 ア 鉄道、都市モノレールまたは路面電車(以下「鉄道等」という。)の最寄りの駅または停留場(以下「最寄駅等」という。)の名称および物件から最寄駅等までの徒歩所要時間を明示。

 イ 鉄道等の最寄駅等からバスを利用するときは、最寄駅等の名称、物件から最寄りのバスの停留所までの徒歩所要時間、同停留所から最寄駅等までのバス所要時間を明示。

  ▶ この場合は停留所の名称を省略することができます。

 ウ バスのみを利用するときは、最寄りのバスの停留所の名称および物件から同停留所までの徒歩所要時間を明示。

②電車、バス等の交通機関の所要時間は、次の基準により表示すること。

ア 起点および着点とする鉄道、都市モノレールの駅もしくは路面電車の停留場(以下「駅等」という。)またはバスの停留所の名称を明示。

　▶ 物件から最寄駅等までバスを利用する場合で、物件の最寄りの停留所から最寄駅等までのバスの所要時間を表示するときは、停留所の名称を省略することができます。

イ 特急、急行等の種別を明示。

ウ 朝の通勤ラッシュ時の所要時間を明示。

　▶ 平常時の所要時間をその旨を明示して併記することができます。

エ 乗換えを要するときは、その旨を明示し、ウの所要時間には乗り換えにおおむね要する時間を含めること。

③公共交通機関は、現に利用できるものを表示し、特定の時期にのみ利用できるものは、その利用できる時期を明示。

④新設予定の駅等またはバスの停留所は、当該路線の運行主体が公表したものに限り、その新設予定時期を明示して表示することができる。

(4) 各種施設までの距離または所要時間

①道路距離または所要時間を表示するときは、起点および着点を明示(他の規定によりその表示を省略することができることとされている場合を除く。)。

	起点・着点	注意点
物件の起点	物件の区画のうち駅その他施設に最も近い地点	マンションやアパートの場合は建物の出入口
駅その他施設の着点	その施設の出入口	施設の利用時間内において常時利用できるものに限ります。

②団地(一団の宅地または建物をいう。以下同じ。)と駅その他の施設との間の道路距離または所要時間は、取引する区画のうちそれぞれの施設ごとにその施設から最も近い区画(マンションやアパートにあっては、その施設から最も近い建物の出入口)を起点として算出した数値とともに、その施設から最も遠い区画(マンションやアパートにあっては、その施設から最も遠い建物の出入口)を起点として算出した数値も表示。

③徒歩による所要時間は、**道路距離80m**につき**1分間**を要するものとして算出した数値を表示。

　▶ 1分未満の端数が生じたときは、1分として算出します。

④**自動車**による所要時間は、道路距離を明示して、走行に通常要する時間を表示。

　▶ 表示された時間が有料道路(橋を含む。)の通行を含む場合のものであるときは、その旨を明示。ただし、その道路が高速自動車国道であって、周知のものであるときは、有料である旨の表示を省略することができます。

⑤**自転車**による所要時間は、道路距離を明示して、走行に通常要する時間を表示。

(5) 団地の規模

開発区域を工区に分けて工区ごとに開発許可を受け、その開発許可に係る工区内の宅

地または建物について表示をするときは、開発区域全体の規模およびその開発計画の概要を表示。

▶ 全体計画中に開発許可を受けていない部分を含むときは、その旨を明示しなければなりません。

(6) 面積

①面積は、メートル法により表示。

▶ 1㎡未満の数値は、切り捨てて表示することができます。

②土地の面積は、水平投影面積を表示。

▶ 取引する全ての区画の面積を表示しなければなりません。ただし、パンフレット等の媒体を除き、最小土地面積および最大土地面積のみで表示することができます。

③建物の面積(マンションにあっては専有面積)は、延べ面積を表示し、これに車庫、地下室等(地下居室は除く。)の面積を含むときは、その旨およびその面積を表示。

④住宅の居室等の広さを畳数で表示する場合は、畳1枚当たりの広さは1.62 ㎡(各室の壁心面積を畳数で除した数値)以上の広さがあるという意味で用いなければなりません。

(7) 物件の形質

①採光および換気のための窓その他の開口部の面積のその室の床面積に対する割合が建築基準法28条の規定(本書第7編第2章Ⅲを参照して下さい。)に適合していないため、同法において居室と認められない納戸その他の部分については、その旨を「納戸」等と表示。

②遮音、断熱等を目的とした建築部材自体の性能を表示する場合において、実際の住宅内における遮音、断熱性能等がその構造等から当該部材自体の性能とは異なる可能性がある場合には、その旨を表示。

③地目は、登記簿に記載されているものを表示。

▶ 現況の地目と異なるときは、現況の地目を併記しなければなりません。

④宅地の造成材料または建物の建築材料について、これを強調して表示するときは、その材料が使用されている部位を明示。

⑤建物を増築、改築、改装または改修したことを表示する場合は、その内容および時期を明示。

(8) 写真・絵図

①宅地または建物の写真や動画は、取引するものを表示。

▶ ただし、取引する建物が建築工事の完了前である等その建物の写真や動画を用いることができない事情がある場合においては、取引する建物を施工する者が過去に施工した建物であり、かつ、次のア・イに限り、他の建物の写真や動画を用いることができます。この場合において、その写真や動画が他の建物である旨、およびアに該当する場合は、取引する建物と異なる部位を、写真の場合は写真に接する位置に、動画の場合は画像中に明示しなければなりません。

ア 建物の外観は、取引する建物と構造、階数、仕様が同一であって、規模、形状、色等

が類似するもの。
イ 建物の内部は、写される部分の規模、仕様、形状等が同一のもの。
②宅地または建物のコンピュータグラフィックス、見取図、完成図または完成予想図は、その旨を明示して用い、その物件の周囲の**状況**について表示するときは、**現況に反する表示をしてはなりません。**

(9) 設備・施設等

①上水道（給水）は、公営水道、私営水道または井戸の別を表示。
②ガスは、都市ガスまたはプロパンガスの別を明示。
③温泉法による温泉については、次の事項を明示。
　　ア 温泉に加温したものについては、その旨
　　イ 温泉に加水したものについては、その旨
　　ウ 温泉源から採取した温泉を給湯管によらずに供給する場合（運び湯の場合）は、その旨
　　エ 共同浴場を設置する場合において、循環装置または循環ろ過装置を使用する場合は、その旨
④団地内または物件内のプール、テニスコート、スポーツジム、シアタールーム等の共用施設について表示するときは、それらの施設の内容、運営主体、利用条件及び整備予定時期を明示。
⑤都市計画法 29 条の開発許可を受けて開発される団地に設置することがその開発許可の内容となっている公共・公益施設及び生活利便施設またはその団地に地方公共団体が設置に関し事業決定している公共・公益施設は、その整備予定時期を明示して表示することができます。

(10) 生活関連施設

①前記(9)の公共・公益施設以外の学校、病院、官公署、公園その他の公共・公益施設は、次に掲げるところにより表示。
　　ア 現に利用できるものを表示。
　　イ 物件からの道路距離または徒歩所要時間を明示。
　　ウ その施設の名称を表示。
　　　▶ ただし、公立学校及び官公署の場合は、パンフレットを除き、省略できます。
②上記アの規定にかかわらず、学校については、学校の設置について必要とされる許可等の処分を受けているものまたは国もしくは地方公共団体が事業決定しているものにあっては、現に利用できるものと併せて表示する場合に限り、その整備予定時期を明示して表示することができます。
　　▶ 学校以外の施設については、都市計画法11条に定める都市施設であって、同法2_条 1 項に規定する告示があったものに限り、その内容を明示して表示することができます。
③デパート、スーパーマーケット、コンビニエンスストア、商店等の商業施設は、現に利用できるものを物件からの道路距離又は徒歩所要時間を明示して表示。
　　▶ ただし、工事中である等その施設が将来確実に利用できると認められるものにあ_

ては、その整備予定時期を明示して表示することができます。

④地方公共団体等の地域振興計画、再開発計画または都市計画等の内容は、その計画の実施主体者がその整備予定時期を公表したものに限り、表示することができます。

▶ その計画に係る施設等については、整備予定時期および表示の時点において計画が実施手続のどの段階にあるかを明示して表示しなければなりません。

⑤国もしくは地方公共団体が新設する道路であって、道路法18条の規定による告示が行われた道路その他の道路または高速道路株式会社法1条に規定する株式会社もしくは地方道路公社等が新設する道路であって、その建設について許認可を受けまたは工事実施計画書について認可を受けた新設予定道路に限り、表示することができます。

▶ その整備予定時期および表示の時点において計画がその実施手続のどの段階にあるかを明示して表示しなければなりません。

(11) 価格・賃料

①土地の価格については、上下水道施設・都市ガス供給施設の設置のための費用その他宅地造成に係る費用(これらの費用に消費税及び地方消費税(以下「消費税等」という。)が課されるときは、その額を含む。)を含めて表示。

②土地の価格については、1区画当たりの価格を表示。

▶ ただし、1区画当たりの土地面積を明らかにし、これを基礎として算出する場合に限り、1㎡当たりの価格で表示することができます。

③前記②の場合において、取引する全ての区画の価格を表示。

▶ ただし、分譲宅地の価格については、パンフレット等の媒体を除き、1区画当たりの最低価格、最高価格および最多価格帯並びにその価格帯に属する販売区画数のみで表示することができます。また、この場合において、販売区画数が10未満であるときは、最多価格帯の表示を省略することができます。

④現況有姿分譲地の価格については、分割可能最小面積を明示して、1㎡当たりの価格を表示。

▶ 1㎡当たりの価格が異なる土地があるときは、それぞれの面積を明示して、最低価格および最高価格を表示しなければなりません。

⑤住宅(マンションにあっては住戸)の価格については、1戸当たりの価格を表示。

⑥前記⑤の場合において、取引する全ての住戸の価格を表示。

▶ ただし、新築分譲住宅、新築分譲マンション及び一棟リノベーションマンションの価格については、パンフレット等の媒体を除き1戸当たりの最低価格、最高価格及び最多価格帯並びにその価格帯に属する住宅または住戸の戸数のみで表示することができます。また、この場合において、販売戸数が10戸未満であるときは、最多価格帯の表示を省略することができます。

⑦賃貸される住宅(マンションやアパートにあっては住戸)の賃料については、取引する全ての住戸の1か月当たりの賃料を表示。

▶ ただし、新築賃貸マンションまたは新築賃貸アパートの賃料については、パンフレット等の媒体を除き、1住戸当たりの最低賃料および最高賃料のみで表示することがで

きます。

⑧管理費については、1戸当たりの月額（予定額であるときは、その旨）を表示。

▶ ただし、住戸により管理費の額が異なる場合において、その全ての住宅の管理費を示すことが困難であるときは、最低額および最高額のみで表示することができます。

⑨共益費については、1戸当たりの月額（予定額であるときは、その旨）を表示すること。ただし、住戸により共益費の額が異なる場合において、その全ての住宅の共益費を示すことが困難であるときは、最低額および最高額のみで表示することができる。

⑩修繕積立金については、1戸当たりの月額（予定額であるときは、その旨）を表示。

▶ ただし、住戸により修繕積立金の額が異なる場合において、その全ての住宅の修繕積立金を示すことが困難であるときは、最低額および最高額のみで表示することができます。

(12) 住宅ローン等

①住宅ローンについては、次の事項を明示して表示。

　　ア　金融機関の名称もしくは商号または都市銀行、地方銀行、信用金庫等の種類

　　イ　借入金の利率及び利息を徴する方式（固定金利型、固定金利指定型、変動金利型、上限金利付変動金利型等の別）または返済例（借入金、返済期間、利率等の返済例に係る前提条件を併記すること。また、ボーナス併用払のときは、1か月当たりの返済額の表示に続けて、ボーナス時に加算される返済額を明示すること。）

②割賦販売については、次の事項を明示して表示。

　　ア　割賦販売である旨

　　イ　割賦限度額

　　ウ　利息の料率（実質年率）

　　エ　支払期間及び回数

　　オ　割賦販売に係る信用調査費その他の費用を必要とするときは、その旨及びその額

③購入した物件を賃貸した場合における「利回り」の表示については、その物件の1年間の予定賃料収入のその物件の取得対価に対する割合であるという意味で用い、次に掲げる事項を明示して表示。

　　ア　その物件の1年間の予定賃料収入のその物件の取得対価に対する割合である旨

　　イ　予定賃料収入が確実に得られることを保証するものではない旨

　　ウ　利回りは、公租公課その他その物件を維持するために必要な費用の控除前のものである旨

(2)特定用語等の使用基準

事業者は、次に掲げる用語またはこれらの用語に類する用語を用いて表示するときは、それぞれに定める意義に即して使用しなければなりません（規約18条）。

(1) 新 築

建築工事完了後1年未満であって、居住の用に供されたことがないものをいいます。

(2) 新発売

新たに造成された宅地、新築の住宅（造成工事または建築工事完了前のものを含む。）たは一棟リノベーションマンションについて、一般消費者に対し、初めて購入の申込み

勧誘を行うこと(一団の宅地または建物を数期に区分して販売する場合は、期ごとの勧誘)をいい、その申込みを受けるに際して一定の期間を設ける場合においては、その期間内における勧誘をいいます。

(3) ダイニング・キッチン　DK

台所と食堂の機能が 1 室に併存している部屋をいい、住宅(マンションにあっては、住戸。次の(4)でも同じ。)の居室(寝室)数に応じ、その用途に従って使用するために必要な広さ、形状および機能を有するものをいいます。

(4) リビング・ダイニング・キッチン　LDK

居間と台所と食堂の機能が 1 室に併存する部屋をいい、住宅の居室(寝室)数に応じ、その用途に従って使用するために必要な広さ、形状および機能を有するものをいいます。

(5) 宅地の造成工事の完了

宅地上に建物を直ちに建築することができる状態に至ったことをいい、その工事の完了に際し、都市計画法その他の法令による工事の完了の検査を受けることが必要とされるときは、その検査に合格したことをいいます。

(6) 建物の建築工事の完了

建物をその用途に従い直ちに使用することができる状態に至ったことをいいます。

《禁止用語》

事業者は、次に掲げる用語を用いて表示するときは、それぞれの表示内容を裏付ける合理的な根拠を示す資料を現に有している場合を除いて、使用できません。

(1) 物件の形質その他の内容又は価格その他の取引条件に関する事項

「最高」、「最高級」、「極」、「特級」等、最上級を意味する用語

(2) 物件の価格又は賃料等

「買得」、「掘出」、「土地値」、「格安」、「投売り」、「破格」、「特安」、「激安」、「バーゲンセール」、「安値」等、著しく安いという印象を与える用語

(3) 物件の形質その他の内容又は役務の内容

「完全」、「完ぺき」、「絶対」、「万全」等、全く欠けるところがないことまたは全く手落ちがないことを意味する用語

(4) 物件の形質その他の内容、価格その他の取引条件または事業者の属性に関する事項

「日本一」、「日本初」、「業界一」、「超」、「当社だけ」、「他に類を見ない」、「抜群」等、競争事業者の供給するものまたは競争事業者よりも優位に立つことを意味する用語

(5) 物件

「特選」、「厳選」等、一定の基準により選別されたことを意味する用語、および「完売」等、著しく人気が高く、売行きがよいという印象を与える用語

3)物件の名称の使用基準

物件の名称として地名等を用いる場合において、その物件が所在する市区町村内の町もしは字の名称または地理上の名称を用いる場合を除いては、次に定めるところによります

(規約 19 条)。

① 物件の所在地において、慣例として用いられている地名または歴史上の地名がある場合は、その地名を用いることができます。
② 物件の最寄りの駅、停留場または停留所の名称を用いることができます。
③ 物件が公園、庭園、旧跡その他の施設または海（海岸）、湖沼もしくは河川の岸もしくは堤防から直線距離で300m以内に所在している場合は、これらの名称を用いることができます。
④ 物件から直線距離で 50m以内に所在する街道その他の道路の名称（坂名を含む。）を用いることができます。

別荘地（別荘またはリゾートマンションを含む。）にあっては、上記に掲げるところによるほか、次に定めるところによることができます。

① 物件が自然公園法による自然公園の区域内に所在する場合は、その自然公園の名称を用いることできます。
② 物件がその最寄りの駅から直線距離で 5,000m以内に所在する場合は、その最寄りの駅の名称を用いることができます。 ▶ ただし、当該物件がその最寄りの駅から同じく 5,000mを超える地点に所在する場合は、併せてその距離を明記する場合に限り、その最寄りの駅の名称を用いることができます。
③ 物件が地勢及び地形上、山、山脈、山塊等の一部に位置している場合は、その山、山脈、山塊等の名称を用いることができます。
④ 物件が海（海岸）、湖沼または河川の岸または堤防から直線距離で 1,000m以内に所在している場合は、その海（海岸）、湖沼または河川の名称を用いることができます。
⑤ 物件が温泉地、名勝、旧跡等から直線距離で 1,000m以内に所在している場合は、その温泉地、名勝、旧跡等の名称を用いることができます。

(4)不当な二重価格表示
事業者は、物件の価格、賃料または役務の対価について、二重価格表示をする場合において、事実に相違する広告表示または実際のものもしくは競争事業者に係るものよりも有利であると誤認されるおそれのある広告表示をしてはなりません。

(5)おとり広告
事業者は、次に掲げる広告表示をしてはなりません。

①物件が存在しないため、実際には取引することができない物件に関する表示
②物件は存在するが、実際には取引の対象となり得ない物件に関する表示
③物件は存在するが、実際には取引する意思がない物件に関する表示

(6)不当な比較広告
事業者は、比較広告において、次に掲げる広告表示をしてはなりません。
 ▶ 実証されていない、または実証することができない事項を挙げて比較する表示
 ▶ 一般消費者の物件等の選択にとって重要でない事項を重要であるかのように強調して比

較するものおよび比較する物件等を恣意的に選び出すなど不公正な基準によって比較する表示

▶ 一般消費者に対する具体的な情報ではなく、単に競争事業者またはその物件等を誹謗しまたは中傷する表示

(7)表示の修正・取りやめおよび取引の変更等の公示

事業者は、継続して物件に関する広告その他の表示をする場合において、当該広告その他の表示の内容に変更があったときは、速やかに修正し、またはその表示を取りやめなければなりません。

また、物件に関する広告その他の表示を行った後、やむを得ない事情により当該表示に係る物件の取引を変更し、延期または中止したときは、速やかにその旨を公示しなければなりません。

II 建築物省エネ法による表示制度 改正点

1 制度の目的と概要

2024年4月1日から住宅・建築物を販売・賃貸する事業者に、省エネ性能ラベルの表示が努力義務となります。省エネ性能の高い住宅・ビルが、それを反映した価格や賃料で取引される市場環境の実現を目指すことが目的です。

さらに、国土交通大臣は、販売・賃貸事業者が告示で定めるところに従って表示していないと認めるときは、告示に従って表示すべき旨を勧告することができ、勧告に従わなかったときはその旨が公表される可能性があり、勧告を受けた者が正当な理由がなくその勧告に係る措置をとらなかった場合には勧告に係る措置をとるよう命令され、その命令に違反した者は100万円以下の罰金に処せられる旨が、規定されました。

2 表示の努力義務が課せられる対象物件

2024年4月1日以降に建築確認の申請を行う新築建築物、及びその物件が同時期以降に再販売・再賃貸される場合です。分譲一戸建て・分譲マンション・賃貸住宅・買取再販住宅等の住宅、及び貸し事務所ビル・貸しテナントビル等の非住宅の両方です。ただし、販売又は賃貸する用途でない建築物(注文住宅やウィークリーマンション)、自社ビル、民泊施設は除外されています。

なお、アパート・マンションのオーナーが「反復継続的に賃貸を行っている」場合等は、個人であっても「賃貸を行う事業者」に該当します。また、その建物をサブリースしている場合は、サブリース事業者も賃貸事業者となります。

3 省エネ性能表示は2種類ある

省エネ性能表示制度の発行物は、省エネ性能ラベルとエネルギー消費性能の評価書の2種類あります。そして、その発行方法にも2種類あり、販売・賃貸事業者が自ら、国が指定するWEBプログラムもしくは仕様基準に沿って建築物の省エネ性能の評価を行う「自己評価」

と、第三者の評価機関に依頼し建築物の省エネ性能を評価する「第三者評価」です。第三者評価は現在BELS(ベルス)のみとなっています。

<h2>4 活用場面は広告と契約時</h2>

販売業者や貸主から委託を受けた管理会社等は、評価性能ラベルを広告に掲載し、消費者に伝達します。また、物件の契約の際などにラベルと評価書を使用して、消費者へ説明をします(ガイドラインにおいて望ましい取組みとして位置付けられています)。

III 入居審査

<h2>1 確認事項</h2>

(1)外国人の場合

　①パスポート
　②住民票
　　▶ 外国人でも住民票が発行されます。
　③勤務証明書
　④在学証明書
　⑤収入証明書
　⑥就労資格証明書
　⑦資格外活動許可書

(2)高齢者の場合

　理由なく拒んではなりません。

(3)主な必要書類の確認事項

	確認すべき事項	発行期日と提出物
①住民票	借受希望者のものか	発行3か月以内の原本
②所得証明書(源泉徴収票など)	会社の押印はあるか	直近の原本コピー
③免許証	住民票住所との照合	コピー
④印鑑証明	実印との照合	発行3か月以内の原本
⑤保証人の承諾書	実印との照合	

<h2>2 入居者(賃借人)決定までの実務上の取扱い</h2>

　①借受希望者からの問合せに対する情報提供
　②物件案内
　③入居申込書の作成・受領
　④申込者の審査

▶ 建物賃貸借は簡単に終了できないので慎重な判断が必要となる一方、借手優位の市場状況において迅速性も求められる。

⑤契約当事者の確認
⑥連帯保証人の意思確認
⑦決定権者の最終判断
⑧申込者への結果連絡
⑨契約締結日およびその際の必要書類の連絡

3 最終決定

管理受託方式	最終的に判断するのは賃貸人
サブリース方式	賃貸人（転貸人）であるサブリース業者が最終的に判断します。

IV 媒介報酬

1 貸借を媒介・代理した場合の報酬額の計算方法

宅地建物取引業者が、賃貸借契約を媒介したり代理したりすると、依頼者から報酬を受け取ることができますが、その上限が宅地建物取引業法及び関係法令で規定されています。

		居住用建物以外	居住用建物※1
借賃※2を基準として算出する報酬限度額	媒介	賃貸人・賃借人合わせて1か月分×1.1以内	賃貸人・賃借人合わせて1か月分×1.1以内で、依頼者の承諾ない限り一方から半月分×1.1以内
	代理	賃貸人・賃借人合わせて1か月分×1.1以内	賃貸人・賃借人合わせて1か月分×1.1以内
権利金等※3を基準として算出する報酬限度額	媒介	権利金等が授受されている場合は、権利金等の額を代金とみなして、売買の場合の報酬計算にしたがって算出した額以内	適用されません
	代理		

※1 専ら居住の用に供する建物を指し、居住の用に供する建物で事務所、店舗その他居住以外の用途を兼ねるものは含まれません。

※2 貸借に係る消費税等相当額を含まないものとし、その媒介が使用貸借に係るものである場合においては、その宅地または建物の通常の借賃をいいます。また、報酬の合計額が限度額内であれば依頼者の双方からどのような割合で報酬を受けてもよく、また、依頼者の一方のみから報酬を受けることもできます。

※3 権利金等とは、どのような名義であっても、権利設定の対価として支払われる金銭であって、返還されないものをいい、いわゆる権利金、礼金等賃貸借契約終了時に賃貸人

から賃借人に返還されない金銭はこれに該当します。しかし、いわゆる敷金等賃貸借契約終了時に賃貸人から賃借人に返還される金銭はこれに該当しません。

2 報酬額以外は原則受領できない?

前記の報酬額以外のお金は原則として受領できません。しかし、受領できるお金もあります。

原 則	宅地または建物の貸借の代理または媒介に関し、前記 1 の方法によるほか、報酬を受けることができません。 (例:案内料、申込料や依頼者の依頼によらずに行う広告料等)
例 外	▶ **依頼者の依頼**によって行う広告の料金に相当する額は**報酬とは別**に受領することができます。 ▶ **依頼者の特別の依頼**により行う**遠隔地における現地調査**や**空家の特別な調査等**に要する実費の費用に相当する額の金銭を、依頼者から提供された場合にこれを受領すること等、依頼者の特別の依頼により支出を要する特別の費用に相当する額の金銭で、その負担について**事前に依頼者の承諾**があるものを別途受領することができます。

V 借受希望者への説明

借受希望者への説明は、自ら貸借やサブリース契約を除き、宅地建物取引業法の適用となり、宅地建物取引士の専権事項となります。

1 方式

宅地建物取引業者は、代理・媒介に係る賃借人に対して、その者が借りようとしている建物に関し、契約が成立するまでの間に、宅地建物取引士をして、一定の事項について、これらの事項を記載した書面を交付して説明をさせなければなりません。

方 式	宅地建物取引士の記名 宅地建物取引士による説明
義務者	宅建業者(宅地建物取引士の義務ではない。)
交付時期	**契約が成立するまで**(同時不可)
交付の相手方	賃借人(媒介・代理)になろうとしている者※
交付場所	規制なし

※ 相手方が宅建業者であっても重要事項説明書面の交付は省略できないが、説明は省略できます。

2 建物賃貸借の代理・媒介で記載が必要となる事項

重要事項説明書面に記載が必要な事項です。

1	登記された権利の種類および内容ならびに登記名義人または登記簿の表題部に記録された所有者の氏名(法人にあっては、その名称)
2	飲用水、電気およびガスの供給ならびに排水のための施設の整備の状況(これらの施設が整備されていない場合においては、その整備の見通しおよびその整備についての特別の負担に関する事項)
3	工事の完了時における形状・構造(図面が必要なときは、図面を添付) ▶ 宅地…造成工事完了時におけるその宅地に接する道路の**構造および幅員** ▶ 建物…工事完了時におけるその建物の主要構造部、内装および外装の構造または仕上げならびに設備の設置および構造
4	代金、交換差金および借賃以外に授受される金銭の**額**および当該金銭の授受の目的
5	契約の解除に関する事項
6	損害賠償額の予定または違約金に関する事項
7	支払金または預り金を受領しようとする場合において、保証協会が行う一般保証業務等の保全措置を講ずるかどうか、およびその措置を講ずる場合におけるその措置の概要
8	宅地造成及び特定盛土等規制法により指定された**造成宅地防災区域**内にあるときはその旨
9	土砂災害警戒区域等における土砂災害防止対策の推進に関する法律により指定された**土砂災害警戒区域**内にあるときはその旨
10	津波防災地域づくりに関する法律により指定された**津波災害警戒区域**内にあるときはその旨
11	水防法施行規則 11 条 1 号の規定により当該宅地または建物が所在する市町村の長が提供する図面に当該宅地または建物の位置が表示されているときは、**当該図面における当該宅地または建物の所在地** ▶ 水害ハザードマップ上のどこに所在するかについて消費者に確認せしめるもので、取引の対象となる宅地建物の位置を含む水害ハザードマップを、洪水・内水・高潮のそれぞれについて提示し、その宅地建物の概ねの位置を示します。
12	建物が新都市基盤整備法第 51 条第 1 項に定める開発誘導地区内の土地上にあり、同法同条に基づく建築物に関する所有権、地上権、質権、使用貸借による権利又は賃借権その他の使用及び収益を目的とする権利の設定又は移転について都道府県知事の承認を要する旨の制限がある場合、その概要
13	契約期間および契約の更新に関する事項
14	借地借家法に規定する定期借地権の適用を受けるものを設定しようとするとき、または定期建物賃貸借もしくは高齢者の居住の安定確保に関する法律の規定の適用を受ける終身建物賃貸借をしようとするときは、その旨

15	宅地または建物の用途その他の利用に係る制限に関する事項(建物が区分所有権の目的である場合は、専有部分の用途その他の利用の制限に関する規約の定めの内容を除く。)
16	**敷金**その他いかなる名義をもって授受されるかを問わず、契約終了時において精算することとされている金銭の**精算に関する事項**
	▶ その保管方法についてまでは記載する必要がないが、どのように精算するかについては記載しなければなりません。
17	宅地または建物(区分所有建物を除く)の管理が委託されているときは、その委託を受けている者の氏名(法人にあっては、その商号または名称)および住所(法人にあっては、その主たる事務所の所在地)
	▶ 賃貸住宅の管理業務等の適正化に関する法律による登録業者である場合に限り、その登録番号も記載しなければなりません。
18	建物について、石綿の使用の有無の調査の結果が記録されているときは、その内容
	▶ 記録されていることだけではなく、その内容まで記載する必要がある点に注意しましょう。
19	建物(昭和56年6月1日以降に新築の工事に着手したものを除く。)が建築物の耐震改修の促進に関する法律に規定する基本方針のうち法定の技術上の指針となるべき事項に基づいて、一定の有資格者等が行う**耐震診断**を受けたものであるときは、その内容
	▶ 耐震診断を実施する義務まではありません。
20	台所、浴室、便所その他の建物の設備の整備の状況
	▶ 事業用でも居住用でも記載が必要です。
21	**建物状況調査**(実施後1年(鉄筋コンクリート造または鉄骨鉄筋コンクリート造の共同住宅等(住宅品質確保法施行規則に規定する共同住宅等)にあっては2年)が経過していないものに限る。)を実施しているかどうか、およびこれを実施している場合におけるその**結果の概要**
22	賃貸物件が区分所有建物である場合、**専有部分の用途その他の利用の制限に関する規約の定め(案を含む)**があるときは、その内容
23	賃貸物件が区分所有建物である場合、一棟の建物およびその敷地の管理が委託されているときは、その委託を受けている者の氏名(法人にあっては、その商号または名称)および住所(法人にあっては、その主たる事務所の所在地)　※委託された業務の内容までは記載する必要がありません。
	▶ 管理を受託している者が、マンションの管理の適正化の推進に関する法律44条の登録を受けている者である場合には、その登録番号も記載しなければなりません。

3　IT を活用する重要事項説明

売買・交換を含めすべての取引態様で、テレビ会議等のITを活用することができます。その際、宅地建物取引士により記名された重要事項説明書等を、重要事項の説明を受けようとする者（相手方）にあらかじめ送付（電磁的方法による提供を含みます）し、相手方が、重要事項説明書等を確認しながら説明を受けることができる状態にあることが必要です。また、説明の際は宅地建物取引士が宅地建物取引士証を提示し、重要事項の説明を受けようとする者が、その宅地建物取引士証を画面上で視認できたことを確認していること等が必要です。

8

管理業務の実施に関する事項

ひっかけポイント

管理受託方式の管理業者は、「賃借人に対して契約前に重要事項を説明しなければならない」という手にはのらないように！

ここに注意して学習

賃借人に対する重要事項説明は、サブリース契約において必要となる点が重要です。

第2章　賃借人の入退去

重要度▶A

6年以上前に賃貸した物件が明け渡されました。居室内を点検すると壁に落書きが。退去者に修繕費用を請求できますか？

A：善管注意義務違反として損害賠償請求できます。

Ⅰ　入　居

1　鍵の交付と預り管理の注意点

鍵の引渡し	▶ 契約に係る金銭の授受の交付と同時に、賃借人に対して鍵を交付します。
	▶ 管理業者が賃貸人に代わり、賃借人に鍵を交付する場合は、賃借人から「鍵受領証」を受け取り、鍵を交付したことを賃貸人に報告します。
	▶ 管理業者が業務の必要性から各部屋の鍵を保管する場合は、**その目的を賃借人に説明**をしておいたほうがよいです。
マスターキーの取扱い	▶ 日常のマスターキーの管理・保管については、取扱い規則を定め、担当する**責任者を明確**にしておくとともに、他の鍵とは区別した上、施錠できる場所に保管しておかなければなりません。
	▶ マスターキーを使用する場合は、責任者の許可を得たうえで鍵の管理台帳などに使用日時・使用場所・使用目的・使用者・返却日などを記入しなければなりません。
	▶ 緊急時にマスターキーを使用して入室する場合でも、点検業者や同じ社内の複数の人間に立ち会ってもらうといった配慮が必要です。
	▶ やむを得ない場合における入室については、賃借人に説明をして了解を得たうえで**特約として契約書に記載**しておくことが望ましいです。

	特徴
ディスクシリンダー	**数年前まで広く普及していたタイプ**で、現在もオートロック対応物件などに見られます。しかし、ピッキング被害が増加したため、現在製造中止になっています。
ロータリー(U9)シリンダー	ディスクシリンダーの製造中止後、もっとも普及しているシリンダーです。ピッキングに対する防犯性能も向上しています。
ピンシリンダー	ピッキングに対する防犯性能に優れています。
ディンプルキー対応シリンダー(リバーシブルピンシリンダー)	鍵の表面に、ディンプル(くぼみ)があり、**防犯性能に優れています**。各社さまざまなタイプがあり、高級物件などで多く使用されています。
カードキー対応シリンダー	携帯に便利なカード式で、複製が困難なため、**防犯に優れています**。プラスチック製やペーパーカード、テレホンカードタイプなどがあり、ホテルなどでみられます。
暗証番号設定式シリンダー	暗証番号が変更できるため、毎度のシリンダー交換が不要となり、交換については、**経費削減**になります。

8 管理業務の実施に関する事項

Ⅱ 退 去

明渡しの意義

明渡しとは、室内の物品や設備を搬出・撤去し、賃借人から賃貸人に占有(事実上の支配)を移転することをいいます。

- 室内に物品を残置したままでも、当事者間で明渡しが完了したことを合意して事実上の支配が移転すれば、明渡しとなります(東京地判平成25年6月26日)。

賃貸借契約終了時の鍵の取扱い

賃貸人は、鍵を交換すべきである	前主が合鍵を使って盗難・傷害をすると管理業者が責任を問われる可能性があります。
鍵の交換費用は賃貸人負担	**鍵交換の費用は原則として賃貸人が負担します**。しかし、賃借人が鍵を紛失して行う場合や、**特別の依頼**に基づく場合には、賃借人に負担させることができます。

鍵交換の時期は新たな賃借人決定後	鍵交換のタイミングは、前の賃借人の退去後に退去後リフォームが終了し、入居希望者に対する案内も終えて実際に入居する賃借人が決定した後とすることが望ましいです。

3 使用損害金

賃貸借契約が終了したにもかかわらず賃借人が退去しない場合、賃貸人に損害が発生します。この損害を金銭に換算したものが使用損害金です。

▶ その額は、特約がなければ、賃借人が直ちに建物を明け渡したとすれば、賃貸人が自ら建物を利用し、または新たな賃借人に対して建物を賃貸するなどして、受けることができたであろう利益の額です（最判昭和 43 年 11 月 21 日）。一般的には賃料の額です。

▶ その額を、賃料の倍額とする特約であっても、毎月賃料と同額を支払っていれば、強制執行によって明渡しを強いられるまでは、目的物を使用できることになるので、明渡しを促す意味からも、合理性があり、消費者契約法に違反しないとする裁判例があります（東京高判平成 25 年 3 月 28 日）。

4 自力救済の禁止

司法手続を経ることのない実力行使を自力救済といい、犯罪・不法行為となり得ます。また、自力救済を認める覚書を書いても公序良俗に違反し無効です。以下が自力救済の典型例です。

▶ 勝手に鍵を交換する
▶ 貸室内の残置物を勝手に処分廃棄

《裁判例》

管理業者の社員が、賃借人宅に赴き、ドアの鍵部分にカバーを掛けたり、ドアに「荷物は全て出しました」との貼り紙を張ったりしたことで、賃借人は平成 20 年 6 月 1 日から 3 日間、平成 21 年 5 月 1 日から 20 日間、現金もほとんどなく、着替えもできない状態で車内での寝泊まりを余儀なくされた。

▶ 管理業者の責任：不法行為責任を負う。
▶ 賃貸人の責任：黙認していた場合や指揮監督下にあれば共に不法行為責任を負う。
（姫路簡判平成 21 年 12 月 22 日）

ドアの鍵を交換し賃借人を閉め出すことによって、未払賃料の支払いを促そうとした追い出し行為について、不法行為責任を認めた（大阪簡判平成 21 年 5 月 22 日）。

▶ その理由として、財産等を取り上げる等ではなく、鍵交換という手段を用いたことは自力救済の問題ではなく、催告の方法としての相当性の問題であること、また、契約を解除していないので、明渡しを求める権利はなく、鍵交換行為は単なる不法侵奪の問題であるとしました。

Ⅲ 原状回復〜原状回復して賃貸人に明渡しましょう

1 原状回復をめぐるトラブルとガイドライン

原状回復とは、賃借人の居住、使用により発生した建物価値の減少のうち、**賃借人の故意・過失、善管注意義務違反**、その他**通常の使用を超えるような使用による損耗・毀損**を復旧することをいいます。

通常の使用とは	A	賃借人が通常の住まい方、使い方をしていても、発生すると考えられるもの
	B	賃借人の住まい方、使い方次第で発生したり、しなかったりすると考えられるもの（明らかに通常の使用等による結果とは言えないもの）
	A（＋B）	基本的には A であるが、その後の手入れ等賃借人の管理が悪く、損耗等が発生または拡大したと考えられるもの
	A（＋G）	基本的には A であるが、建物価値を増大させる要素が含まれているもの

▶ このうち、B 及び A（＋B）については賃借人に原状回復義務があります。

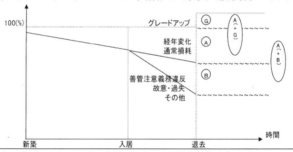

経過年数の考慮	BやA（＋B）の場合であっても、経年変化や通常損耗が含まれており、賃借人はその分を賃料として支払っているので、賃借人が修繕費用の全てを負担することとなると、契約当事者間の費用配分の合理性を欠くなどの問題があるため、賃借人の負担については、建物や設備の経過年数を考慮し、年数が多いほど負担割合を減少させる考え方を採用しています。
施工単位	原状回復は毀損部分の復旧であることから、可能な限り毀損部分に限定し、その補修工事は**出来るだけ最低限度の施工単位を基本**としていますが、毀損部分と補修を要する部分とにギャップ（色あわせ、模様あわせなどが必要なとき）がある場合の取扱いについて、一定の判断を示しています。
位置付け	このガイドラインは、その使用を強制するものではなく、原状回復の内容、方法等については、最終的には契約内容、物件の使用の状況等によって、個別に判断、決定されるべきものです。

2　A(＋B)　賃借人が負担すべき損耗

賃借人のその後の手入れ等管理が悪く発生、拡大したと考えられるもの

部位	考え方
カーペットに飲み物等をこぼしたことによるシミ、カビ	飲み物等をこぼすこと自体は通常の生活の範囲と考えられるが、その後の手入れ不足等で生じたシミ・カビの除去は賃借人の負担により実施するのが妥当と考えられます。
冷蔵庫下のサビ跡	冷蔵庫に発生したサビが床に付着しても、拭き掃除で除去できる程度であれば通常の生活の範囲と考えられるが、そのサビを放置し、床に汚損等の損害を与えることは、賃借人の善管注意義務違反に該当する場合が多いと考えられます。
台所の油汚れ	使用後の手入れが悪くススや油が付着している場合は、通常の使用による損耗を超えるものと判断されることが多いと考えられます。
結露を放置したことにより拡大したカビ、シミ	結露は建物の構造上の問題であることが多いが、賃借人が結露が発生しているにもかかわらず、賃貸人に通知もせず、かつ、拭き取るなどの手入れを怠り、壁等を腐食させた場合には、通常の使用による損耗を超えると判断されることが多いと考えられます。
クーラー(賃貸人所有)から水漏れし、賃借人が放置したため壁が腐食	クーラー保守は所有者(賃貸人)が実施するべきものであるが、水漏れを放置したり、その後の手入れを怠った場合は、通常の使用による損耗を超えると判断されることが多いと考えられます。
ガスコンロ置き場、換気扇等の油汚れ、すす	使用期間中に、その清掃・手入れを怠った結果汚損が生じた場合は、賃借人の善管注意義務違反に該当すると判断されることが多いと考えられます。
風呂、トイレ、洗面台の水垢、カビ等	使用期間中に、その清掃・手入れを怠った結果汚損が生じた場合は、賃借人の善管注意義務違反に該当すると判断されることが多いと考えられます。

3 A 賃貸人が負担すべきもの

賃借人が通常の住まい方、使い方をしていても発生すると考えられるもの

部位	考え方
家具の設置による床、カーペットのへこみ、設置跡	家具保有数が多いという我が国の実状に鑑みその設置は必然的なものであり、設置したことだけによるへこみ、跡は通常の使用による損耗ととらえるのが妥当と考えられます。
畳の変色、フローリングの色落ち(日照、建物構造欠陥による雨漏りなどで発生したもの)	日照は通常の生活で避けられないものであり、また、構造上の欠陥は、賃借人には責任はないと考えられます(賃借人が通知義務を怠った場合を除く)。
テレビ、冷蔵庫等の後部壁面の黒ずみ(いわゆる電気ヤケ)	テレビ、冷蔵庫は通常一般的な生活をしていくうえで必需品であり、その使用による電気ヤケは通常の使用ととらえるのが妥当と考えられます。
壁に貼ったポスターや絵画の跡	壁にポスター等を貼ることによって生じるクロス等の変色は、主に日照などの自然現象によるもので、通常の生活による損耗の範囲であると考えられます。
エアコン(賃借人所有)設置による壁のビス穴、跡	エアコンについても、テレビ等と同様一般的な生活をしていくうえで必需品になってきており、その設置によって生じたビス穴等は通常の損耗と考えられます。
クロスの変色(日照などの自然現象によるもの)	畳等の変色と同様、日照は通常の生活で避けられないものであると考えられます。
壁等の画鋲、ピン等の穴(下地ボードの張替えは不要な程度のもの)	ポスターやカレンダー等の掲示は、通常の生活において行われる範疇のものであり、そのために使用した画鋲、ピン等の穴は、通常の損耗と考えられます。
地震で破損したガラス	自然災害による損傷であり、賃借人には責任はないと考えられます。
網入りガラスの亀裂(構造により自然に発生したもの)	ガラスの加工処理の問題で亀裂が自然に発生した場合は、賃借人には責任はないと考えられます。
鍵の取替え(破損、鍵紛失のない場合)	入居者の入れ替わりによる物件管理上の問題であり、賃貸人の負担とすることが妥当と考えられます。
設備機器の故障、使用不能(機器の寿命によるもの)	経年劣化による自然損耗であり、賃借人に責任はないと考えられます。

4　その他　A(＋G)(賃貸人負担)とB(賃借人負担)

A(＋G)　次の入居者を確保するための化粧直し、グレードアップの要素があるもの	B　賃借人の使い方次第で発生したりしなかったりするもの(明らかに通常の使用による結果とはいえないもの)
	▶ 引越作業で生じたひっかきキズ
▶ 畳の裏返し、表替え(特に破損等していないが、次の入居者確保のために行うもの)	▶ 畳やフローリングの色落ち(賃借人の不注意で雨が吹き込んだことなどによるもの)
▶ フローリングワックスがけ	▶ 落書き等の故意による毀損※4
▶ 網戸の張替え(破損等はしていないが次の入居者確保のために行うもの)	▶ タバコ等のヤニ・臭い※1
	▶ 壁等のくぎ穴、ネジ穴(重量物をかけるためにあけたもので、下地ボードの張替が必要な程度のもの)
▶ 全体のハウスクリーニング(専門業者による)	▶ クーラー(賃借人所有)から水漏れし、放置したため壁が腐食
▶ エアコンの内部洗浄※3	▶ 天井に直接つけた照明器具の跡
▶ 消毒(台所、トイレ)	▶ **飼育ペットによる柱等のキズ・臭い※2**
▶ 浴槽、風呂釜等の取替え(破損等はしていないが、次の入居者確保のため行うもの)	▶ 日常の不適切な手入れもしくは用法違反による設備の毀損
	▶ 鍵の紛失、破損による取替え※4
	▶ 戸建賃貸住宅の庭に生い茂った雑草※4

※1 平成23年に再改定される前は、A(通常の使用に伴う損耗)と位置づけられていましたが、喫煙者の減少、喫煙に関する社会情勢等に鑑み、喫煙が通常の使用であるとの前提を変更し、B(賃借人の負担)とされました。また、ヤニのみならず、臭いも同様に位置づけられました。

※2 平成23年再改定前は、ペット飼育による損傷のみがBに当てはまるものとして例示されていましたが、臭いについても同様にBに位置づけられました。

※3 平成23年再改定前は記載がありませんでした。これは、喫煙等による臭い等が付着していない限り、通常の生活において必ず行うとまでは言い切れず、賃借人の管理の範囲を超えているので、賃貸人負担とすることが妥当だからです。

※4 平成23年再改定前は記載されていませんでした。

5 経過年数の考え方の導入

基本的な考え方	▶ 財産的価値の復元という観点から、毀損等を与えた部位や設備の経過年数によって、負担割合は変化します。 ▶ 具体的には、経過年数が多いほど賃借人の負担割合が小さくなるようにします。 ▶ 最終残存値は1円とし、賃借人の負担割合は最低1円となります。
畳表	▶ 消耗品に近いものであり、減価償却資産になじまないので、**経過年数は考慮しません**。
畳床、カーペット、クッションフロア	▶ 6年で残存価値1円となるような直線(または曲線)を想定し、負担割合を算定します。
フローリング	▶ **経過年数は考慮しません**。ただし、フローリング全体にわたっての毀損によりフローリング床全体を張り替えた場合は、当該建物の耐用年数で残存価値1円となるような直線を想定し、負担割合を算定します。
壁〔クロス〕	▶ 6年で残存価値1円となるような直線(または曲線)を想定し、負担割合を算定します。
襖紙、障子紙	▶ 消耗品であり、減価償却資産とならないので、経過年数は考慮しません。
襖、障子等の建具部分、柱	▶ **経過年数は考慮しません**(考慮する場合は当該建物の耐用年数で残存価値1円となるような直線を想定し、負担割合を算定します。)。

《経過年数の考え方　ガイドライン》

例えば、カーペットの場合、償却年数は、6年で残存価値1円となるような直線(または曲線)を描いて経過年数により賃借人の負担を決定します。よって、年数が経つほど賃借人の負担割合は減少することとなります。

なお、経過年数を超えた設備等を含む賃借物件であっても、賃借人は善良な

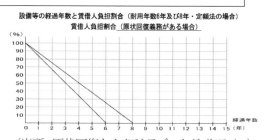

設備等の経過年数と賃借人負担割合（耐用年数6年及び8年・定額法の場合）
賃借人負担割合（原状回復義務がある場合）

(出所　原状回復をめぐるトラブルとガイドライン)

管理者として注意を払って使用する義務を負っているので、経過年数を超えた設備等であっても、修繕等の工事に伴う負担が必要となることがあります。つまり、経過年数を超えた設備等であっても、継続して賃貸住宅の設備等として使用可能な場合があり、このような場合に賃借人が故意・過失により設備等を破損し、使用不能としてしまった場合には、賃貸住宅の設備等として本来機能していた状態まで戻す、例えば、賃借人がクロスに故意に行った落書きを消すための費用(工事費や人件費等)などについては、賃借人の負担となり得ます。

8

管理業務の実施に関する事項

第2章　賃借人の入退去　281

設備機器	▶ 耐用年数経過時点で残存価値1円となるような直線(または曲線)を想定し、負担割合を算定します(新品交換の場合も同じ)。【主な設備の耐用年数】	
	5 年	▶ 流し台
	6 年	▶ 冷房用、暖房用機器(エアコン、ルームクーラー、ストーブ等) ▶ 電気冷蔵庫、ガス機器(ガスレンジ) ▶ インターホン
	8 年	▶ 主として金属製以外の家具(書棚、たんす、戸棚、茶ダンス)
	15 年	▶ 便器、洗面台等の給排水・衛生設備 ▶ 主として金属製の器具・備品
	当該建物の耐用年数	▶ ユニットバス、浴槽、下駄箱(建物に固着して一体不可分なもの)
その他	▶ 鍵の紛失は、経過年数は考慮しません。交換費用相当分を全額賃借人負担とします。 ▶ クリーニングについて経過年数は考慮しません。賃借人負担となるのは、通常の清掃を実施していない場合で、部位もしくは住戸全体の清掃費用相当分を全額賃借人負担とします。	

入居時の状態と賃借人負担割合(耐用年数6年、定額法の場合)
賃借人負担割合(原状回復義務がある場合)

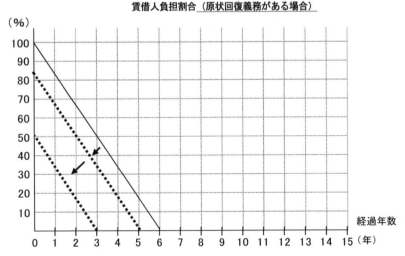

※ 入居時の設備等の状態により、左方にシフトさせる。新築や交換、張替えの直後であれば、始点は(入居年数、割合)＝(0年、100%)となる。

6 原状回復の範囲（損耗がある箇所につきどの範囲まで負担を求められるか）

基本的な 考え方	可能な限り毀損部分の補修費用相当分となるよう限定的なものとします。この場合、補修工事が最低限可能な施工単位を基本とします。いわゆる模様あわせ、色あわせについては、賃借人の負担とはしません。
畳	▶ **原則1枚単位** ▶ 毀損等が複数枚にわたる場合は、その枚数（裏返しか表替えかは毀損の程度によります。）
カーペット、クッションフロア	毀損等が複数箇所にわたる場合は当該居室全体
フローリング	▶ **原則㎡単位** ▶ 毀損等が複数箇所にわたる場合は当該居室全体
壁［クロス］	▶ ㎡単位が望ましいですが、賃借人が毀損させた箇所を含む一面分までは張替え費用を賃借人負担としてもやむをえないとします。 《タバコ等のヤニや臭い》 喫煙等により当該居室全体においてクロス等がヤニで変色したり臭いが付着した場合のみ、当該居室全体のクリーニングまたは張替費用を賃借人負担とすることが妥当と考えられます。
襖	1枚単位
柱	1本単位
設備機器	補修部分、交換相当費用
鍵	紛失の場合はシリンダーの交換
クリーニング	部位ごともしくは住戸全体

ひっかけポイント

「契約書に定めがあれば、当然に、借主は通常損耗に当たる部分についても原状回復費用を負担する。」という手にはのらないように！

ここに注意して学習

現状回復ガイドラインは具体例で出題されますが、しっかりと記憶しておけば得点しやすいです。細かく勉強しておきましょう。

第3章　入居者からの苦情対応

重要度▶C

入居者からのクレームが多く困っています。どのように対応すれば
よいのでしょうか？

A:事実の有無や内容・原因を確認し適切に対応します

主な苦情の内容

入居時	①約束の期日に入居できない。 ②約束した手直し工事等が履行されていない。 ③重要な事項が説明されていない。 ④重要事項説明の内容と違う。 ⑤入居前の借主事情による契約解除に伴う金銭精算　など
入居中	①建物・設備等の不具合と修繕 ②修繕義務特約と借主の修繕義務 ③共用部分の管理(清掃、設備の故障等) ④借主を含む居住者のルール違反、用法違反 ⑤居住者間のトラブル(迷惑行為、臭い、水漏れ等) ⑥貸主からの契約解除・立退き要求 ⑦更新時における契約条件変更 ⑧更新料の支払い ⑨借主への更新事務手数料の請求 ⑩賃料滞納と貸主・管理業者の自力救済行為(鍵取替え等) ⑪賃料の増減請求 ⑫売買等による貸主の変更 ⑬入居者・同居者の変更 ⑭借主の行方不明　など
退去時	①賃料の精算 ②借主の原状回復義務と敷金精算 ③残置物の処理(借主の行方不明等) ④契約解除後の不退去　など

ひっかけポイント

ひっかけ
二重否定
読み間違え

「会社である管理業者が過去の苦情事例等を蓄積した社内マニュアルを作成することは重要ではない。」という手にはのらないように！

ここに注意して学習

合格ポイント

クレーム処理はケースバイケースで適切な対応が求められる分野です。実務との関連を常に意識しながら勉強してみましょう。

第4章　業務におけるコンプライアンス

重要度▶A

> 賃料を一日でも滞納すれば退去する旨の合意があれば、直ちに部屋の荷物を倉庫に移し、鍵を交換することができるの？

A：できません。

I　業務の遵法性（コンプライアンス）

1　弁護士法

弁護士または弁護士法人でない者は、**①報酬を得る目的**で訴訟事件、非訟事件及び審査請求、再調査の請求、再審査請求等行政庁に対する不服申立事件その他一般の法律事件に関して鑑定、代理、仲裁若しくは和解その他の**②法律事務**を取り扱い、またはこれらの周旋をすることを**③業とする**ことができません（非弁護士の法律事務の取扱い等の禁止）。

①報酬を得る目的	管理受託契約に基づき報酬を得て管理業務を行う管理業者が「法律事務」を行う場合、特段の事情がなければ「報酬を得る目的」の要件は満たされるものと考えられます。
②法律事務	滞納賃料の督促業務に関しては、家賃滞納の事実を告げて支払いを促す行為であれば問題とはならないと考えられますが、賃借人が支払いを拒否してすでに紛争となっているにもかかわらず、「交渉」を継続したり、内容証明郵便により督促を行う場合等は、法律事務に該当する可能性が高いといえます。
③業とする	有償か無償かにかかわらず、同一の業務を反復継続して行うことを意味します。 滞納家賃の督促業務や明渡し業務は、管理業者が行う管理業務の一環としてなされることが多く、反復継続性が認められ、管理受託契約に基づき管理業務を行う管理業者が法律事務を行う場合、業とするものと認められます。

▶ 管理を受託した管理業者が代理人として報酬を得て法律事務を行うと弁護士法 72 条に違反する可能性があります。代理人の立場でできるのは通知・督促状程度で、契約解除を内容とするものまではできません。

▶ **サブリース方式**の管理業者の場合は本人として行うので弁護士法72条に違反しないで、内容証明郵便を発信したり、訴訟を提起したりすることができます。

2 税理士法

税理士または税理士法人でない者は、この法律に別段の定めがある場合を除くほか、**税理士業務**を行ってはなりません。税理士業務とは以下のものです。

①税務代理	税務官公署に対して申告等を行い、又は、税務官公署の調査、処分に関する主張、陳述につき、代理・代行すること
②税務書類の作成	税務官公署に対する申告等に係る申告書等を作成すること
③税務相談	上記に関して相談に応ずること

3 障害者差別解消法

国連の「障害者の権利に関する条約」の締結に向けた国内法制度の整備の一環として、全ての国民が、障害の有無によって分け隔てられることなく、相互に人格と個性を尊重し合いながら共生する社会の実現に向け、障害を理由とする差別の解消を推進することを目的として、平成25年6月に制定され、平成28年4月1日に施行された法律です。

(1)差別的取扱いの禁止

事業者は、その事業を行うに当たり、障害を理由として障害者でない者と不当な差別的取扱いをすることにより、障害者の権利利益を侵害してはなりません。

(2)合理的配慮提供義務

事業者は、その事業を行うに当たり、障害者から現に社会的障壁の除去を必要としている旨の意思の表明があった場合において、その実施に伴う負担が過重でないときは、障害者の権利利益を侵害することとならないよう、当該障害者の性別、年齢及び障害の状態に応じて、社会的障壁の除去の実施について必要かつ合理的な配慮をしなければなりません。**改正点**

4 反社会的勢力排除

「企業が反社会的勢力による被害を防止するための指針について」(平成19年6月19日犯罪対策閣僚会議幹事会申合せ　法務省　以下引用)

近年、暴力団は、組織実態を隠ぺいする動きを強めるとともに、活動形態においても、企業活動を装ったり、政治活動や社会運動を標ぼうしたりするなど、更なる不透明化を進展させており、また、証券取引や不動産取引等の経済活動を通じて、資金獲得活動を巧妙化させている。

今日、多くの企業が、企業倫理として、暴力団を始めとする反社会的勢力と一切の関係をもたないことを掲げ、様々な取組みを進めているところであるが、上記のような暴力団の不透明化や資金獲得活動の巧妙化を踏まえると、暴力団排除意識の高い企業であったとしても、暴力団関係企業等と知らずに結果的に経済取引を行ってしまう可能性があることから、反社会的勢力との関係遮断のための取組みをより一層推進する必要がある。

言うまでもなく、反社会的勢力を社会から排除していくことは、暴力団の資金源に打撃を与え、治安対策上、極めて重要な課題であるが、企業にとっても、社会的責任の観点から必要

かつ重要なことである。特に、近時、コンプライアンス重視の流れにおいて、反社会的勢力に対して屈することなく法律に則して対応することや、反社会的勢力に対して資金提供を行わないことは、コンプライアンスそのものであるとも言える。

さらには、反社会的勢力は、企業で働く従業員を標的として不当要求を行ったり、企業そのものを乗っ取ろうとしたりするなど、最終的には、従業員や株主を含めた企業自身に多大な被害を生じさせるものであることから、反社会的勢力との関係遮断は、企業防衛の観点からも必要不可欠な要請である。

このような認識の下、犯罪対策閣僚会議の下に設置された暴力団資金源等総合対策ワーキングチームにおける検討を経て、企業が反社会的勢力による被害を防止するための基本的な理念や具体的な対応について、別紙のとおり「企業が反社会的勢力による被害を防止するための指針」を取りまとめた。

関係府省においては、今後、企業において、本指針に示す事項が実施され、その実効が上がるよう、普及啓発に努めることとする。

II　個人情報保護法

1　用語の意味と規律の概要

(1)個人情報

個人情報とは、**生存する個人に関する情報**であって、①情報に含まれる氏名、生年月日その他の記述等(文書、図画もしくは電磁的記録で作られる記録)に記載・記録され、または音声、動作その他の方法を用いて表された一切の事項により**特定の個人を識別することができるもの**(他の情報と容易に照合することができ、それにより特定の個人を識別することができることとなるものを含む)、または、②**個人識別符号が含まれるもの**、のいずれかに該当するものをいいます(個人情報保護法2条1項、同項1号・2号)。

個人情報に	含まれるもの	身体、財産、職種、肩書等の属性に関して、事実、判断、評価を表す全ての情報
	含まれないもの	死亡した個人や会社の情報
	▶ 憲法上のプライバシーとは**必ずしも一致しません**。	
「特定の個人を識別できる」とは	社会通念上、一般人の判断力・理解力であれば情報と個人の同一性がわかることを意味します。	
「個人識別符号」とは	旅券の番号、基礎年金番号、免許証の番号、住民票コード、個人番号など	
	▶ 個人識別符号が含まれるもの**はそれだけで個人情報**になります。	
個人データ	個人情報データベース等を構成する個人情報のことをいいます。	
保有個人データ	個人情報取扱事業者が、開示、内容の訂正、追加または削除、利用の停止、消去及び第三者への提供の停止を行うことのできる権限を有する個人データであって、その存否が明らかになることにより公益	

| | その他の利益が害されるものまたは6か月以内に消去することとなるもの以外のものをいいます。 |

(2)要配慮個人情報

要配慮個人情報とは、不当な差別、偏見その他の不利益が生じないように取扱いに配慮を要する情報として、個人情報保護法に定められた情報です。

要配慮個人情報の具体例	①人種、②信条、③社会的身分、④病歴、⑤犯罪の経歴、⑥犯罪により害を被った事実等のほか、⑦身体障害、知的障害、精神障害等の障害があること、⑧健康診断その他の検査の結果、⑨保健指導、診療・調剤情報、⑩本人を被疑者又は被告人として、逮捕、捜索等の刑事事件の手続が行われたこと、⑪本人を非行少年又はその疑いがある者として、保護処分等の少年の保護事件に関する手続が行われたこと ▶ 人種は要配慮個人情報ですが、**国籍はここに含まれません。**
取扱い	要配慮個人情報については、その取得や第三者提供には、原則として本人の同意を必要とし、また、オプトアウト※による第三者提供は認められません。

※ オプトアウトとは、メールの受信者が配信停止依頼などを行い、受信を拒否することを指します。

(3)個人情報データベース等

個人情報データベース等とは、個人情報を含む情報の集合物であって、次のいずれかに該当するものをいいます。

① 特定の個人情報を電子計算機を用いて検索することができるように体系的に構成したもの
② ①のほか、特定の個人情報を容易に検索することができるように体系的に構成したものとして政令で定めるもの(顧客カードや名刺ファイル等)

(4)個人情報取扱事業者

個人情報取扱事業者とは	個人情報データベース等を事業の用に供している者をいいます。 ▶ 国の機関、地方公共団体、独立行政法人等、地方独立行政法人は除外されています。
個人情報保護法の適用対象	個人情報については、**個人情報取扱事業者**(個人情報データベース等を事業の用に供する者で、**レインズにアクセスできる業者も含まれます。**)に対して、以下のルールが適用されます。 ①利用目的の特定、②利用目的の制限、③適正な取得 ④取得に際しての利用目的の通知等、⑤苦情の処理

個人情報の取得・利用

利用目的の特定	個人情報取扱事業者は、個人情報を取り扱うにあたっては、その利用の目的をできる限り特定しなければなりません。

	▸ 「当社の提供するサービスの向上のため」では特定されているとはいえませんが、「契約後の管理等に必要な、入居者台帳に使用するほか、管理組合理事会、自動引き落としの金融機関、滞納管理費等の取り立て委託先、管理下請け会社及びリフォーム会社等に提供します」などの表示があれば特定されたといえます。
利用目的による制限	個人情報取扱事業者は、あらかじめ本人の同意を得ないで、特定された利用目的の達成に必要な範囲を超えて、個人情報を取り扱ってはなりません。 ▸ 例外として、①法令に基づく場合、②生命・身体・財産の保護の必要がある場合、③公衆衛生等の必要がある場合、④国等の協力が必要な場合等は上記の利用制限の適用がありません。
適正な取得	個人情報取扱事業者は、偽りその他不正の手段により個人情報を取得してはなりません。 ▸ 賃借人の人種に関する情報や前科を取得するには事前に本人の同意が必要です。国籍は要配慮個人情報ではないので、本人の同意は不要です。
利用目的の通知等	個人情報取扱事業者は、個人情報を取得した場合は、あらかじめその利用目的を公表している場合を除き、速やかに、その利用目的を本人に通知し、または公表しなければなりません。 ▸ 利用目的を本人に通知・公表することで、本人や第三者の生命等を害するおそれがある場合、個人情報取扱事業者の権利・正当な利益を害するような場合等には、上記の通知・公表の規定が適用されません。

3 個人データの保管

個人情報取扱事業者は、個人データについて以下の義務を負います。

データ内容の正確性の確保等	利用目的の達成に必要な範囲内において、正確で最新の内容に保ち、不必要となったときは遅滞なく消去するよう努めなければなりません。
安全管理措置	漏えい、滅失、毀損の防止等の措置
監督	従業者に取り扱わせるにあたっては、その安全管理が図られるように、監督する必要があります。

4 違反に対する措置等

個人情報取扱事業者が、適切に個人情報を取り扱っていない場合には、個人情報保護委員会は、必要に応じて報告の徴収や勧告命令の措置を取ることができます。

Ⅱ 消費者契約法

事業者と消費者との間で締結される契約につき、事業者と消費者では、情報の質・量、交渉力に大きな差があるという前提に立ち、消費者の利益を護ることを目的として、消費者側に契約を取り消す権利を与え、不当な内容の条項を無効とすることなどを定めている法律です。

1) 事業者とは？

法人その他の団体及び事業者としてまたは事業のために契約の当事者となる場合における個人をいいます。

▶ 事業とは、一定の目的をもってなされる同種の行為の反復継続的遂行をいいます。たとえば、不動産賃貸借においては、経営規模・専門知識の有無を問わず、アパートの賃貸人や投資向けのマンションの賃貸人も一般的に事業者に該当します。

2) 取消の主張

▶ 事実と異なる内容の告知（南側の建設予定を知りながら「陽当たり良好」）

▶ 不利な事実を故意に告げられず、誤認して契約（自殺物件を隠す）

＊ 媒介業者・代理業者が行った場合でも同様に取り消すことができる。

3) 特約の無効の主張

▶ 滞納賃料にかかる遅延損害金の約定において、損害賠償の予定・違約金の額が**年14.6%を超えるとき**はその超える部分が無効

▶ 債務不履行により解除された場合の違約金等が、賃貸借契約の解除事由等に応じて賃貸人（事業者）に生じる平均的な損害額を超える場合、その**超えた部分は無効**

▶ 信義則違反で消費者に一方的に**不利益な特約は無効**

4) 消費者団体訴訟制度

内閣総理大臣が認定した消費者団体（適格消費者団体）は、事業者が、消費者契約法に規定する不当勧誘行為および不当な契約条項を含む消費者契約の申込みまたは承諾行為を、不特定かつ多数の消費者に対し、現に行われている場合または行われるおそれのあるときには、当該事業者に対し、それらの**行為の差止を請求できる**という制度。

損害賠償請求までは不可能

IV　住宅宿泊事業法

住宅宿泊事業(民泊サービス)は、住宅を活用し、住宅内で宿泊客に宿泊を提供する事業ないしサービスです。住宅宿泊事業を健全に発展させるために、2017(平成29)年6月に住宅宿泊事業法(民泊法)が制定され、2018(平成30)年に施行されています。

住宅宿泊事業法による住宅宿泊事業の届出を行えば、旅館業の許可を得ることなく、住宅に人を宿泊させる事業を行えます。同法には、住宅宿泊事業のほかに、住宅宿泊管理業、住宅宿泊仲介業という住宅宿泊事業をサポートするための事業についても規定されています。

1　住宅宿泊業者の業務～民泊は自由じゃない？

いわゆる民泊サービスについての規制です。その規制を定めた住宅宿泊事業法(令和元年9月施行)により、管理業者及び賃貸不動産経営管理士が重要な役割を担うことになっています。

(1)住宅宿泊事業法の全体像

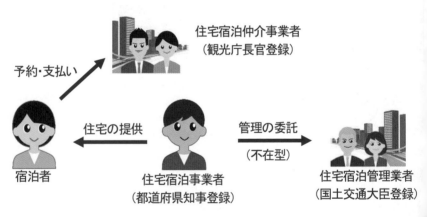

宿泊を希望する人が、住宅宿泊仲介業者を通じて、住宅を提供する住宅宿泊事業者の情報を知り、予約して宿泊します。住宅宿泊事業者は、**居室数 5 を超える家主居住型**か**家主不在型の場合、住宅宿泊管理業者に管理を委託しなければなりません。**賃貸住宅管理業者や賃貸不動産経営管理士が関わる業務は、この住宅宿泊管理業となります。

(2)住宅宿泊事業法で使われる用語の意味

用語	意味
住宅宿泊事業とは？	旅館業法における旅館業を営む者以外の者が宿泊料を受けて住宅に人を宿泊させる事業であって、人を宿泊させる日数※が **1年間で180日を超えない**ものをいいます。 ※ 毎年4月1日正午から翌年4月1日正午までの期間において人を宿泊させた日数をいい、正午から翌日の正午までの期間を1日とします。
住宅宿泊管理業務とは？	宿泊者の衛生・安全の確保、外国人観光旅客である宿泊者の快適性及び利便性の確保、宿泊者名簿の備付け、周辺地域の生活環境への悪影響の防止に関し必要な事項の説明、苦情等への対応等の業務、及び住宅宿泊事業の適切な実施のために必要な届出住宅の維持保全に関する業務をいいます。 住宅宿泊事業者から委託を受けて、**報酬を得て**、住宅宿泊管理業務を行う事業を、**住宅宿泊管理業**といいます。
住宅宿泊仲介業務とは？	①宿泊者のため、届出住宅における宿泊のサービスの提供を受けることについて、代理して契約を締結し、媒介をし、または取次ぎをする行為や、②住宅宿泊事業者のため、宿泊者に対する届出住宅における宿泊のサービスの提供について、代理して契約を締結し、または媒介をする行為をいいます。 旅行業法にいう旅行業者以外の者が、**報酬を得て**、①②に掲げる行為を行う事業を**住宅宿泊仲介業**といいます。

(3)住宅宿泊管理業者の登録

住宅宿泊管理業を営もうとする者は、国土交通大臣の登録を受けなければなりません。

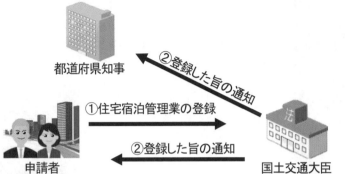

登録先	国土交通大臣
有効期間	5年間
申請書類(更新含む)に記載する事項	次に掲げる事項を記載した申請書を提出しなければなりません。 ①商号、名称又は氏名及び住所 ②法人である場合においては、その役員の氏名 ③未成年者である場合においては、その法定代理人の氏名及び住所 （法定代理人が法人である場合にあっては、その商号又は名称及び住所並びにその役員の氏名） ④営業所又は事務所の名称及び所在地
登録簿への記載	国土交通大臣は、登録の申請があったときは、登録を拒否する場合を除き、次に掲げる事項を住宅宿泊管理業者登録簿に登録しなければなりません。 ①前記の申請書類に掲げる事項 ②登録年月日及び登録番号
通知	国土交通大臣は、登録をしたときは、遅滞なく、その旨を申請者及び都道府県知事に通知しなければなりません。
更新	・更新の申請があった場合において、従前の登録の満了の日までにその申請に対する処分がされないときは、従前の登録は、登録の有効期間の満了後もその処分がされるまでの間は、なおその効力を有します。そして、登録の更新がされたときは、その登録の有効期間は、従前の登録の有効期間の満了の日の翌日から起算します。 ・登録の更新を受けようとする者は、実費を勘案して政令で定める額の手数料を納めなければなりません。

(4)登録拒否事由

国土交通大臣は、住宅宿泊管理業の登録を受けようとする者が次のいずれかに該当するとき、又は申請書やその添付書類のうちに重要な事項について虚偽の記載があったり、重要な事実の記載が欠けていたりする場合は、その登録を拒否しなければなりません。

国土交通大臣は、登録を拒否したときは、遅滞なく、その理由を示して、その旨を申請者に通知しなければなりません。

①心身の故障により住宅宿泊管理業を的確に遂行することができない者(精神の機能の障害により住宅宿泊管理業を的確に遂行するに当たって必要な認知、判断及び意思疎通を適切に行うことができない者)	⑦営業に関し成年者と同一の行為能力を有しない未成年者でその法定代理人が①から⑥までのいずれかに該当するもの	⑧法人であって、その役員のうちに①から⑥までのいずれかに該当する者があるもの
②破産手続開始の決定を受けて復権を得ない者		
③住宅宿泊事業法第42条第1項又は第4項の規定※により登録を**取り消され、その取消しの日から5年を経過しない者**(当該登録を取り消された者が法人である場合にあっては、当該取消しの日前**30日以内に当該法人の役員であった者**で当該取消しの日から5年を経過しないものを含む。)		
④**禁錮以上の刑**に処せられ、または住宅宿泊事業法の規定により罰金の刑に処せられ、その執行を終わり、または執行を受けることがなくなった日から起算して**5年を経過しない者**		
⑤暴力団員による不当な行為の防止等に関する法律第2条第6号に規定する暴力団員または同号に規定する暴力団員でなくなった日から**5年を経過しない者**(暴力団員等)		
⑥住宅宿泊管理業に関し不正または不誠実な行為をするおそれがあると認めるに足りる相当の理由がある者		
⑨暴力団員等がその事業活動を支配する者		
⑩住宅宿泊管理業を遂行するために必要と認められる国土交通省令で定める基準(負債の合計額が資産の合計額を超えないこと、及び、支払不能に陥っていないこと)に適合する財産的基礎を有しない者		
⑪住宅宿泊管理業を的確に遂行するための必要な体制が整備されていない者		

※法第42条第1項又は第4項の規定

①上記の登録拒否事由のいずれかに該当することとなったとき

②不正の手段により住宅宿泊管理業の登録を受けたとき

③その営む住宅宿泊管理業に関し法令・規定による命令に違反したとき。

④都道府県知事からの要請があったとき

⑤住宅宿泊管理業者が登録を受けてから1年以内に業務を開始せず、又は引き続き1年以上業務を行っていないと認めるとき

2　住宅宿泊管理受託標準契約書

「住宅宿泊管理受託標準契約書」のひな形を国土交通省が公表しています。以下に引用します。

住宅宿泊管理受託標準契約書

頭書部分

（1）当事者の表示

甲 （住宅宿泊 事業者）	氏　名	
	住　所	
	連　絡　先	
	届出番号	第　　　　　　号
	届出年月日	年　　月　　日
乙 （住宅宿泊 管理業者）	商号（名称）	
	代表者	
	事務所所在地	
	連絡先	
	登録番号	国土交通大臣（　　）第　　　　号
	登録年月日	年　　月　　日

（2）契約期間

始期	年 月 日	終期	年 月 日	期間	年 月

（3）届出住宅の表示

物件が所在 する建物	名　称	
	所在地	
管理物件	部屋番号	
	附属設備	

（目的）
第1条　この住宅宿泊管理契約（以下「本契約」という。）は、住宅宿泊事業者が住宅宿泊管理業者に対して住宅宿泊管理業務を委託するに際して、住宅宿泊事業法（以下「法」という。）及び関連法令に基づき住宅宿泊管理受託契約を締結するに当たり、当事者が契約の締結に際して定めるべき事項及び当事者が本契約の履行に関して互いに遵守すべき事項を明らかにすることを目的とする。

（定義）
第2条　本契約における用語の定義は、次の各号に定めるところによる。
（1）住宅　法第2条第1項に定める家屋
（2）宿泊　寝具を使用して施設を利用すること
（3）住宅宿泊事業　法第2条第3項に定める事業
（4）住宅宿泊事業者　法第2条第4項に定める事業者
（5）住宅宿泊管理業務　法第2条第5項及び法第36条に定める業務
（6）住宅宿泊管理業者　法第2条第7項に定める事業者
（7）宿泊サービス提供契約　宿泊者に対する住宅における宿泊のサービスの提供に係る契約
（8）宿泊仲介業者　法第2条第10項に定める事業者
（9）宿泊者　宿泊サービス提供契約に基づき住宅に宿泊する者
（10）宿泊者名簿　法第8条に定める宿泊者に関する名簿

（契約の当事者）
第3条　本契約において、住宅宿泊管理業務を委託する者を甲とする。甲の氏名等は、頭書（1）記載のとおりである。
2　本契約において、住宅宿泊管理業務を受託する者を乙とする。乙の商号（名称）、代表者、事務所所在地、連絡先、住宅宿泊管理業者の登録番号及び登録年月日は、頭書（1）記載のとおりである。
3　甲は、乙に対し、住宅宿泊事業を営むために必要な書類（法第3条第2項の届出書及び同条第3項の書類）、その他甲乙双方が必要と認める書類の内容を通知するものとする。
4　甲又は乙は、頭書（1）に記載の内容及び前項の内容に変更が生じたときは、相手方に対し速やかに通知するものとする。

（契約期間）
第4条　本契約の契約期間は、頭書（2）に定めるとおりとする。
2　本契約は、甲乙間の協議により更新することができる。
3　前項の更新をしようとするときは、甲又は乙は、有効期間が満了する日までに、相手方に対し、その旨を申し出るものとする。

4　前二項による有効期間の更新に当たり、甲乙間で契約の内容について別段の合意がなされなかったときは、従前の契約と同一内容の契約が成立したものとみなす。

（目的物件及び住宅宿泊管理業務）
第5条　甲は、その所有又は賃借する頭書（3）記載の住宅（以下「届出住宅」という。）につき、次の業務（以下「委託業務」という。）を乙に委託する。
（1）宿泊者等への対応に関する業務（別表第1に掲げる業務）
（2）清掃・維持管理に関する業務（別表第2に掲げる業務）
（3）住宅・設備管理及び安全確保業務（別表第3に掲げる業務）
2　乙は、前項の規定により受託した住宅宿泊管理業務の全部を第三者に再委託してはならない。
3　乙は、甲の承諾を書面で得た上で、別表第4に定めるところにより、第1項に定める委託業務の一部を第三者に再委託することができる。この場合においても、乙は当該第三者に対し本契約の義務を遵守させるものとし、当該第三者が委託業務を行う上での過失等によって生じた甲又は届出住宅の宿泊者の損害は、乙がその責任を負うものとする。
4　乙は、別表第4に定める事項を変更しようとするときは、甲の承諾を得るものとする。

（委託業務に対する報酬）
第6条　委託業務の報酬は月額　　　円（1か月未満の期間にかかる報酬については、その月の日数による日割計算）とし、甲は、乙に対して、毎月末日翌月当月分の報酬をその指定する銀行口座に振り込む方法により支払う。但し、振込手数料は甲の負担とする。

（委託業務に要する費用等）
第7条　乙は、第6条の報酬のほか、乙が委託業務を実施するのに伴い必要となる水道光熱費を負担するものとする。
2　甲は、乙に対し、前条の報酬及び前項の水道光熱費を除き別に、委託業務の実施のために要した届出住宅に設置・配置する備品その他届出住宅を住宅宿泊事業に供するために必要な物品等の購入に要した費用を支払う。
3　前項の費用は、乙からその明細を示した請求書を甲に提示し、その請求書を受領した日の翌月末日限り乙の指定する銀行口座に振り込む方法により支払う。但し、振込手数料は甲の負担とする。

（緊急時の業務）
第8条　乙は、第5条のほか、災害又は事故等の事由により、緊急に行う必要がある業務で、甲の承諾を受ける時間的な余裕がないものについては、甲の承諾を受けないで

実施することができる。この場合において、乙は、速やかに書面をもって、その業務の内容及びその実施に要した費用の額を甲に通知しなければならない。
2　前項により通知を受けた費用については、甲は、前条第3項に準じて支払うものとする。

（報告）
第9条　乙は、甲に対し、届出住宅ごとに、毎年2月、4月、6月、8月、10月及び12月の7日までに、それぞれの月の前2月における届出住宅の宿泊日数、宿泊者数、延べ宿泊者数、宿泊者の国籍別の内訳を報告するものとする。
2　乙は、甲に対し、甲の事業年度終了後及び本契約の期間満了後速やかに、報告の対象となる期間、委託業務の実施状況、届出住宅の維持保全状況及び届出住宅の周辺地域の住民からの苦情の発生状況について書面又は法第14条で定める電磁的方法（以下「電磁的方法」という。）により報告するものとする。
3　届出住宅は住宅宿泊事業の実施に関して重大な事象が発生した場合、あるいは、甲から求めがあった場合、乙は前項の報告とは別に書面又は電磁的方法により報告するものとする。

（業務処理の原則）
第10条　乙は、信義を旨とし、誠実に委託業務を行うものとする。
2　乙は、届出住宅を善良な管理者の注意をもって管理するものとする。

（宿泊サービス提供契約、宿泊料及び宿泊者情報提供）
第11条　甲は、宿泊サービス提供契約の締結の代理又は媒介を他人に委託するときは、住宅宿泊仲介業者又は旅行業者に委託するものとする。
2　甲は、自己の責任と負担において、宿泊者より宿泊料その他の料金を収受し、納税等宿泊サービス提供契約及び宿泊料の収受等に伴う処理を行うものとする。
3　甲は、前条の関で宿泊サービス提供契約を締結した場合、乙に対して、速やかにその旨及び宿泊サービス提供契約の概要、意にに、宿泊者の氏名、住所、職業及び宿泊日、また、宿泊者が日本国内に住所を有しない外国人であるときは国籍及び旅券番号を通知するものとする。

（守秘義務）
第12条　乙及び乙の従業員は、正当な理由がなく、委託業務に関して知り得た甲及び宿泊者の秘密を漏らしてはならない。これは、本契約が終了した後においても、同様とする。
2　乙は、甲及び宿泊者に関する個人情報について、個人情報保護法その他関連法令に従って適正な取り扱いを行うものとする。

(反社会的勢力の排除)
第13条 甲及び乙は、それぞれ相手方に対し、次の各号の事項を確約する。
一 自らが、暴力団、暴力団関係企業、総会屋若しくはこれらに準ずる者又はその構成員(以下総称して「反社会的勢力」という。)ではないこと。
二 自らの役員(業務を執行する役員、取締役、執行役又はこれらに準ずる者をいう。)が反社会的勢力ではないこと。
三 反社会的勢力に自己の名義を利用させ、この契約を締結するものでないこと。
四 自ら又は第三者を利用して、次の行為をしないこと。
　　ア 相手方に対する脅迫的な言動又は暴力を用いる行為
　　イ 偽計又は威力を用いて相手方の業務を妨害し、又は信用を毀損する行為
2 甲又は乙の一方について、次のいずれかに該当した場合には、その相手方は、何らの催告を要せずして、本契約を解除することができる。
一 前項第一号又は第二号の確約に反する申告をしたことが判明した場合
二 前項第三号の確約に反し契約をしたことが判明した場合
三 前項第四号の確約に反した行為をした場合

(損害責任及び免責事項)
第14条 乙は、乙又はその従業員が、委託業務の遂行に関し、甲又は宿泊者に損害を及ぼしたときは、甲は宿泊者に対し、賠償の責任を負う。
2 前項にかかわらず、乙は、甲、宿泊者及び第三者の故意若しくは過失によって生じた損害、届出住宅の瑕疵によって生じた損害又は乙において予見できなかった事由によって生じた損害については、その責を負わないものとする。

(契約の解約)
第15条 甲又は乙は、本契約の契約期間中であっても、相手方に対する書面による通知でもって、本契約を解約することができる。この場合において、本契約は、当該通知が相手方に到達してから3か月の経過をもって終了するものとする。

(契約の解除)
第16条 甲又は乙が、本契約に定める義務に関してその本旨に従った履行をしない場合には、その相手方は、相当の期間を定めて履行を催告し、その期間内に履行がないときは、本契約を解除することができる。

(契約終了時の取扱い)
第17条 本契約が期間満了、解約又は解除その他の事由により終了したときは、乙は、甲に対し、管理物件に関し保管していた書類及び鍵等を引渡すとともに、その他甲乙間において必要な精算を行うものとする。

5

(合意管轄裁判所)
第18条 この契約に起因する紛争に関し、訴訟の提起等裁判上の手続をしようとするときは、＿＿地方(簡易)裁判所をもって管轄裁判所とするものとする。

6

8

管理業務の実施に関する事項

甲及び乙は、法第34条の規定に基づき甲乙間で本契約が成立したことを証するため、本書面2通を作成し、甲・乙記名押印の上、各1通を保有する。

　　　年　　月　　日

　　　委　託　者(甲)

　　　住宅宿泊管理業者(乙)

7

別表第1 宿泊者等への対応に関する業務

業務内容	業務実施要領
(1)宿泊者への届出住宅の鍵の受け渡し	① ＿＿＿＿において、宿泊予約者であることを確認した上で鍵の受け渡しを行う。
(2)本人確認、宿泊者名簿の作成、管理及び備付け	① ＿＿＿＿により本人確認を行い、日本国内に住所を有しない宿泊者の場合には、宿泊者が施設を利用する前に、旅券の提示を求めるとともに、旅券の写しを宿泊者名簿とともに保存する。 ② 宿泊者名簿を備え付け、宿泊者の氏名、住所、職業及び宿泊日のほか、宿泊者が日本国内に住所を有しない外国人であるときは、その国籍及び旅券番号を記載して3年間保存する。
(3)未チェックイン時の報告	① 宿泊予約者がチェックインされていない場合には、甲にその旨の報告を行う。
(4)騒音の防止のために配慮すべき事項その他届出住宅の周辺地域(同一建物内を含む。以下同じ。)の生活環境への悪影響の防止に関し必要な事項について宿泊者への説明	① 宿泊者に対し、騒音の防止のために配慮すべき事項、ごみの処理に関し配慮すべき事項、火災の防止のために配慮すべき事項、その他届出住宅の周辺地域の生活環境への悪影響の防止に関し必要な事項について説明を＿＿＿＿による方法で行う(外国人観光旅客である宿泊者に対しては外国語を用いて行う)。
(5)届出住宅の周辺地域の住民からの苦情や問い合わせについての対応	① 周辺地域の住民から苦情等は問い合わせの申出があった場合には常時応答を行う。具体的な内容を聴取し、必要に応じて速やかに現場に赴き確認を行う。 ② 宿泊者が、宿泊サービス契約若しくは乙が予め説明した注意事項に反する行為又は周辺地域の生活環境に有害な行為を行っていることが確認された場合には、その行為の中止を求める。 ③ 緊急を要する通報を受けた場合には、必要に応じて警察署、消防署、医療機関等の然るべき機関に連絡したのち、自らも現場に急行して対応を行う。その結果、宿泊拒否等の対応を行う必要がある場合には、甲と処理方針を協議する。ただし、甲との間で調整を行う時間的余裕がない場合には、自ら宿泊拒否等の対応を行うことができる。この場合において、対応の内容及び費用を速やかに甲に通

8

第4章　業務におけるコンプライアンス　297

別表第1（続き）

		知し、費用負担に関する調整は事後に行うものとする。
		④ 甲及び賃借の申出者に対し必要に応じて処理結果を報告する。
（6）宿泊者による届出住宅への毀損など有害行為に対する措置	① 届出住宅の毀損を行うなど宿泊者が法令に違反する行為又は届出住宅の保存に有害な行為を把握した場合には、その行為の中止を求める。	
	② 中止の要求に応じない場合には、その後の中止の要求は甲が行う。	
（7）長期滞在者への対応	① 連泊する長期滞在者には、定期的に面会を行う。特に宿泊契約が7日以上の場合にはチェックイン時に本人確認を行っていない者が届出住宅に宿泊するようなことがないよう、定期的な清掃時の際に、不審な者が滞在していないか、滞在者が所在不明になっていないかなどについて確認を行う。	
（8）宿泊者からの届出住宅の鍵の返却確認	① チェックアウト後、宿泊者からの鍵の返却確認を行う。	
（9）チェックアウト後の届出住宅の状況確認（破損、忘れ物等確認を含む）	① チェックアウト後の住宅及び設備の破損の有無や、宿泊者の遺失物の有無等について確認し、宿泊前の状態と大きな乖離がないよう維持する。	
	② 宿泊者の遺失物があった場合には、遺失物法に従って保管、返還、警察への届出等を行う。	

別表第2 清掃・衛生業務

業務内容	業務実施要領
（1）届出住宅の日常清掃業務	① 届出住宅の設備や備品等については清潔に保ち、ダニやカビ等が発生しないよう除菌を心がけ、定期的に清掃、換気等を行う。
	② 届出住宅に循環式浴槽（追い焚き機能付き風呂・24時間風呂など）や加温器を備え付けている場合は、レジオネラ属を予防するため、宿泊者が入れ替わるごとに浴槽の湯は捨てる。加温器の水は交換し、汚れやぬめりが生じないよう定期的な洗浄等を行うなど、取扱説明書に従って維持管理すること。
	③ 宿泊者が、重篤な症状を引き起こすおそれのある感染症に罹患し又はその疑いがあるときは、保健所に通報するとともに、その指示を受け、その使

（右段へ続く）

	用した居室、寝具及び器具類等を消毒・廃棄する等の必要な措置を講ずること。その他公衆衛生上の問題を引き起こす事態が発生し又はそのおそれがあるときは、保健所に通報すること。
	④ 届出住宅で生じたごみその他の廃棄物は、放置しないように適切に廃却し、処理方法に応じて分別集積し、必要に応じて速やかに処理を行う。
（2）寝具・衛生用品の洗濯及び設置	① 寝具のシーツ、カバー等直接人体に接触するものについては、宿泊者が入れ替わるごとに洗濯したものと取り替える。
（3）備品の管理及び補充	① 備品の有無及び残量を確認し、必要に応じて補充する。

別表第3 住宅・設備管理及び安全確保業務

業務内容	業務実施要領
（1）届出住宅及び設備の維持・管理	① 台所、浴室、便所、洗面設備、水道や電気などのライフライン、ドアやサッシなどの届出住宅の設備が正常に機能するよう保全する。
	② 空室等における施錠の確認や届出住宅の管理を行う。
	③ 外国語を用いて、届出住宅の設備の使用方法に関する案内、届出住宅から最寄り駅までの経路を記載した書面を届出住宅に備え付けることによるほか、タブレット端末等に表示等により、宿泊者が届出住宅に宿泊している間必要に応じて閲覧できる方法による案内を設置する。
（2）非常用照明器具の設置、点検、避難経路の表示その他災害発生時の避難体制の確立と宿泊者に対する避難支援	① 非常用照明器具を設置し避難経路に設置し、定期的に点検を行う。届出住宅に同時に複数のグループを宿泊させる場合には、宿泊者使用部分の各居室に、連動型住宅用防災警報器等を設置する。
	② 避難経路を表示（市町村の火災予防条例の規定内容を確認し、規定された事項を表示に織り込む）する。
（3）外国語を用いて、火災、地震その他の災害が発生した場合	① 外国語を用いて、消防署、警察署、医療機関、住宅宿泊管理業者への連絡方法を必要な際に速やかに確認することが可能な方法により備え付ける。

	用における避難連絡先に関する案内	
（4）宿泊者からの建物、設備等に対する苦情等への対応	① 宿泊者から建物、設備等の不具合について苦情等があった場合には、状況を確認し、必要な対応を行う。	
	② 建物、設備等に関して修繕等の必要があると認められる場合には、修繕業者に連絡し、見積費を作成させる。工事内容、費用について甲と協議し、甲の合意を得る。修繕業者に対して、工事を発注する。工事終了後、点検を行った上、甲に対し、工事費用の請求を行う。	
	③ 事故等により、緊急に修繕の必要があり、甲と乙との間で事前に調整を行う時間的余裕がない場合は、乙は③の手続きによらず、修繕を実施することができる。この場合においては、修繕の内容及び費用を速やかに甲に通知する。	
（5）諸官庁等への届出事務の代行	① 必要に応じ、官公署、電力、ガス会社等への諸届けを代行する。	

別表第4

再委託予定業者に関する事項	
商号、名称又は氏名	
主たる事務所の所在地	
届出住宅を担当する事務所	
再委託する業務内容	

住宅宿泊管理受託標準契約書コメント

　住宅宿泊管理受託標準契約書（以下「本契約書」という。）コメントは、本契約書の性格、内容を明らかにする等により、本契約書が実際に利用される場合の指針として作成したものである。

全般関係

① 本契約書は住宅宿泊事業を目的とした住宅について、住宅宿泊管理業者（以下「管理業者」という。）が住宅宿泊事業者（以下「宿泊事業者」という。）から住宅宿泊管理業務（以下「管理業務」という。）を受託する場合の管理受託契約書である。

② 住宅宿泊事業法（以下「法」という。）第11条において、宿泊事業者が管理業務を管理業者に委託しなければならない場合が定められている。

③ 法第34条の規定により、管理業者は、管理業務の受託契約を締結したときは、委託者に対し、遅滞なく、同条第1項所定の事項を記載した書面を交付しなければならない。本契約書は、同項所定の事項が記載されており、本契約書を委託者に対して交付することにより、法第34条の書面を交付したものとすることができる。

　また、同条第2項の規定により、本書面の交付について委託者の承諾を得た場合は、電磁的方法により提供することにより、本書面を交付したものとみなされる。

④ 実際に本契約を締結する場合においては、使用実態、物件の構造や管理の整備等により契約内容が異なり得る。本契約書は全国を適用範囲とする契約書の雛型として作成したものであり、標準的な管理業務において最低限遵守されなければならないと考えられる事項について、合理的な内容を持たせるべく作成したものである。

⑤ なお、本契約書については、住宅宿泊管理受託契約書の普及状況等を踏まえ、今後、必要な見直しを行うものである。

第3条（契約の当事者）関係

① 第3項における「その他甲乙双方が必要と認める書類」には、届出住宅の賃貸及び維持保全の状況に関する内容が考えられる。

第5条（目的物件及び住宅宿泊管理業務）関係

① 本条項は、法第11条に規定される委託しなければならない管理業務の範囲について規定するものであるが、住宅宿泊事業は、人が居住し日常生活を営む空間に人を宿泊させるものであるため、特に届出住宅の維持保全に係る業務については、対象範囲を明確に定める必要がある。

　具体的には、届出住宅に設ける必要がある台所、浴室、便所、洗面設備が機能することが必要であるとともに、人が日常生活を営む上で最低限必要な水道や電気などのライフライン、ドアやサッシなど届出住宅の設備が正常に機能するよう保全することが必要である。また、空室等における施錠の確認や、住宅又は居室の管理も届出住宅の維持保

全に含まれる。また、宿泊者の退室後の届出住宅については、住宅及び設備の破損の有無や、宿泊者の遺失物の有無等について確認し、宿泊前の状態と大きな乖離がないよう維持することが必要である。

② 本契約書の別表において規定する「外国語」とは、宿泊予約の時点で日本語以外の言語として掲示したものとする。なお、当該時点において、外国人宿泊者が日本語を指定した場合は、外国語で案内等を行う必要はない。

③ 別表第1「(1) 宿泊者への届出住宅の鍵の受け渡し」において、下線部については、宿泊者との鍵の受け渡し場所を記載すること。具体的には、届出住宅や管理業者の営業所等、チェックイン等を委託するホテル等のフロントなどが考えられるが、宿泊事業者が直接電子キーなどを用いて鍵の受け渡しを行う場合など、管理業者が鍵の受け渡しを行わない場合には、当該業務を行う必要はない。

④ 別表第1「(2) 本人確認、宿泊者名簿の作成、管理及び備付け」において、下線部については、対面による非対面によるかの記載をするものであるが、非対面の場合において具体的な本人確認方法を記載すること。なお、届出住宅や管理業者の営業所等、チェックイン等を委託するホテル等のフロントなどにおいて、鍵の受け渡しとあわせて対面による本人確認を行うことが一般的な方法として想定されるが、非対面による本人確認方法として、テレビ電話やタブレット端末などによるICTを用いた方法も考えられる。映像による場合、届出住宅等のチェックインを行う場所に宿泊者が現に存在していることが確認できるよう、当該届出住宅等に備え付けた映像機器等を用いること。

⑤ 別表第1「(4) 騒音の防止のために配慮すべき事項その他届出住宅の周辺地域（同一建物内を含む。以下同じ。）の生活環境への悪影響の防止に関し必要な事項について宿泊者への説明」において、下線部については、宿泊者への説明方法について記載すること。具体的には、必要な事項が記載された書面を居室に備え付けることによるほか、タブレット端末での表示等により、宿泊者が届出住宅に宿泊している間に必要に応じて説明事項を確認できるようにするためのものであり、必ずしも対面による説明が求められるものではない。また、書面等の備付けにあたっては、宿泊者の目につきやすい場所に掲示する等により、宿泊者の注意喚起を図る上で効果的な方法で行う必要がある。当該説明が確実になされるよう、居室内に電話を備え付けること等により、事前説明に応じない宿泊者に対し注意喚起できるようにする必要もある。

⑥ 別表第1「(8) 宿泊者からの届出住宅の鍵の返却確認」において、下線部については、宿泊者が鍵を返却する場所を記載すること。具体的には、届出住宅や管理業者の営業所等、チェックイン等を委託するホテル等のフロントなどが考えられるが、宿泊事業者が直接電子キーなどを用いて鍵の受け渡しを行う場合など、管理業者が鍵の受け渡しを行わない場合には、当該業務を行う必要はない。

⑦ 別表第2「(1) 届出住宅の日常清掃業務」において、管理業者は、衛生管理のための講習会を受講する等最低限の衛生管理に関する知識の習得に努めることが必要である。また、住宅宿泊事業に起因して発生したごみの取扱いは、廃棄物の処理及び清掃に関する法

律（昭和45年法律第137号）に従い、当該ごみは事業活動に伴って生じた廃棄物として管理業者が責任をもって処理しなければならない。

⑧ 別表第3「(2) 非常用照明器具の設置、点検、避難経路の表示その他災害発生時の避難体制の確立と宿泊者に対する避難支援」において、避難経路の表示に加えて、住宅周辺の状況に応じ、災害時における宿泊者の円滑かつ迅速な避難を確保するため、避難場所等に関する情報についても備え付けておくことが考えられる。

⑨ 第3項は、乙は、甲の承諾を得た上で、管理業務の一部を第三者に再委託することができることを明示したものであるが、再委託先が一方的に変更される可能性がある場合には、その旨を契約上、明示する必要がある。また、再委託先は、管理業者の業務遂行体制に大きく影響するものであることから、再委託先を事前に別表第4により明らかにする必要があり、再委託先が変更する度ごとに書面又は電磁的方法により委託者に通知する必要がある。なお、別表第4については、再委託先ごとに欄を作成すること。

第9条（報告）関係

① 法第40条の規定により、管理業務の実施状況の報告は、法第2条第5項に基づく管理業務に限らず、甲と乙が締結する管理受託契約における委託業務の全てについて報告する必要がある。苦情への対応状況は、管理業務の実施状況に含まれる。

② 苦情への対応状況については、苦情の発生した日時、苦情を申し出た者の属性、苦情内容等について、把握可能な限り記録し、報告する必要があるが、単純な問い合わせについては、記録及び報告の義務はないが、苦情を伴う問い合わせについては、把握可能な限り記録し、報告する必要がある。

第14条（賠償責任及び免責事項）関係

① 責任及び免責については、責任の所在の明確化を図る観点から、甲と乙の責任の所在について事前に明示しておく必要がある。損害賠償請求に至った場合にはトラブルに発展することが予見されることから、甲と乙が事前に協議をした上で賠償責任保険に加入する等の準備をとることが望ましい。なお、法において管理業者の責任とされている事項について、これに反する内容を定めた契約上の特約は無効である。

第18条（合意管轄裁判所）関係

① 下線部については、地方（簡易）裁判所の名称を記載すること。管轄裁判所は甲と乙が協議を行った上で決まることであるが、例えば、届出住宅を管轄する地方裁判所とすることなどが考えられる。

13

14

8

管理業務の実施に関する事項

第4章 業務におけるコンプライアンス　**299**

V　改正住宅セーフティネット法

住宅セーフティネット法とは、増加する空き家等を活用し、低所得者や単身高齢者、外国人、子育て世帯等の住宅確保要配慮者を拒まない住宅として、賃貸人が、都道府県・政令市・中核市にその賃貸住宅の登録を行う制度を定めた法律です。

なお、民間の空き家等を活用して、住宅セーフティネット機能を強化するため、2017（平成29)年4月19日に「住宅確保要配慮者に対する賃貸住宅の供給の促進に関する法律の一部を改正する法律」が成立し、空き家等を活用した低所得者など「住宅確保要配慮者」を拒まない賃貸住宅の登録制度が創設されました。

この住宅セーフティネット制度は、以下の3つの大きな柱から成り立っています。

住宅確保要配慮者の入居を拒まない賃貸住宅(セーフティネット登録住宅)の登録制度

賃貸住宅の賃貸人はセーフティネット登録住宅として、都道府県・政令市・中核市に賃貸住宅を登録することができます。

都道府県等では、その登録された住宅の情報を、住宅確保要配慮者等に広く提供しています。その情報を見て、住宅確保要配慮者が、賃貸人に入居を申し込むことができるという仕組みです。

登録住宅の改修や入居者への経済的な支援

住宅セーフティネット制度では、登録住宅の改修への支援と、入居者の負担を軽減するための支援が用意されています。

▶ 登録住宅の改修への支援として、改修費に対する補助制度があります。改修費補助を受けた住宅については、10年間は入居者を住宅確保要配慮者に限定した登録住宅(セーフティネット専用住宅)として管理する必要があります。

▶ 登録住宅の入居者への経済的支援としては、家賃と家賃債務保証料等の低廉化及びセーフティネット登録住宅への住替えに対する補助があります。いずれも、セーフティネット登録住宅に低額所得者が入居する場合に、地方公共団体と国が協力して補助を行うものです。

住宅確保要配慮者に対する居住支援

都道府県は、居住支援活動を行うNPO法人等を、賃貸住宅への入居に係る情報提供・相談、見守りなどの生活支援、登録住宅の入居者への家賃債務保証等の業務を行う居住支援法人として指定することができます。

VI　家賃債務保証業者の登録と業務

2017年10月、家賃債務保証業務の登録規程が制定され、家賃債務保証業者の登録制度が創設されました。この登録制度では、家賃債務保証業を営む者は国土交通大臣の登録を受けることができます。

1 登録

登録制度	▶ 義務ではなく任意 ▶ 国土交通大臣の登録を受けることができます。 ▶ 登録は法人単位で、本社についてなされます。
有効期間・更新	5 年　　登録の更新がなされたときは、従前の登録の有効期間の満了の日の翌日からさらに 5 年間継続します。
欠格事由	▶ 精神機能障害で適切に業務を行なえない者、破産者、一定の犯罪歴のある者、暴力団員等 ▶ 純資産が 1,000 万円に満たないもの（登録期間中満たしている必要がある） ▶ 売上高の額は登録要件となっていません。

2 登録簿の閲覧・帳簿の閲覧

登録簿の閲覧	▶ 登録簿に記載された内容は一般の閲覧に供されます。 ▶ 添付書類は閲覧の対象ではありません。
帳簿の閲覧	▶ 家賃債務保証業者は、営業所または事務所ごとに、業務に関する帳簿を備え保存しなければなりません。 ▶ 借主等からの閲覧・謄写の請求があった場合は、原則として、拒むことができません。 ▶ 閲覧・謄写を有料とすることができます。 ▶ 家賃債務保証業者は、業務及び財産の管理状況を、国土交通大臣に報告しなければなりませんが、この報告内容については、閲覧請求の対象とはなっていません。

3 契約締結前の書面の交付及び説明

重要事項の説明と書面の交付	▶ 家賃債務保証業者は、保証委託契約を締結しようとする場合には、当該保証委託契約を締結するまでに、その相手方となろうとする者に対し、一定の事項を記載した書面を交付し、又はこれを記録したデータを提供して説明しなければなりません。 ▶ 説明場所・契約場所については規制がありません。 ▶ 重要事項の説明は事前に行う必要があるが、同一の日であってもよい。 ▶ 重要事項の説明を仲介会社など他の業者に委託することもでき、委託先が登録業者である必要もありません。ただし、他の者に委託する場合についても登録業者に説明義務があります。 ▶ 説明する者について特段の制限はありません。

保証委託契約とは	家賃債務を保証することを賃借人が委託することを内容とする、家賃債務保証業者と賃借人との間で締結する契約
説明書面に記載すべき内容	1.家賃債務保証業者の商号、名称又は氏名、住所及び電話番号 2.登録番号及び登録年月日 3.保証期間 4.保証の範囲 5.保証の限度額 6.保証委託料（保証委託契約を更新する場合における料金を含む） 7.保証委託契約の契約期間の中途において当該保証委託契約の解除をすることとなった場合における保証料の返還に関する事項（保証委託契約を更新する場合における料金を含む） 8.求償権の行使に関する事項 9.事前求償に関する定めがあるときは、その定めの内容 10.違約金または損害賠償の額に関する定めがあるときは、その定めの内容
その他	家賃債務保証業者は、重要事項の説明をしたときは、その結果を記録し、保証委託契約の終了の日から起算して 3 カ月を経過する日までの間、保存しなければなりません。ただし、保証委託契約を結ぶに至らなかった場合については、これを保存することを要しません。

4　契約締結時の書面の交付

書面の交付義務	▶ 家賃債務保証業者は、保証委託契約を締結した場合には、その相手方に、遅滞なく、一定の事項を記載した書面を交付し、又はこれを記録したデータを提供しなければなりません。 ▶ 書面に記載した事項を変更したときも同様です。
書面に記載する内容	1.家賃債務保証業者の商号、名称又は氏名、住所及び電話番号 2.登録番号及び登録年月日 3.契約年月日 4.保証期間 5.保証の範囲 6.保証の限度額 7.保証委託料 8.保証委託契約の契約期間の中途において当該保証委託契約の解除をすることとなった場合における保証料の返還に関する事項 9.求償権の行使に関する事項 10.事前求償に関する定めがあるときは、その定めの内容 11.違約金又は損害賠償の額に関する定めがあるときは、その定めの内容

5 求償権の行使時の書面の交付等

催告時の書面の送付	▶ 家賃債務保証業者は、賃借人またはその保証人に対し、支払を催告するために書面またはこれに代わるデータを送付するときは、これらに一定の事項を記載し、または記録しなければなりません。 ▶ 家賃債務保証業者は、求償権を行使するに当たり、相手方の請求があったときは、当該家賃債務保証業者の商号、名称または氏名及び当該求償権に基づく債権の回収を行う者の氏名を、その相手方に明らかにしなければなりません。
記載すべき内容	1.家賃債務保証業者の商号、名称又は氏名及び住所並びに電話番号 2.当該書面若しくは電磁的記録を送付する者の氏名又は部署の名称 3.保証委託契約の契約年月日 4.求償権の額及びその内訳

6 業務における遵守事項

家賃債務保証業者には遵守すべきルールがあります。

名義貸しの禁止	自己の名義をもって、他人に家賃債務保証業を営ませてはなりません。
業務処理の原則	賃借人その他の者の権利利益を侵害することがないよう、適正にその業務を行わなければなりません。
証明書の携帯等	▶ 家賃債務保証業の業務に従事する使用人その他の従業者に、その従業者であることを証する証明書を携帯させなければ、その者をその業務に従事させてはなりません。 ▶ 使用人その他の従業者は、家賃債務保証業の業務を行うに際し、賃借人その他の関係者から請求があったときは、従業者証明書を提示しなければなりません。
暴力団員等の使用の禁止	暴力団員等をその業務に従事させ、またはその業務の補助者として使用してはなりません。
虚偽告知等の禁止	保証委託契約の締結について勧誘をするに際し、または保証委託契約の申込みの撤回もしくは解除を妨げるため、賃借人またはその保証人(賃借人又はその保証人となろうとする者を含む。)に対し、虚偽のことを告げ、または保証委託契約の内容のうち重要な事項を告げない行為をしてはなりません。

誇大広告等の禁止	その家賃債務保証業の業務に関して広告をするときは、保証の条件について、著しく事実に相違する表示をし、または実際のものよりも著しく有利であると人を誤認させるような表示をしてはなりません。
契約の締結の制限	保証委託契約において、保証債務の弁済により有することとなる求償権に基づき、賃借人またはその保証人が支払うべき損害賠償の額を予定し、または違約金を定める条項であって、消費者契約法の規定によりその一部が無効となるものを定めてはなりません。
帳簿の備付け等	その営業所または事務所ごとに、その業務に関する帳簿(データ含む。)を備え付け、保証委託契約を締結した借主ごとに保証契約について契約年月日、保証期間、当該保証契約に基づき弁済した金額を記載し、当該保証契約の終了の日から起算して3か月を経過する日までの間、保存しなければなりません。
標識の掲示	▶ 営業所又は事務所ごとに、公衆の見やすい場所に、標識を掲げなければなりません。 ▶ 登録を受けていない者は、標識またはこれに類似する標識を掲げてはなりません。
求償権の譲渡の規制等	▶ 求償権を他人に譲渡するに当たっては、当該求償権に基づく債権の債務者に対し、次の事項を、書面またはデータにより通知しなければなりません。 1.求償権を譲り受ける者及び当該求償権に係る保証委託契約を締結した家賃債務保証業者の商号、名称又は氏名及び住所 2.求償権の譲渡年月日 3.当該求償権に係る保証委託契約の締結年月日 4.譲渡する求償権の額及びその内訳 5.違約金又は損害賠償の額に関する定めがあるときは、その定めの内容 ▶ 求償権の譲渡又は求償権に基づく債権の回収の委託(求償権譲渡等)をしようとする場合において、その相手方が次のいずれかに該当する者(債権回収制限者)であることを知り、もしくは債権回収制限者であると疑うに足りる相当な理由があると認めるとき、又は当該求償権譲渡等の後、債権回収制限者が当該求償権について求償権譲渡等を受けることを知り、もしくは受けると疑うに足りる相当な理由があると認めるときは、当該求償権譲渡等をしてはなりません。 1.暴力団員等 2.暴力団員等がその運営を支配する法人その他の団体又は当該法人その他の団体の役員、従業者その他の構成員 3.求償権に基づく債権の回収に当たり、刑法又は暴力行為等処罰に関する法律の罪を犯すおそれが明らかである者

分別管理	賃貸人に支払うべき家賃その他の金銭を賃借人から受領した場合には、自己の固有財産と分別して管理しなければなりません。
国土交通大臣への報告	毎事業年度の終了後3月以内に、その業務及び財産の管理状況を国土交通大臣に報告しなければなりません。

ひっかけポイント

「住宅宿泊管理業者は、事務所に賃貸不動産経営管理士の設置が義務付けられている」という手にはのらないように！

ここに注意して学習

個人情報保護法と住宅宿泊事業法はとても大事です。しっかりと勉強しておきましょう。

第5章 不動産に関連する基本知識

重要度▶A

中古物件の売却の依頼を受け登記事項証明書を調べたら、10 年以上前の日付で「所有権移転請求権仮登記」なるものが。

A:仮登記の抹消をしておかないと対抗要件で負ける可能性があります。

Ⅰ 不動産登記

1 共同申請主義

原 則	権利に関する登記の申請は、法令に別段の定めがある場合を除き、登記権利者及び登記義務者が共同してしなければなりません。
例 外	①判決による登記、②相続・合併による登記、③登記名義人の氏名等の変更（更正）の登記、④所有権の保存の登記などは、一定の者が単独で登記を申請することができます。

2 代理権の消滅の特例

不動産登記法における例外	登記の申請をする者の委任による代理人の権限は次に掲げる事由によっては消滅しません。 ▶ 本人の死亡 ▶ 本人である法人の合併による消滅 ▶ 本人である受託者の信託に関する任務の終了 ▶ 法定代理人の死亡またはその代理権の消滅もしくは変更

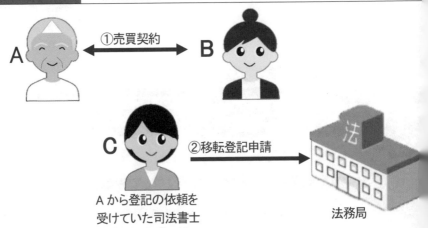

3 はじめてする登記（保存登記）は誰ができる？

保存登記とは、所有権の登記のない不動産について、最初に行われる登記のことをいいます。注文住宅を新築した場合や、新築の建売住宅・新築マンションを購入した際に、所有権保存登記を行うことで、その建物の所有者が自分であると明示できます。

原則	▶ **表題部所有者**またはその相続人その他の一般承継人 ▶ 所有権を有することが**確定判決**によって**確認**された者 ▶ **収用**により所有権を**取得**した者
例外	**区分建物**（マンション）にあっては、表題部所有者から所有権を**取得した者**も、登記を申請することができます。 この場合において、その建物が**敷地権付き**区分建物であるときは、その敷地権の**登記名義人の承諾**を得なければなりません。

4 とりあえず順番を確保する登記（仮登記）

仮登記ができるのは	▶ 登記の申請に必要な情報を登記所に提出することができないとき ▶ 権利の変動の請求権を保全しようとするとき
仮登記の効力	仮登記には対抗力がありません。しかし、後に本登記に改めたときには、その本登記の順位は仮登記の順位によります。

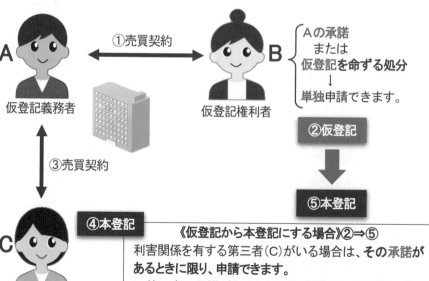

II 土地の価格（公示される価格）

物件調査では、対象地について、必ず公的に示された土地の価格を確かめなければなりません。公的に示された土地価格としては、①公示価格（公示地価）、②基準値の価格（基準価格）、③路線価（相続税路線価）、④固定資産税評価額（固定資産税課税標準額）という4つの種類があります。

公示価格（公示地価）	一般の土地の取引価格に対する指標の提供、公共用地の取得価格の算定規準、収用委員会による補償金額の算定などのため、地価公示法によって地価について調査決定し、公表される価格をいいます。 ▶ 土地鑑定委員会が決定します。 ▶ 毎年1月1日時点の価格を3月に公表しています。
基準値の価格（基準価格）	都道府県が地価調査を行い、これを公表する制度（都道府県地価調査）によって調査された価格です。国土利用計画法による土地取引規制に際しての価格審査などのために用いられます。 ▶ 都道府県が決定します。 ▶ 毎年7月1日時点の価格が9月に公表されます。
路線価（相続税路線価）	相続税・贈与税（相続税等）の課税における宅地の評価を行うために設定される価格です。相続税等の課税価格の算定に係る土地の価額は、「取得の時における時価による」（相続税法22条）とされ、時価の評価の原則と各種財産の具体的な評価方法は、財産評価基本通達に定められています。 ▶ 国税庁（国税局長）が決定します。 ▶ 毎年1月1日時点の価格が7月に公表されます。
固定資産税評価額 （固定資産税課税標準額）	固定資産（地方税法341条1号）に課される固定資産税を課税するためになされる評価による評価額です。固定資産の価格は、適正な時価で、地価公示法341条1号・5号に基づいて金額が決められます。 ▶ 市町村長が決定します。 ▶ 基準年度の初日の属する年の前年の1月1日の時点における評価額で、3年ごとに評価替えが行われます。

Ⅲ　不動産の証券化

1　不動産証券化

不動産の権利を証券に結び付けることを前提にして、不動産投資と不動産事業の管理運営をマネジメントする仕組みです。

戦後の日本経済を支えてきたのは不動産を担保とする銀行融資でしたが、バブル崩壊により土地の価値は下がらないという不動産神話も崩れ、不動産は利用してこそ初めて生きるものであるという考えが定着しました。

このような資金調達の多様化などの社会的背景のもと、不動産証券化に期待が集まり、法制化されて行きました。

2　不動産証券化の仕組み

器(ビークル:証券の発行主体となる組織体)は、投資家との関係では、資金を集めたうえで証券を発行し、運用によって得た利益を配分します。器は、専門家に不動産の運用を委託し、委託を受けた専門家は、不動産市場において不動産を購入、賃貸、売却することによって収益を取得し、賃料や売却代金などの運用益を器に還元し、専門家から還元された運用益が投資家への利益の配分の原資となります。

3　不動産証券化と管理業者の役割

(1)アンバンドリング

現在、資金調達には不動産証券化を利用した複雑な仕組みが利用されており、不動産調査には経済・経営・建築の専門的知識が欠かせません。専門家がそれぞれマネジメントを意識しつつ、専門分野を分担する体制が不可欠となっています。

従来一体として行われていた業務を分離し、各部分についてそれぞれ専門的な業務として別々に行うようになることをアンバンドリングといいます。不動産証券化では、業務は各々の専門家によって役割分担されており、賃貸管理の分野でも、アセットマネジメント(AM)とプロパティマネジメント(PM)のアンバンドリングが一般化しています。

| アセットマネジメント(AM) | 資金運用 |
| プロパティマネジメント(PM) | 現実の管理・運営 |

(2)プロパティマネジメント

①アセットマネジメントとの関連性

アセットマネジメントとは、**不動産投資**について、**資金運用の計画、決定・実施、実施の管理**を行うことをいいます。具体的には、投資家から委託を受け、①総合的な計画の策定、②投資を決定・実行、③賃借人管理、建物管理、会計処理などについて、PM 会社から報告を受けて投資の状況を把握、④現実の管理運営を指示しながら、⑤売却によって投下資金を回収する、という一連の業務をいいます。この一連の業務を行う専門家をアセットマネージャーといいます。

プロパティマネジメント会社は、アセットマネージャーから選定され、その委託を受けてプロパティマネジメント業務を担当します。

②プロパティマネジメントの意義・役割
プロパティマネジメントとは、実際の賃貸管理・運営を行うことをいいます。その担当者をプロパティーマネージャーといいます。以下の特徴・役割があります。

▶ プロパティマネジメント会社は、自らの業務に合理性があることについて、投資家に対し説明責任を果たすための客観的な根拠を常に準備しておかなければなりません。

▶ プロパティマネジメントを行う管理会社において、不動産投資の採算性を考えることはその業務の範囲であり、キャッシュフローが安定性を保つように努めなければなりません。

▶ プロパティマネジメントは、投資家から委託を受けて、投資家のために行われる業務であり、プロパティマネジメントの業務のうち、調査・提案業務においては、投資家の投資判断に資することが求められます。

▶ プロパティマネジメント業務には、建物・設備の維持保守管理、修繕計画の調整・提案業務が含まれます。

▶ プロパティマネジメントの業務には、中・長期的な改修・修繕の計画を策定して実施するコンストラクションマネジメント(中・長期的な改修・修繕の計画を策定し、実施する業務)も取り入れられはじめています。

Ⅳ　相続

1　相続人～相続人は誰になる？

常に相続人になる者	配偶者
	▶ 離婚等していた場合は相続人から外れます。
順位による者	第1順位:子(嫡出子・非嫡出子・養子等)
	▶ 子が被相続人の死亡以前に死亡していたような場合にはその子(孫)が代襲相続します。
	第2順位:直系尊属
	▶ 父母がいなければ祖父母
	第3順位:兄弟姉妹

2　代襲相続～親より先に亡くなっていたら？

代襲相続とは?	相続が開始する以前に、相続人となるべき者が一定の原因により相続権を失った場合に、その者の直系卑属が、その者に代わって同一順位の相続人となり、その者の受けるはずであった相続分を承継する制度をいいます。
一定の原因とは?	相続人となるべき者が次のいずれかにより相続権を失った場合

	です。なお、相続放棄の場合は代襲しません。 ▶ **死亡** ▶ 相続欠格 ▶ 相続の廃除のいずれかの原因によりで相続権を失った場合
代襲できる人は？	▶ 子 ▶ 兄弟姉妹 ＊ 直系尊属については、代襲相続は認められていません。

被相続人　　　　　　　　子(被代襲者)　　　　　　　　孫(代襲者)

3 相続分～いくら相続するのか？

相続人	相続分	注意事項
配偶者と子	配偶者＝2分の1 子＝2分の1	子(養子も含む)の相続分は平等
配偶者と直系尊属	配偶者＝3分の2 直系尊属＝3分の1	直系尊属の相続分は平等
配偶者と兄弟姉妹	配偶者＝4分の3 兄弟姉妹＝4分の1	兄弟姉妹の相続分は平等
子、直系尊属または兄弟姉妹が数人あるとき	各自の相続分は平等。ただし、父母の一方のみを同じくする兄弟姉妹の相続分は、双方を同じくする兄弟姉妹の相続分の2分の1。	
代襲相続人	その直系尊属が受けるべきであったものと同じ。ただし、直系卑属が複数の場合は法定相続分。	

4 承認・放棄～相続するかしないかは自分で決める？

相続が開始した場合、相続人は、一定期間内に、相続を放棄するか、限定承認するか、単純承認するかを決めなければなりません。

単純承認 とは？	相続が開始した後に相続人がする相続受諾の意思表示をいいます。 ▶ 相続人の積極的な意思表示がなくても、期間が過ぎたり、相続財産を処分したり隠したりすると単純承認したものとみなされます。

限定承認 とは？	相続によって得た財産の限度においてのみ被相続人の債務および遺贈を弁済すべきことを留保して、相続の承認をすることをいいます。 ▶ 相続人が数人あるときは、限定承認は、共同相続人の全員が共同してのみこれをすることができます。
相続放棄	相続が開始した**後**に相続人が相続の効果を拒否する意思表示をいいます。
時間的 制約	相続人は、原則として、自己のために相続の開始があったことを**知った時**から **3 か月以内**に、相続について、単純もしくは限定の承認または放棄をしなければなりません。
撤回 取消	相続の承認及び放棄は、前記の期間内でも、原則として撤回することができません。 ▶ 詐欺・強迫・錯誤・制限行為能力等を理由として取り消すことはできます。 ▶ 取消権は、追認をすることができる時から **6 か月**間行使しないときは、時効によって消滅します。相続の承認または放棄の時から **10 年**を経過したときも消滅します。

5　遺言～15 歳にならないと遺言できない？

遺言能力	▶ 未成年者は、15 歳に達しなければ遺言することができません。15 歳になった未成年者は法定代理人の同意がなくても遺言できます。 ▶ 成年被後見人は、事理を弁識する能力を一時回復したときに、医師 2 人以上の立会いがあれば、遺言できます。 ▶ 被保佐人や被補助人が遺言するには制約がありません。
効力発生 の時期	遺言は、遺言者の死亡の時からその効力を生じます。 ▶ 遺言に停止条件が付けられた場合は、遺言をした者が死んだ後で、かつ、停止条件が成就した時に、遺言の効力が生じます。
共同遺言 の禁止	遺言は 2 人以上の者が同一の証書ですることができません。 ▶ 1 通の証書に 2 人の遺言が記載されている場合であっても、両者が容易に切り離すことができるときは共同遺言に当たりません。

6 検認～遺言書が出てきたら家庭裁判所へ

原則	遺言書の保管者等は、相続の開始を知った後、**遅滞なく**、これを家庭裁判所に提出して、その検認を請求しなければなりません。 ▸ 封印のある遺言書は、家庭裁判所において相続人またはその代理人の立会いがなければ、開封することができません。
例外	▸ **公正証書による遺言**については、**検認の必要がありません。**
効果	検認手続をしなかったからといって直ちに遺言が**無効**となるものではありません。

7 遺言の撤回～遺言は最後に書いたものが有効？

▸ 遺言者は、いつでも、遺言の方式に従って、その遺言の全部または一部を撤回することができます。

▸ 前の遺言が後の遺言と抵触するときは、その抵触する部分については、後の遺言で前の遺言を撤回したものとみなされます。

8 遺言の種類～メールで遺言を書いても有効？

	公正証書遺言	自筆証書遺言	秘密証書遺言
筆記者	本人が口授して公証人が筆記	本人が自書※1	規定なし (ワープロでも可能)
証人または 立会人※2	証人2人以上	不要	公証人、証人2人以上
署名押印	本人、証人	本人	本人、公証人
加除・変更	規定なし	遺言者がその場所を指示し、変更した旨を付記・署名・押印する。	
家庭裁判所の 検認	不要	必要 (相続開始を知った後遅滞なく)	

※1 自筆証書にこれと一体のものとして相続財産の全部または一部の目録を添付する場合には、その目録については、自書する必要がありません。この場合、遺言者は、その目録の毎葉(自書によらない記載がその両面にある場合にあっては、その両面)に署名し、印を押さなければなりません。

※2 以下の者は遺言の証人や立会人となることができません。
- ▸ 未成年者
- ▸ 推定相続人および受遺者並びにこれらの配偶者および直系血族
- ▸ 公証人の配偶者、四親等内の親族、書記および使用人

一定の相続人のために法律上必ず留保されなければならない遺産の一定割合をいいます。民法は遺言の自由が認められています。しかし、近親者の相続財産を期待する利益を保護し、被相続人が死亡した後の遺族の生活を保障する必要があります。その調整を図る目的でつくられた制度が遺留分です。

遺留分の帰属	**兄弟姉妹以外**の相続人
遺留分の割合	**直系尊属のみ**が相続人⇒被相続人の財産の**3分の1** **それ以外**の場合⇒被相続人の財産の**2分の1**
遺留分侵害額の請求	遺留分権利者及びその承継人は、受遺者(特定財産承継遺言により財産を承継または相続分の指定を受けた相続人を含む)または受贈者に対し、**遺留分侵害額に相当する金銭の支払い**を請求することができます。
遺留分侵害	**遺留分を侵害する遺言は無効にはなりません。**
遺留分の放棄	▶ **相続開始前**の遺留分の放棄は**家庭裁判所の許可**を得なければなりません。 ▶ 共同相続人の1人のした遺留分の放棄は、他の共同相続人の遺留分に影響を及ぼしませんし、遺留分と相続分は別物ですから、遺留分を放棄しても相続権がなくなるわけではありません。
請求期間	▶ 遺留分侵害額の請求権は、遺留分権利者が、相続の開始及び遺留分を侵害する贈与または遺贈があったことを**知った時から1年間**行使しないときは、時効によって消滅します。 ▶ **相続の開始の時から10年**を経過した時も消滅します。

内容	パートナーを亡くした配偶者が**無償**で建物に住み続けることができる権利をいいます。
要件	①被相続人の財産に属した建物に**相続開始の時に居住**していたこと ②「**遺産分割で配偶者が居住権を取得**すること」または「配偶者居住権が**遺贈の目的**とされること」。
存続期間	**原則**:配偶者が死ぬまで **例外**:遺産の分割の協議もしくは遺言に別段の定めがあるとき、または家庭裁判所が遺産の分割の審判において別段の定めをしたときは、その定めによります。
対抗力	配偶者居住権を取得した配偶者は、居住権があることを第三者に対抗するために**登記**をする必要があります。所有者にはその登記に協力する義務があります。

V 保険

保険について理解をし、関係者にアドバイスをすることができるようにしておくことは、賃貸管理に係る支援業務の1つです。保険会社の商品によって特性が異なり、いかなる危険に対して、どの範囲で補填がなされるのかが全く異なっています。

内容	将来起こるかもしれない危険に対し、予測される事故発生の確率に見合った一定の保険料を加入者が公平に負担し、万一の事故に対して備える相互扶助の精神から生まれた助け合いの制度であり、賃貸不動産の経営における危険を軽減・分散するための重要な方策のひとつです。
第一分野	生命保険で、人の生存または死亡について一定の約定のもとで保険金を支払うもの ▶ 終身保険、定期保険、養老保険など
第二分野	損害保険で、偶然の事故により生じた損害に対して保険料※を支払うものをいいます（例：火災保険、賠償責任保険、自動車保険など）。 ▶ **賃貸不動産の経営に有用** ▶ 火災保険は、保険の中で、賃貸不動産管理の経営に特に関係の深い保険のひとつです。 　近隣からの類焼による被害を受けても、失火者に重大な過失がある場合を除き、失火者には損害賠償責任を問えないため（失火責任法）、類焼被害に対しては被害者自らが火災保険に加入して備えておく必要があります。 ▶ **地震保険は、火災保険の金額の 1/2 を保険金額の上限とする保険であり、加入については任意です。** 　たとえば、建物の火災保険の保険金額が 3,000 万円の場合、地震保険金額の限度額は 3,000 万円×50％＝1,500 万円となります。ただし、火災保険の保険金額が 1 億 1,000 万円の場合の地震保険の限度額は 1 億 1,000 万円×50％＝5,500 万円とはならず、5,000 万円になります。 ▶ また、住宅の火災保険に付帯して加入する保険なので、単独での加入はできません。住宅火災保険・住宅総合保険は、火災・落雷・風災・ひょう災等による住宅や家財の損害の全部又は一部を補償の対象とするものです。
第三分野	第一分野と第二分野の中間に位置し、人のケガや病気などに備える保険 ▶ 傷害保険、医療保険、がん保険 ▶ 損害保険会社、生命保険会社のいずれにおいても取り扱っています。

※ 保険料は、保険会社が引き受けるリスクの度合いに比例するものでなければなりませんが、木造建物であっても構造、地域等により火災危険度が異なるため、保険料率も異なります。

VI 税 金

1 賃貸不動産経営

不動産所得は下記の計算により算出します。

| 不動産所得の金額 | = | 不動産の収入金額 | − | 必要経費 |

(1)収入金額

収入金額	▶ 賃料・地代・権利金・礼金・更新料
	▶ 敷金・保証金などの名目で、退去時に返還しないもの
	▶ 共益費などの名目で受け取る電気代、水道代、掃除代など
収入金額の計上時期(原則)	▶ 収入金額は、賃貸借の契約などでその年の1/1〜12/31までの間に受領すべき金額として確定した金額となります。
	▶ 未収の場合にも収入金額に含めます。
	▶ 損益計算において未収賃料も収入として計上する必要があります。

《収入計上時期》

区分		収入計上時期
契約、慣習により支払日が定められているもの		定められた支払日
支払日が定められていないもの	請求により支払うべきもの	請求の日
	その他のもの	実際に支払があった日
礼金・権利金・更新料等	貸付物件の引渡しを要するもの	引渡しがあった日（契約の効力発生日も可）
	引渡しを要しないもの	契約の効力発生日
返還を要しない敷金・保証金		**返還を要しないことが確定したとき**

(2)必要経費

不動産賃貸に伴う支出で必要経費として収入金額から控除できるか否か。

必要経費として認められるもの	必要経費として認められないもの
▶**事業税** ▶**消費税** ▶土地建物に係る固定資産税・都市計画税 ▶収入印紙 ▶損害保険料(掛け捨ての部分) ▶修繕費(資本的支出に該当するものを除く) ▶不動産会社への管理手数料 ▶管理組合への管理費 ▶入居者募集のための広告宣伝費 ▶税理士報酬で賃貸経営にかかわるもの ▶弁護士報酬で賃貸経営にかかわるもの ▶減価償却費 ▶立退料 ▶共用部分の水道光熱費 ▶土地の購入・建物の建築の借入金の利息(事業供用後のもの) ▶その他清掃費、消耗品費など	▶**所得税** ▶**住民税** ▶借入金の元本返済部分 ▶家事費(事業に関連しない支出…自宅にかかわる経費など)

(1)法人化のメリット

不動産賃貸経営を個人から法人にすると次のメリットがあります。

個人所得を法人の所得とすることの税率の軽減	不動産賃貸収入により生じる所得に対しては、法人の場合には、法人税と法人住民税が課税されます。 ▶ 個人の所得に対して課される所得税の税率と、法人に課される法人税の税率を比較すると、法人の国税・地方税を合わせた実効税率は 30%前後であるのに対して、個人の最高税率は 55%です。 ▶ 一般的に所得がおおむね 700 万円くらいまでは個人として事業を行った方が、税率が低く有利です。800 万円を超えると法人の方が有利といえます。したがって、所得の多寡を問わず、確実にメリットがあるとはいえません。
個人法人所得分散による超過累進税率の緩和を図る	個人貸主においては超過累進税率の適用により所得が増えれば税率も上がりますが、資産管理会社を設立し、収入を会社に移転させることにより、個人の所得が分散し、結果として税率の緩和を図ることができます。
給与所得控除の利用	会社の役員・従業員として報酬・給与を受け取る場合、給与所得の計算上給与所得控除を受けることができます。
信用力が上がる	▶ 一般的に個人より法人の方が、信用性が高いため、金融機関から融資を受けるなど資金調達がしやすくなります。 ▶ 法人の方が、信頼性が高いので、取引先を確保しやすくなります。

(2)法人化のデメリット

会社設立費用がかかる	他士業への報酬を除き、株式会社で 25 万円前後、合同会社で 10 万円前後かかります。
維持費用がかかる	詳細な帳簿付けが義務付けられ、経理・税務について税理士に依頼するため報酬費用が発生します。
赤字でも税金	法人は所得がなくても住民税均等割が最低 7 万円かかります。
社会保険への加入	健康保険と厚生年金は法人化によって強制加入することになります。

固定資産税・都市計画税の軽減と必要経費

課税主体	固定資産が所在する市町村	
課税客体	**1月1日現在**の固定資産	
納税義務者	原則:固定資産課税台帳に登録されている者 　　**(名義上の所有者)** 例外:質権者・100年より永い期間の地上権者	
課税標準	原則	固定資産課税台帳の登録価格
	特例	小規模住宅用地 (200㎡以下)　　　　　一般住宅用地 　　　　　　　　　　　　　　(200㎡超) ×1/6(固定資産税)　　　×1/3(固定資産税) ×1/3(都市計画税)　　　×2/3(都市計画税) ▶ この特例は、賃貸住宅の用に供されている土地についても適用されます。
税率	標準税率…1.4%(都市計画税…0.3%)	
税額特例	新築 床面積120㎡までの 居住部分の税額　　　　　※居住部分…総床面積の2分の1以上 　　　　　　　　　　　　　　※床面積…50〜280㎡ ▶ 3階建以上の中高層耐火建築(新築)⇒新築後5年度間は半額 ▶ それ以外の新築住宅⇒新築後3年度間は半額	
納付方法	普通**徴収**	
納付期日	4月、7月、12月、2月中において各市町村の条例で定めます。ただし、特別の事情がある場合、別の納期を定めることができます。	
免税点	**土地**…30万円**未満**　**家屋**…20万円**未満**	
滞納処分	固定資産税に係る徴収金について滞納者が督促を受け、その督促状を発した日から起算して10日を経過した日までに、その督促に係る固定資産税の徴収金について完納しないときは、市町村の徴税吏員は、滞納者の財産を差し押さえなければなりません。	

4 その他税法

(1)特定の居住用財産の買換えの場合の長期譲渡所得の課税の特例(買換え特例)

譲渡資産	▶ 居住用財産であること(3,000万円控除と同様) ▶ 譲渡に係る対価の上限額:1億円 ▶ **居住期間が10年以上であること** ▶ **所有期間が10年を超えていること** ▶ 配偶者、直系血族、生計を一にする親族、内縁の妻または夫など、特別な関係にある者への譲渡ではないこと
買換資産	▶ **家屋の床面積が50㎡以上であること** ▶ **家屋の敷地の面積が500㎡以下であること** ▶ マイホームを売った年の前年から翌年までの**3年の間に買い換えること**。買い換えたマイホームには、下記**一定期限**までに居住すること。 ・売った年かその前年に取得したとき:売った年の翌年12月31日までに居住すること ・売った年の翌年に取得したとき:取得した年の翌年12月31日までに居住すること ▶ 買い換えるマイホームが、**耐火建築物の中古住宅**である場合には、取得の日以前25年以内に建築されたものであること、または一定の耐震基準を満たすものであること
併用	その年、前年または前々年に3,000万円控除、居住用財産の軽減税率などの適用を受けていないこと

(2)居住用財産の譲渡所得の特別控除(3,000万円特別控除)の適用要件

一定の居住用財産の譲渡であること	▶ 現に住んでいる居住用家屋(または家屋と敷地) ▶ 以前住んでいた居住用家屋(または家屋と敷地)で、**居住の用に供されなくなった日から3年を経過する日の属する年の12月31日までに譲渡**するもの ▶ **所有期間・居住期間の要件はありません。**
配偶者など身近なものへの譲渡ではないこと	▶ 配偶者および直系血族(祖父・祖母・父・母・子・孫) ▶ 上記以外の同一生計の親族 ▶ 譲渡後、その居住用家屋に同居する親族 ▶ 同族会社(株式の50%または出資金額の50%以上)
併用	▶ 前年または前々年に、この3,000万円控除の特例、または居住用財産の譲渡損失についての損益通算および繰越控除の特例の適用を受けていないこと ▶ 当該年、前年、前々年に居住用財産の**買換えの特例の適用を受けていないこと** ▶ **居住用財産の軽減税率とは併用ができます。**

(3)贈与税
①贈与税の基本

贈与税 とは？	贈与税は、個人から財産をもらったときにかかる税金です。会社など法人から財産をもらったときは贈与税がかかりません。 贈与税の課税方法には、「暦年課税」と「相続時精算課税」の 2 つがあります。一定の要件に該当する場合に「相続時精算課税」を選択することができます。
暦年課税 とは？	贈与税は、1 人の人が 1 月 1 日から 12 月 31 日までの1年間にもらった財産の合計額から基礎控除額の110 万円を差し引いた残りの額に対してかかります。したがって、1 年間にもらった財産の合計額が 110 万円以下なら贈与税はかかりません。この場合、贈与税の申告は必要ありません。

②相続時精算課税制度と相続時精算課税選択の特例

住宅取得資金準備に際して贈与を受ける場合には、「相続時精算課税制度」または、「相続時精算課税選択の特例」のいずれかを選択することができます。いずれも贈与税と相続税を一体化させた課税方式であり、相続時に精算することを前提に、将来において相続関係にある親から子への生前贈与を行いやすくするための制度です。贈与の額が非課税枠を超えた場合、一律 20%の税率で課税され、その贈与税は相続の際に贈与財産を相続財産に加算して計算された相続税額から控除されます。

この制度を選択すると、生前の贈与に通算で 2,500 万円の贈与税非課税枠が与えられますが、**一度選択すると暦年課税方式へは戻れません。**

なお、2024 年 1 月 1 日以降については、相続時精算課税制度には基礎控除(毎年)が設けられ、年 110 万円までは課税されません。従来は、相続時精算課税制度を選択した場合の基礎控除はなく、少額の贈与でも贈与税の申告が必要でした。しかし、改正後は毎年 110 万円まで贈与税がかからなくなります。

	相続時精算課税制度	相続時精算課税選択の特例
贈与者	贈与のあった年の 1 月 1 日時点で 60 歳以上の親、祖父母	親、祖父母(**年齢制限なし**)
受贈者	贈与のあった年の 1 月 1 日時点で 18 歳以上の推定相続人(代襲相続人を含む)である直系卑属、孫	
贈与財産	不動産・有価証券・借入金の免除・金銭など、どのような財産でも可能。贈与財産の価格、贈与回数にも制限なし。	自己の住宅およびその敷地の購入資金、一定の増改築の対価として充てるための金銭でなければなりません。
物件の 要件		**対象となる住宅** 床面積 40 ㎡以上 店舗併用住宅の場合その半分以上が住宅など

③住宅取得等資金の非課税制度

直系尊属である両親、祖父母などから住宅取得資金として贈与を受けた場合に一定の金額が非課税となる制度です。

質の高い住宅	一般住宅
1,000 万円	500 万円

この制度は、単独で使うことも、相続時精算課税制度と組み合わせて使うこともできます。次の要件を満たす必要があります。

贈与者	直系尊属(年齢制限なし)
受贈者	贈与のあった年の 1 月 1 日時点で 18 歳以上の直系卑属
税率	・暦年課税の場合:非課税枠＋基礎控除額を超える部分に対して累進課税(10%～55%) ・相続時精算課税制度と併用する場合:非課税枠を超える部分に対して一律 20%
贈与財産	自己の住宅およびその敷地の購入資金、一定の増改築の対価として充てるための金銭でなければなりません。
引渡し	贈与の翌年 3 月 15 日までに、住宅の引渡しを受け、同日までに自宅として居住しているか、同日以降に遅滞なく自宅として居住することが確実と見込まれること。
物件	対象となる住宅 ・床面積 40 ㎡以上 240 ㎡以下(50 ㎡未満の場合、所得金額が 1,000 万円以下であること) ・店舗併用住宅の場合は半分以上が住宅など
所得	受贈者の所得金額が 2,000 万円(給与の場合約 2,245 万円)を超える場合には非課税枠が 0 円となります。

ひっかけポイント

相続時精算課税制度を選択した時から 5 年が経過した場合は、「暦年課税へ変更することができる」という手にはのらないように！

ここに注意して学習

税法からも1問程度出題されています。所得税、固定資産税、都市計画税、相続・贈与税が頻出分野です。

予想問題にチャレンジ

【問　題】　住宅宿泊事業法における住宅宿泊管理業に関する次の記述のうち、誤っている
ものはどれか。

1　住宅宿泊管理業を営もうとする者は、国土交通大臣の登録を受けなければならない。
2　国土交通大臣は、住宅宿泊管理業者登録簿を保管し、宿泊者等の利害関係者の請求が
　あれば、閲覧させなければならない。
3　住宅宿泊管理業者は、住宅宿泊事業者から委託された住宅宿泊管理業務の全部を他の
　者に対し、再委託してはならない。
4　住宅宿泊管理業者は、その営業所又は事務所ごとに、公衆の見やすい場所に、国土交
　通省令で定める様式の標識を掲げなければならない。

【解　説】

正解:2

1○　住宅宿泊管理業を営もうとする者は、国土交通大臣の登録を受けなければなりません
　（住宅宿泊事業法22条1項）。
2×　国土交通大臣は、住宅宿泊管理業者登録簿を一般の閲覧に供しなければなりません
　（住宅宿泊事業法27条）。利害関係者の請求は要件となっていません。
3○　住宅宿泊管理業者は、住宅宿泊事業者から委託された住宅宿泊管理業務の全部を他
　の者に対し、再委託してはなりません（住宅宿泊事業法35条）。
4○　住宅宿泊管理業者は、その営業所又は事務所ごとに、公衆の見やすい場所に、国土
　交通省令で定める様式の標識を掲げなければなりません（住宅宿泊事業法39条）。

索引

2024年度 講座ラインナップ

基本講座（Zoom 講義＆Web）

公式テキスト及び本書を使用して出題頻度の高い分野を中心に講義します。講義のはじめに確認テスト（○×式 20 問）を実施します。

講義形式は、双方向のネットシステムである Zoom を活用した生講義、事前に収録した動画を Web 上で視聴する講義、講師を派遣して社内・学内の研修室等をお借りして実施する講義等があります。

生講義・Zoom 講義では 6 月下旬からスタートして 10 月には全範囲を終えます。

賃管士直前完全マスター講座（11 月実施）

頻出分野を中心に講義と問題演習を合わせた 2 日間で完結する講座です。テキストと問題集を活用して、出題パターンに慣れつつ、頻出分野を正確に理解・暗記することで合格を確実にする講座です。

本書とは別に 300 問の予想問題＆ポイントまとめ集を使用して講義＆演習を都内の会場で実施します。

予想模試（10 月～11 月実施）

本試験と同様に 50 問四肢択一式の予想模試の受験と講師による解説講義です。全 3 回で出題範囲を網羅します。

直前期において弱点を発見し復習の方向性を自覚することと法改正・新判例を含めた出題予想を知ることが目的です。

賃管士前日ヤマ当て模試＆総まとめ講座（本試験前日実施）

本試験前日に実施するヤマ当て模試の受験と講師による解説＆全範囲の総復習講座です。試験を明日に控えた前日に、明日の試験に出題が予想される問題を解き、その解説を受講し、さらにヤマ当て模試問題をベースとした全範囲の総復習を行ない、本試験であと 6 点アップさせることを目的とした講座です。

詳細は Ken ビジネススクール公式ホームページを参照下さい。

Ken 株式会社Ｋｅｎビジネススクール

東京都新宿区新宿 5-1-1-3F　TEL. 03-6684-2328

Web サイト　https://www.ken-bs.co.jp/

326

著者紹介

田中 嵩二

中央大学法学部 卒業
中央大学大学院 法学研究科 博士前期課程 修了(法学修士)
明海大学大学院 不動産学研究科 博士後期課程 在籍
・株式会社Kenビジネススクール代表取締役社長
・株式会社オールアバウト宅建試験専門ガイド
・全国賃貸住宅新聞 宅建試験連載記事執筆者
・楽待不動産投資新聞 連載者

2004年に設立し経営する株式会社Kenビジネススクールは、国土交通大臣より登録講習(5点免除講習)、登録実務講習の実施機関として認められています。また、会社経営・執筆だけでなく、積極的に社内研修講師を行い、講義だけでないトータルな人事サポートの提案により高い合格実績(最高合格率は社員の100%・4年連続)を実現しています。
2020年1月に「Ken不動産研究」を設立し、出版事業にも本格的に参入しています。
2022年以降は、新しい都市環境を考える会において「投資不動産販売員」資格制度の創設に向けて試験問題作成や公式テキストの執筆を行い、不動産投資会社の人材育成にも力を入れています。
2023年以降は、明海大学大学院 不動産学研究科において不動産投資理論や ESG 不動産投資について研究し、同大学不動産学部論集にて「ESG 不動産投資と融資制度」について論文を寄稿しています。

《執筆書籍》
・「これで合格宅建士シリーズ」(Ken不動産研究)
・「これで合格賃貸不動産経営管理士シリーズ」(Ken不動産研究)
・「サクッとうかる宅建士テキスト」(ネットスクール出版)
・「うかるぞ宅建士シリーズ」(週刊住宅新聞社)
・「パーフェクト賃貸不動産経営管理士」(住宅新報社)
・「楽学賃貸不動産経営管理士」(住宅新報社)
・「宅建士登録実務講習公式テキスト」(Ken不動産研究)
・「投資不動産販売員公式テキスト」(Ken不動産研究) 他多数

（本書の内容のお問合せにつきまして）
　本書の記述内容に関しましてのご質問事項は、文書にて、下記の住所または下記のメールアドレス宛にお願い申し上げます。著者に確認の上、回答をさせていただきます。
　お時間を要する場合がございますので、あらかじめご了承くださいますようお願い申し上げます。また、お電話でのお問合せはお受けできかねますので、何卒ご了承くださいますようお願い申し上げます。

本書の正誤表の確認方法
Ken ビジネススクール HP 内の以下の公開ページでご確認下さい。
https://www.ken-bs.co.jp/book/

本書の内容についてのお問合わせは、下記までお願いいたします。
Ｋｅｎ不動産研究

（ご郵送先）〒160-0022 東京都新宿区新宿 5-1-1-3F
株式会社Kenビジネススクール内

（メールアドレス）question@ken-bs.co.jp

2024 年版　これで合格賃貸不動産経営管理士　要点整理

令和6年 6月 2日　第三版発行

著　　　者　　Kenビジネススクール　田中嵩二
発 行 者　　田中嵩二
発 行 所　　Ken不動産研究
〒160-0022　東京都新宿区新宿 5-1-1-3F　株式会社Kenビジネススクール内
電話 03-6684-2328　https://www.ken-bs.co.jp
印 刷 所　　株式会社キーストン

ISBN 978-4-910484-14-3